工厂规训

从农民工到产业工人

张春龙 著

上海文化发展基金会图书出版专项基金资助项目
江苏省社科院重点学科『社会学』（民生社会学方向）建设成果

華東理工大學出版社
EAST CHINA UNIVERSITY OF SCIENCE AND TECHNOLOGY PRESS
·上海·

图书在版编目(CIP)数据

工厂规训：从农民工到产业工人/张春龙著. —
上海：华东理工大学出版社，2018.10
ISBN 978-7-5628-5596-5

Ⅰ.①工… Ⅱ.①张… Ⅲ.①民工—访问记—中国—
现代 Ⅳ.①K828.1

中国版本图书馆 CIP 数据核字(2018)第 223812 号

内容提要

本书采用布洛维的工厂政体框架和福柯的规训权力理论——“重回生产的中心”，将农民工放在我国特殊的历史背景、现实情况以及具有普遍意义的工厂制度之下，较为深入地分析了从农民工向产业工人的转变。本书结合农民工与产业工人的差别性特征，采用质性研究的方法，基于对工厂农民工的访谈以及部分文献资料调查，从劳动方式、劳动技术、劳动纪律、生活方式四个主要方面展开分析，并在此基础上探讨了工厂及以国家意识形态为主导的规训方式。

策划编辑 / 刘　军
责任编辑 / 刘　军　藕　园
装帧设计 / 徐　蓉
出版发行 / 华东理工大学出版社有限公司
地址：上海市梅陇路 130 号，200237
电话：021-64250306
网址：press.ecust.edu.cn
邮箱：zongbianban@ecustpress.cn
印　　刷 / 江苏凤凰数码印务有限公司
开　　本 / 710mm×1000mm　1/16
印　　张 / 14.75
字　　数 / 202 千字
版　　次 / 2018 年 10 月第 1 版
印　　次 / 2018 年 10 月第 1 次
定　　价 / 78.00 元

目　录

绪 论

一、缘起:“世界工厂”中的工人

随着中国变成“世界工厂”,这个“工厂”中的“工人”也成为中国乃至世界的一个重要关注对象。这里的“工人”之所以要加上引号,是因为在这个世界工厂中的主要劳动群体并不是彻彻底底的工人或者说产业工人,他们仍然是多年来受到关注的一个特殊群体——农民工。目前对这个被称为社会转型的特殊群体的研究,一方面仍局限在传统的研究取向上,即关注农民工的生活状况、权益保障、市民化等;另一方面是转向“劳工”的研究取向,即关注农民工、产业工人、工人阶级的转化等。按照后一种研究取向的说法,随着中国变成世界工厂,马克思意义上的工人阶级形成问题被提上日程。比如,沈原指出:“改革开放之后,中国正变成一座世界工厂,世界上最庞大的产业工人阶级正在中国形成。”[①]不仅如此,中国共产党及政府也在响应学

① 沈原:《社会转型与工人阶级的再形成》,《社会学研究》2006 年第 2 期。

者们的呼吁，从政策层面将农民工定义为工人阶级的组成部分。比如，2003年9月，中华全国总工会第十四次全国代表大会开幕式的报告率先提出："一大批农民工已经成为工人阶级的新成员。"2004年1月，中共中央、国务院在《关于促进农民增加收入若干政策的意见》中提出："进城就业的农民工成为产业工人的重要组成部分。"这是以中央名义对农民工的阶级属性做出界定，但难以从根本上改变由农村进入工厂务工的"农民工"状况。

很显然，国家层面对农民工阶级属性的提法带有安抚的成分，学者们做出的"工人阶级再形成"的判断也需进一步论证。虽然如此，但有两点是值得肯定的：一是包含大量农民工在内的产业工人尚不具备"阶级"的特征。而且有部分学者认为，现在的产业工人是否会最终形成工人阶级，还有一些不确定性。比如，许叶萍、石秀印认为："如果工人的行动被导向体制内，为现存体制所容纳，那么工人阶级就不会形成；如果工人的行动被导向体制外，与现存体制对立，那么工人阶级难免会形成。"①二是大量的农民工，特别是新生代农民工，已经基本脱离农业生产、农业社会而完全依靠工资性收入实现劳动力的生产和再生产，正在实现或已经完成从农民工向产业工人的转变。如果从改革开放开始之日算起，农民工已经有40年的历史，毫无疑问，与20世纪80年代从农村走出来的兼业式务工农民相比，现代的农民工，特别是新生代农民工已经发生了显著的变化。这种变化主要体现在，他们已基本上不具有农民的特征，而更具有产业工人的特征。

改革开放后，大批农民转离农村和农业，进入城市和东部发达地区的工厂从事工业生产活动。这些工厂大致符合马克思所描绘的资本主义工业生产的原型：严密控制的劳动过程，对工人生产行为的严格管理，血汗工资制度等。沈原认为，正是在马克思所强调的工业生产的熊熊烈焰中，这些农民才被熔炼为工人阶级，并且有可能从"自在"走向"自为"。工厂不仅能教授农民新的技术，而且能改变农村出身者已经建立起来的价值观、反应模式和

① 许叶萍、石秀印：《工人阶级形成：体制内与体制外的转换》，《学海》2006年第4期。

习惯。也就是说，工厂就是农民转化为工人、工人阶级的熔炉。在笔者看来，在时代、背景、经济基础等已经发生时空转移的情况下，中国工人阶级能否再形成仍然是一个疑问，用马克思模式解释农民工向产业工人的转变更为合适，也更加有意义。[①] 这种研究的取向，也就是沈原所说的“将农民工研究纳入转型期工人阶级再形成的宏大框架之中”，代表着对农民工的研究不断推向深入。

二、意义：农民的第二次飞跃

有人认为，从农民走向农民工，是农民的第一次飞跃；从农民工走向产业工人，是农民的第二次飞跃；从产业工人最终形成工人阶级，将是农民的第三次飞跃。也就是说，从农民工向产业工人的转变，将是一个重要的中间环节或过程，能否成为彻彻底底的产业工人，也将是工人阶级能否再形成的一个关键因素。因此，在目前阶段，探讨从农民工向产业工人的转变，应该是一个正当适宜的研究取向，也是探讨“工人阶级再形成”时首先需要弄清楚的问题。没有真正意义上的产业工人，工人阶级就失去了形成的主体，也就成了无源之水。更何况，从我国经济社会发展的角度来看，在未来相当长的一段时间里，工业都将成为支撑我国经济发展、解决大量劳动力就业的主要产业。因此，无论是当前我国经济社会发展的需要，还是工业化本身进一步推进的要求，实现从农民工向产业工人的转变都是必需的。当然，产业工人的形成，也会为工人阶级的再形成构成最为基本的条件。

从改革开放至今，我国“农民——农民工——产业工人”的转变，构成了社会剧烈转型的一个重要内容。在相关的法律制度建立规范的过程中，农

① 沈原指出，马克思模式特别适合于解释流动农民被锻造为工人阶级的过程。作者也指出，这条道路（工人阶级再形成）还很漫长，由于复杂的制度安排和社会结构条件的影响，无论是资本的控制还是劳工的反抗，都还远远没有达到马克思所预期的那种程度。

民工在工厂的熔炉中不断地经受磨炼，也在磨炼中实现嬗变并日益成熟。而且随着制造业的发展、工业化的推进，越来越多的农民进入工厂，经历了这种蜕变。但是，农民工是农民还是产业工人，既不是一个简单的定义之争，也不能仅仅是在名义上将其纳入工人阶级的范畴，而必须使在工厂的农民工具有产业工人的特质与属性。从这个意义上来讲，大量的农民工是否真正实现了或者说能否实现向产业工人的转变，还有待于进一步深入论证。正如仇立平、顾辉指出的那样："从社会分层的视角看，农民工的最大问题是它能否成为真正意义上的现代产业工人。"①

因此，我们应该"重回生产的中心"，将他们放在我国特殊的历史背景、现实情况以及具有普遍意义的工厂制度之下，来深入分析进城务工人员从农民向产业工人的这种转变。"把农民锻造成为工人的，并不只是农民转离农业和农村的流动，也不只是他们所营建的社会网络，而是他们进入的各种生产过程。具有不同产权安排、不同生产工艺、不同管理制度和不同生产关系的工厂政体，才是冶炼和锻造农民，把他们转变为'新工人'的一座座大熔炉。"②虽然马克思所分析的时代背景及所处的制度发生了根本的变化，但是作为具有一般性的工厂制度并没有发生实质意义的转变，"大多数农民工所直接面对的仍然是比较典型的市场社会的劳资关系"③。从这个意义上来说，从新的视角，沿着马克思模式提供的道路来关注农民工向产业工人的转变，既是一种可行的道路，也是非常必要的。

三、内容：工厂政体的框架分析

沈原提出了研究"具体工人"的一种农民工研究转向，也就是要求"提供

① 仇立平、顾辉：《社会结构与阶级的生产——结构紧张与分层研究的阶级转向》，《社会》2007年第2期。

② 沈原：《社会转型与工人阶级的再形成》，《社会学研究》2006年第2期。

③ 严霄云、魏钦恭：《从"自在"到"自为"：农民工到新产业工人的维权历程》，载于《秩序与进步：社会建设、社会政策与和谐社会研究——浙江省社会学学会成立二十周年纪念暨2007学术年会论文集》。

各种工人的具体形象、具体的生活和工作场景以及描绘他们在具体情境之下的实践逻辑”。[①] 为了达到这个目的，沈原认为，必须引进现实的时空条件、生产场景、生活方式、制度安排，不同的男工、女工甚至童工，以及由不同的地域性所造就的包括地方方言在内的各种具体文化特点。因为只有这样，才能使研究返回“生产的中心”。马克思认为，所有的生产关系都发生在劳动过程中，工厂是容纳生产中心或劳动过程的空间，生产的中心即劳动过程或工厂。布雷弗曼和爱德华兹在生产、管理中特别关注劳动者的主体性，前者认为从垄断资本主义时代的现代化机械大生产中发现劳动者的主体性被剥夺(Harry Braverman，1974；1979)，后者认为劳动者的主体性不仅凸显在技术转型中，还催生出新的控制方式(Edwards，1979)。在这里，返回“生产的中心”就是确立劳动者的主体性。布洛维的“生产政治”研究明确指出要“将工人带回分析的中心”(Burawoy，1985)，用“生产政体”沟通工厂内微观政治与工厂外宏观政治之间的关系。由此可以看出，返回生产的中心，实质上是将工人带回分析的中心，确立劳动者的主体性。因此，本书将分析的视角放到了作为生产中心的工厂农民工和劳动过程发生的工厂中，并延伸到国家意志和政策层面。

(一) 分析框架

要构建工人的具体形象，布洛维“工厂政体”的概念为我们提供了较为全面的研究维度或框架。布诺维研究工厂政体的四个维度，分别是：劳动过程、劳动力再生产、市场竞争及国家干预。结合农民与产业工人的区别性特征，本书将农民向产业工人的转变分为四个主要方面，即劳动方式的转变、劳动技术的转变、劳动纪律的转变、生活方式的转变。应该说，上面四个方面主要体现在劳动过程和劳动力生产方面，而作为工厂政体的重要方面，工厂本身以及国家政策是实施并影响这种转变的最主要因素。因此，本书的基本框

① 沈原：《社会转型与工人阶级的再形成》，《社会学研究》2006 年第 2 期。

架就是：在工厂政体(具体体现为工厂及国家)的作用下，农民工在劳动方式、劳动技术、劳动纪律、生活方式等方面转化为产业工人。如图 1 所示。

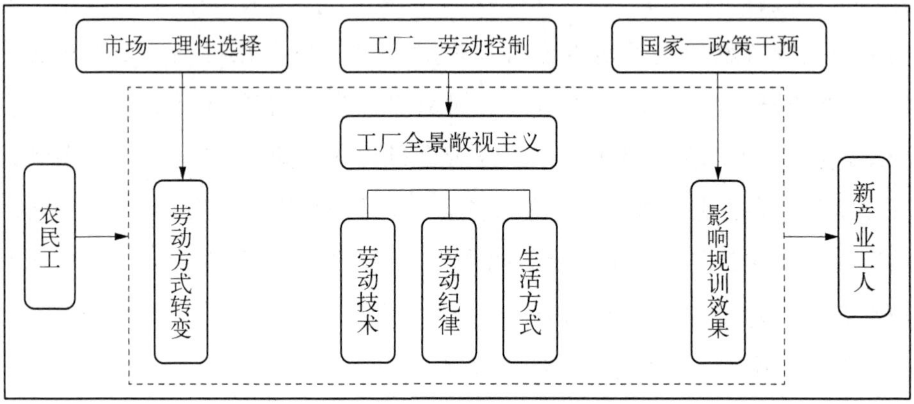

图 1　基于工厂政体理论的分析框架

(二) 主要内容

沈原认为，要在研究中从“抽象工人”转到“具体工人”，并“返回生产中心性”，工厂政体理论的引入，有可能重建整个研究问题，从而将农民工研究纳入转型期工人阶级再形成的宏大框架之中。在以上的框架之下，本书纳入了福柯提出的“规训”(关于福柯的规训权力理论在后面将进行专门的论述)的概念。本书涉及的内容主要有以下几个方面：

1. 劳动方式的转变。主要分析劳动方式转变的推动力。农民工劳动方式的转变主要表现为农业劳动方式逐步转变为工业劳动方式，具体体现在农业的隐形破产、农民工的收入来源由农业劳动转变为工业劳动等方面。从一般意义上来看，从农业劳动方式向工业劳动方式的转变，是传统的农业社会向现代的工业社会转变的一种体现，可以说是社会发展的一种必然。但是中国具有特殊的发展历程，究竟是什么形成了一种强有力的力量，促使农民实现这种劳动方式的转变？同时，工业劳动方式在农民工身上究竟有什么样的体现？

2. 劳动技术规训。劳动技术是劳动的基本技能。在农民工身上，与劳动方式转变同步的是劳动技术的转变，也就是农业劳动技术转变为工业劳动技术。对于农民工来说，最终能促使他们放弃几千年来形成的农业劳动技术而选择工业劳动技术，必然有一种巨大的驱动力。而相对于农业劳动技术，获取工业劳动技术具有其特有的途径和要求，这也是实现劳动技术规训的重要方面。工厂从提高其生产效率的角度，对身在其中的工人应该有其特殊的技术要求。那么，工厂是通过什么手段形成对农民工掌握工业劳动技术并有一定程度提高的规训力量？

3. 劳动纪律规训。工厂中的劳动纪律对工人的各种劳动行为、生活行为以及技术要求和奖惩等进行了严格规定。农民工所在的工厂，口头或书面的纪律规定成为约束农民工行为的重要手段，是工厂进行正常生产和运行所必备的，也是从农民向产业工人转化的重要方面，直接促使农民行为习惯的转变以及组织纪律性的逐步形成。我们知道，从事农业生产的农民，其劳动行为与生活行为基本上是不受任何纪律约束的，但是，工厂的纪律究竟如何对他们发挥作用，其组织纪律性是否达到了相当的程度，是本部分需要分析的内容。

4. 生活方式规训。在马克思对劳动力商品的分析中，劳动力的再生产是一个重要内容。而劳动力的生产与再生产同其生活方式密切相关。作为工人，其生活方式首先受制于生产方式，比如休息时间和生产时间被分割，生活消费的目的需要发生变化(工人的消费是以劳动力的生产与再生产为目的)，生活时间需要进行有计划安排等。长时间以来，农民工过的是一种漂泊的生活，除了其在工作地租房生活、宿舍生活外，老家也成了其消费的重要地方。那么，现在农民工的生活方式如何？能否适应工业生产方式的需要？又是如何在生产方式的要求下形成新的生活方式的？

5. 工厂中的劳动控制。为了达到有效管理、提高生产效率、降低成本、增加利润的目的，一般来说，工厂都会采取形式多样的手段对农民工进行控制。福柯提出的全景敞视主义是适用于监狱、工厂、医院、学校等机构的一种控制方式。本部分从工厂的建筑结构、管理制度等方面入手，分析了工厂中体现出的全景敞视主义，从而进一步分析了工厂对农民工进行规训的手段。

6. 国家的政策干预。布洛维在其提出的工厂政体中，国家干预也是一个重要的方面。总体来说，国家的干预是受国家意志影响并由此形成的政策执行。1978 年以后的中国，无论是市场经济的形成，还是工业化的推进，可以说国家政策在其中发挥着重要的作用。在农民工向产业工人转变的过程中，国家层面的户籍政策、经济政策、土地政策以及劳工政策都在直接或间接产生着影响。这些政策在规训的过程中，究竟起到的是积极作用还是消极的作用，放在农民工向产业工人转变的背景之下进行分析，无疑有利于调整现有的政策倾向，发挥其更有利的作用。

四、理论基础与核心概念

（一）理论基础

1. 布洛维：工厂政体理论

“工厂政体”（Factory Regime）的概念来自布洛维的《生产的政治》一书。在该书中，他提出并系统论述了“工厂政体”（Burawoy，1985）这一概念。按照该书的界定，“工厂政体”包括了对工厂和劳工进行研究的四个基本维度，即劳动过程、劳动力再生产模式、市场竞争、国家干预。在这里，“劳动过程”是指工人在工作现场的直接生产活动及其在此种生产活动中建立的各种社会关系和政治关系；“劳动力再生产模式”是指工人用以维持自身劳动能力的再生产和其家庭生存的不同方式。按照布洛维的说法，这两个维度都是“微观层面的”。“市场竞争”和“国家干预”是具体的工厂制度外部的两个“宏观层面”的因素。“市场竞争”是指对资本家的竞争压力，此种压力会迫使资本家不断地改进技术和调整生产组织，而“国家干预”则包括国家提供的各种制度安排，包括产业制度、福利制度、就业保障制度等，在某些条件下甚至还包括国家直接的治理手段。

沈原指出，把农民锻造成为产业工人的，并不只是农民转离农业和农村的流动，也不只是他们所营建的社会网络，而是他们进入工厂的各种生产过程。在转型期的中国社会，由于整个国家改革开放的进度和策略的不同，造就了遍布全社会各种类型的“工厂政体”，从产权形态到劳动过程都呈现出复杂多样的形态。如果说“工厂政体”这个大熔炉“被锻造成不同的工人阶级片断”的话，从农民转变而来的农民工，被输送到不同的“工厂政体”之中时，他们也会在这些不同的熔炉中成为新产业工人。布洛维指出，有多少种不同的“工厂政体”，就会产生出多少不同的工人阶级。在沈原看来，考察农民工转变为工人阶级的过程，需要实现两个转变：从当前研究的“流动中心性”转变到“生产中心性”，以及从“抽象工人”转变为“具体工人”。而实现这两个转变的关键点，就是沿着布洛维指出的“走入工作现场”的路子，引入“工厂政体”的概念。[①] 在我国现阶段，大大小小、性质各异的工厂，外资的、合资的，国有的、私营的，大型的、小作坊的，现代化的、手工的，形成了种类繁多的“工厂政体”。因此，应用布洛维的“工厂政体”理论，可能为农民（工）向产业工人的转变研究提供一个理论和方法论的立足点。

2. 福柯的规训权力理论

规训(discipline)是《规训与惩罚》中的一个核心概念，也是福柯创造的一个新术语，它还有纪律、教育、训练、学科多种释义。福柯为“规训”所下的定义是：“这些使肉体运作的微妙控制成为可能的，使肉体的种种力量永久服从的，并给予这些力量一种温驯而有用关系的方法就是我们所谓的规训。”[②] 按照福柯的理解，监狱、医院、工厂、学校等都是对人实现强制规训的机构，在这些机构中，惩罚权力以对象的肉体作为惩戒对象，但已经不是对肉体施以酷刑，制造痛苦，而是采用新的驯化手段——通过对相应对象

① 沈原：《市场、阶级与社会：转型社会学的关键议题》，社会科学文献出版社，2007 年版。
② 杨大春：《现代性与他者的命运》，《南京社会科学》1990 年第 6 期。

的隔离、控制、规范化监督和训练，或者消除其心理的、身体行为的非规范性，使之屈服并加以利用。即便在现代社会中，规训也无处不在。只是相对于以往的惩罚权力，它的运作方式更加隐秘、有效，它像细密的网络一般渗入社会的各个角落。现代社会中的学校、军队、医院、工厂都是体现规训权力的工具，它们通过定位、时间限制、监视，甚至对动作、姿势、言语加以规定和改造，把不合常规、不规范的或未定型的个体制造成驯服规范的主体。

按照福柯的理解，规训权力之所以成功取决于它的三个简单手段："层次监视，规范化裁决以及它们在该权力上特有的程序——检查中的组合。"①全景敞视主义(epomopticsm)也是福柯创造的一个术语，它来源于全景敞视建筑——圆形监狱的构想。这是一种环形建筑，被分成许多小囚室，中心是一座瞭望塔，可以对周围的囚室一览无遗，使犯人任何时刻都有受到监视的感觉，久而久之，他们自己就变成了自己的狱卒。这种全景敞视的概念推广到学校、兵营、医院、工厂，传遍整个社会机体。任何人都处于无形目光的监视之下，任何人也可以行使监视功能。对他人实行全景敞视主义是一种新的"政治解剖学"的基本原则，其对象和目标不是君权的各种关系，而是规训(纪律)的各种关系。它使权力的运作变得更为轻便、迅速和有效。

诸多的调查研究已经充分显现，即使是在现代生活中，农民在向农民工、产业工人转变的过程也是一个残酷的过程，这就有了从马克思开始，经弗里德曼、布诺威等人发展的劳动过程理论，从而揭示这样的转变过程实际上是"制造同意"，是被迫的、外界的强制过程。这个过程也在一定程度上体现出了福柯所提出的"规训"的特征，从农村走出来的农民工，他们更多地受到市场、政策的驱使。进入工厂之后，他们也往往成为被管理、控制的对象，他们的行为大多被动地受到包括国家、工厂在内的"规训"。

---

① [法] 米歇尔·福柯著，刘北成、杨远婴译：《规训与惩罚》，生活·读书·新知三联书店，2003年第2版，第193、194页。

3. 阿尔都塞：国家意识形态

在阿尔都塞的思想建构中，意识形态理论是其思想的核心，也是他论述马克思主义思想发展过程的基础。从社会结构出发，阿尔都塞把意识形态理解为具有独特逻辑和结构的表象体系。在阿尔都塞从社会结构的角度对意识形态的论述中，"意识形态是社会再生产的条件"被认为是其中的一个重要特征。阿尔都塞认为，作为社会结构的必要成分，意识形态无意识地将生产关系渗透到人们的意识之中，这既保证了现存生产关系的连续性，同时也为社会再生产创造了条件。社会再生产的一个重要条件就是劳动力的再生产，"劳动力的再生产不仅要求再生产出劳动力的技能，同时还要求再生产出劳动力对现存秩序的各种规范的服从，即一方面为工人们再生产出对占统治地位的意识形态的服从，另一方面为从事剥削和镇压的当事人再生产出正确运用占统治地位的意识形态的能力，以便他们也能'用词句'为统治阶级的统治做准备"。①

在阿尔都塞那里，国家的意识形态就是一种国家意志，它要求劳动力服从现存秩序的各种规范。因此，按照我国目前政治条件的解释，国家意志的一个重要方面就是：发展经济、维持稳定，也就是以经济建设为中心，获得执政合法性的基础，维持现有社会秩序和政治秩序的稳定。而工厂政体作为实现国家意志的一个重要载体，为维护工厂政体的稳定运转（包括获得大量的劳动力）创造良好的思想基础并通过政策去体现和执行。

（二）概念界定

1. 工厂农民工

"工厂农民工"的提出，源于英格尔斯等人将"流出农民"进行"工厂工人"与"非工厂工人"的划分。工厂工人主要是指直接进入工厂工作的农民工，而不包括那些具有城镇户籍的工人；非工厂工人是指那些从事个体劳动

① 路易·阿尔都塞：《意识形态和意识形态国家机器》，载于陈越：《哲学与政治：阿尔都塞读本》，吉林人民出版社，2003 年版，第 325 页。

的农民工，他们主要是从事个体劳动，如建筑、装潢等散工，属于个体经营者。虽然从工作性质来讲，农民工已经成为工人，但目前的状况却是“干了工人的活，但没有得到工人的身份”（陆学艺，2006），因此，将进入工厂的农民工称为“工厂农民工”似乎更为合适。与工厂农民工相对应的概念或群体则是“非工厂农民工”，他们是指那些进入建筑业、服务业，或者以个体劳动形式进行工作的农民工。

目前对“农民工”的界定越来越难，主要是因为户籍与工作地、居住（主要是指临时居住）地以及学历①的关系剥离。为了进一步使“工厂农民工”这个概念能够更加明晰，在以上理解的基础上，本书所指的工厂农民工具备三个条件：一是仍然具有农村户籍；二是目前或曾经在工厂工作过，且从事的是体力劳动；三是大专以下（不包括大专）文化程度。本书涉及的个别个案现在已经具有城市户籍，但其户籍是在后来获取的，还有个别个案现在已经不在工厂工作，但他有在工厂工作的经历，也就是说，他们都至少有一段时间具有“工厂农民工”的身份。

2. 产业工人

产业工人和工人往往被认为是同一个概念，是指个人不占有任何生产资料，以出卖劳动力、靠工资收入为生的劳动者。从学术的角度来看，产业工人通常被理解为工业（在我国一般是指工业、矿业、电力、建筑和运输五大行业）中处于被管理地位，以体力或半体力劳动获取工资为主要生活来源的生产工人和技术工人。如基姆·穆迪（英）将产业工人阶级界定为私营部门中采矿业、建筑业、制造业、交通运输业、通讯业以及能源生产中的生产工人或非监管工人（不监督管理他人的工人）及其家属（基姆·穆迪，2004）。另外还有学者从行业领域、社会化程度及在企业里管理与被管理关系中所处的地位的角度，将产业工人界定为在物质生产部门，与社会化生产相联系的从事体力或半体力劳动的工人，他们往往处于被管理的地位（杨超，2002）。

① 很长时间以来，户口与高等学历教育（包括早期的师范、中专学校）是挂钩的，因此对于农村学生来讲，进入大学往往成为“跳农门”的标志。

总体来看,产业工人主要是从其职业性质进行界定的,在工厂(主要指第二产业)工作、工资收入为主且从事体力劳动成为其主要特征。产业工人与工人的主要区别在于:前者更多的是强调工作、职业的性质;后者带有阶级属性。本书虽然关注农民工向产业工人的转变,但判断现在的农民工是否已经完全成为“产业工人”或“工人”并不是本书的重心。因此,本书并没有提出“产业工人”的判断标准或依据,在正文中提到的几个“转变”是成为产业工人的几个方面,并不代表全部。

五、方法:探索性的质性分析

如果要将农民工“返回生产的中心”进行研究,首先就需要提供“具体的农民工”的形象。毫无疑问,相比其他的调查研究方法,“民族志”研究能为我们提供最生动、最形象、最具体的在工厂工作的农民工的资料。这也是沈原提出的观点。他认为,通过民族志研究的方法,就能产生出“诸多有名有姓的、现实的、个别的‘个体’,他们有思想,有情感,受着具体行动规则的支配,从事多种多样的生产活动和抗争。”[①]在劳工研究方面,布洛维辗转进入多个国家的多个工厂,以工人的身份直接参与工厂劳动,采用的就是人类学的方法。然而,人类学的研究方法也有其局限性,主要是能够参与观察的对象非常有限,几个月甚至一年、数年可能只能在某一个特定的区域或组织中观察某一个或数个同质性很高的对象。而我国目前的情况是,农民工已经进入了几乎涉及所有类型的工厂之中,既包括国有企业,也包括私有企业外资企业,不同的所有制结构、不同的管理方式决定了农民工所处的工厂环境也存在较大的差别。在这种情况下,进入少量的工厂之中可能仍然难以理解整体的情况。因此,本书的分析没有采用人类学的研究方法。当然,放弃

① 沈原:《社会转型与工人阶级的再形成》,《社会学研究》2006年第2期。

这种方法的理由，也有自身现实条件的限制，工作、家庭等也是最终促使笔者选择放弃人类学研究方法的因素。

本书的分析主要采用质性的分析方法，但总体来说，在多数章节的分析中，仍然是在探索性使用这种方法。之所以说是探索性使用，主要是因为质性分析方法虽然已经在多学科的研究中使用，并且在诸多的学科特别是社会学研究中似乎成为一种时髦的方法。但遗憾的是，到目前为止，笔者仍然对质性研究方法的应用特别是在具体写作过程中的应用感到诚惶诚恐。其中原因，一方面是自己“学艺不精”；另一方面，笔者在与多位同仁的讨论当中发现，质性分析方法与定性分析方法的真正区别仍然难以得到真正的厘清。即使能够从理论上说出几点差异性，但在写作过程中如何具体地把握并做到与定性分析相区别时，就显得有些为难了。

本书的分析在获得一手资料方面，主要是采用半结构式的访谈方法。无论是结构式访谈还是半结构访谈，其实都是不符合质性研究方法的要求的。因为在质性研究方法中，要求倾听被研究者的经验，了解他们的世界，然后通过社会学的想象力以及敏锐的嗅觉抓住他们言语中的关键词，并能提升出一些学理性的知识。然而，本书分析所涉及的主要对象——农民工，部分受到文化素质的影响，并不能较为完整地进行叙述，在表达他们的内心世界时有一定的困难。不仅如此，被访者的内心世界更是难于向一个陌生人敞开，这有两个方面的可能性：一是被访者知道访谈者的身份后，可能会有一种距离感；二是在被访者不知道访谈者的身份的情况下，可能会产生“小心提防”的心理和行为。同时，现实的诸多条件限制（特别是时间的限制，被访者和访谈者都难以有很长的时间来满足这种谈话）也要求不能任由被访者“海阔天空”，或者不善于表达而无限延长谈话时间。为了在有限的时间里获得最完整的资料，笔者认为对访谈者进行一定的“线索式”引导是非常必要的。

笔者在获得访谈对象方面，只要属于本书界定的“工厂农民工”的范围，基本没有“结构式”的规定（需要说明的是，笔者为了能够了解不同性质的企业的情况，有意回避了一些个案)，完全是经由熟人的介绍，或是偶遇产生。无论是哪种情况，笔者都尽量做到了让被访者在没有心理提防的情况下进行讲述。[①] 当然，正如前面提到的，受到一些情况的限制，在一些访谈中，笔者没有能够获得较为充分的讲述资料。为了能够获得一些更为全面的资料加以补充，笔者利用与被访者"熟识"的条件，获得了一些短时间进入农民工工作、生活环境的机会，从而能够近距离观察。比如随 G1P(此为编号，后面将详细说明)进入 C1 藁城金鑫焦化，随 G11P 进入 C12 石家庄裕兴泵钻，随 G7S 进入 C6 南京金陵船厂，在熟人的介绍下进入 C17 吴江依工化工。虽然前面提到的机会尚谈不上"人类学"的进入，但无疑有利于对农民工所处的工作、生活环境有一个更加感性的认识。同时，利用一些熟识的关系，笔者获得了一些被访者所在工厂的工厂制度，但是是有限的。这主要是因为绝大部分被访者都提到，"工厂规定"：作为工厂规章制度汇编的《员工手册》，工厂新进人员必须学习了解，学完之后《员工手册》要全部收回，工人不能带走，更严禁工人带出工厂。按照被访者的理解，这其中涉及工厂机密的一些内容。表 1 对有效谈话的被访者的基本情况做了一些简单的说明。

表 1 访谈对象(工厂农民工)的基本情况

<table>
<tr><th rowspan="2">编号</th><th rowspan="2">性别</th><th rowspan="2">年龄</th><th rowspan="2">户口</th><th rowspan="2">文化程度</th><th rowspan="2">访谈时间</th><th colspan="4">工 厂 类 型</th><th rowspan="2">工作时间</th></tr>
<tr><th>公司(工厂)</th><th>所在地</th><th>性质</th><th>规模</th></tr>
<tr><td>G1P</td><td>男</td><td>39</td><td>河北</td><td>初中</td><td rowspan="3">2009.1.17</td><td rowspan="3">C1 藁城金鑫焦化</td><td rowspan="3">河北藁城</td><td rowspan="3">私营企业</td><td rowspan="3">300 人左右</td><td>2年</td></tr>
<tr><td>G2P</td><td>男</td><td>64</td><td>河北</td><td>/</td><td>11年</td></tr>
<tr><td>G3P</td><td>男</td><td>57</td><td>河北</td><td>/</td><td>5年</td></tr>
</table>

① 应该说，找到本书分析涉及的主要访谈对象——工厂农民工——并不是很困难的事情，但是根据笔者的经历，要想与被访者获得有效的谈话并不是很容易的事情。其中原因，主要是因为正文提到的一些条件的限制(特别是时间的限制)。所谓有效，主要是要求被访者能在没有多少心理提防的情况下，有充分的时间和环境让被访者进行比较详尽的讲述。

续　表

编号	性别	年龄	户口	文化程度	访谈时间	工厂类型				工作时间
						公司（工厂）	所在地	性质	规模	
G4P	男	32	河南	初中	2009.2.18	C2 日照钢铁	山东日照	民营企业	12 000人（资料）	2年
						C3 连云港兴鑫钢铁	江苏连云港	民营企业	不详	1个月
G5P	男	24岁	河北	初中	2009.2.24	C4 石家庄鞋厂	河北石家庄	私营企业	由最初30、40人到现7、8人	5个月
						C5 上海三菱光纤安装	上海	外商独资（日本）	25人	1年多
G6S	男	46	河南	初中	2009.2.26	C6 南京金陵船厂	江苏南京	国有企业	10 000人左右	1年
G7S	男	18	河南	初中	2009.2.28					1年
G8P	男	23	河南	初中	2009.3.1	C7 广东通讯外壳	广东	私营企业	不详	半年
						C6 南京金陵船厂	江苏南京	国有企业	10 000人左右	1年
G9P	男	21	贵州	初中	2009.3.4	C8 福建鞋厂	福建	私营企业	400～500人	1年
						C9 太原电梯安装	山西太原	私营企业	60～70人	2年
G10S	男	30	河北	高中	2009.3.11	C10 石家庄冀雅电子	河北石家庄	国有企业	1 000多人	10年

续　表

编号	性别	年龄	户口	文化程度	访谈时间	工厂类型				工作时间
						公司（工厂）	所在地	性质	规模	
G11P	男	22	河北	初中	2009.3.14	C11 河北翼辰实业	河北藁城	民营企业	500多人	2年
						C12 石家庄裕兴泵钻	河北石家庄	私营企业	20多人	1年
G12F	男	20	安徽	初中	2009.3.19	C13 吴江松上电子	江苏吴江	外商独资（台商）	1 000多人	2年半多
G13P	女	28	安徽	小学	2009.3.19	C14 杭州依美服装	浙江杭州	私营企业	50人	4个多月
						C15 杭州杭丝联	浙江杭州	国有企业	数百人	2年
						C16 吴江金翔服饰	江苏吴江	私营企业	100多人	4年
G14F	男	39	陕西	高中	2009.3.20	C17 吴江依工化工	江苏吴江	外资企业（美国）	50多人	1年
G15F	女	28	江苏	高中	2009.3.20	C18 吴江华渊电机	江苏吴江	外资企业（日本）	3 000多人	1年
						C19 苏州威力盟电子	江苏吴江	合资企业（中日）	1 000人	半年
						C20 昆山速得电电子	江苏昆山	外资企业（台商）	40多人	3年
						C17 吴江依工化工	江苏吴江	外资企业（美国）	50多人	1年
G16P	女	44	安徽	小学	2009.3.22	C21 六安窑厂	安徽六安	私营企业	100多人	数年
G17P	女	41	安徽	未上过学		C22 吴江市金吴纺织	江苏吴江	私营企业	200～300人	3年 4年

续　表

编号	性别	年龄	户口	文化程度	访谈时间	工厂类型				工作时间
						公司（工厂）	所在地	性质	规模	
G18P	男	39	安徽	初中	2009.4.18	C23 苍南编织厂	浙江苍南	私营企业	不详	3 个月
						C24 黄山工艺品制造	安徽黄山	外商独资（香港）	200 人左右	1 年
						C25 南京科尊制造	江苏南京	私营企业	30 人左右	3 个月
G19F	女	20	河北	高中（技校）	2009.10.4	C26 常熟达富电脑	苏州常熟	外商独资（台商）	数百人（口述）	3 个月
						C27 北京冠捷电子	北京	外商独资（台商）	不详	3 个多月
						C28 北京 LG 器材	北京	外商独资（韩商）	300 多人（口述）	1 年半
G20S	男	24	江苏	初中	2010.12.	C6 南京金陵船厂	江苏南京	国有企业	10 000 人左右	1 年

1. 访谈对象的编码说明：G1、G2、G3……为访谈对象编号；S、P、F 为所在工厂（企业）类型，其中 S(state-owned enterprise)代表国有企业，P(private enterprise)代表民营(私有)企业，F(foreign-capital enterprise)代表外资企业(由于某些个案有在多种类型的企业中工作的经历，表中的标示仅为访谈时所在的工厂类型)。

2. 为了便于表述，表中涉及的工厂的名称均为简称。简称与工厂(企业)实名的对应关系：藁城金鑫焦化——金鑫焦化有限公司、C2 日照钢铁——日照钢铁有限公司、C3 连云港钢铁——连云港兴鑫钢铁有限公司、C4 石家庄鞋厂——石家庄鞋厂(厂名不详)、C5 上海三菱光纤——上海三菱光纤光缆安装公司(非公司名)、C6 南京金陵船厂——中国长航金陵船厂、C7 广东通信外壳——广东通信外壳厂(非厂名)、C8 福建鞋厂——福建鞋底厂、C9 太原电梯安装——太原电梯安装公司、C10 石家庄冀雅电子——石家庄冀雅电子公司、C11 和河北翼辰实业——河北翼辰实业集团公司、C12 石家庄裕兴泵钻——石家庄裕兴泵钻制造厂、C13 吴江松上电子——松上电子苏州有限公司、C14 杭州依美服装——杭州依美服装厂(2008 年下半年改为杭州依丝宝服饰有限公司)、C15 杭州杭丝联——国营杭州丝绸印染联合厂(2000 年破产)、C16 吴江金翔服饰——金翔服饰有限责任公司、C17 吴江依工化工——依工聚合工业(吴江)有限公司、C18 吴江华渊电机——华渊电机(江苏)有限公司、C19 苏州威力盟电子——苏州威力盟电子有限公司、C20 昆山速得电电子——昆山速得电电子科技有限公司、C21 六安窑厂——安徽六安窑厂、C22 吴江金吴纺织——吴江市金吴纺织有限公司、C23 苍南编织厂——浙江苍南编织袋厂(非厂名)、C24 黄山工艺品制造——安徽黄山工艺品制造厂(非厂名)、C25 南京科尊制造——南京科尊能源开发公司、C26 常熟达富电脑——达富电脑(常熟)有限公司、C27 北京冠捷电子——东方冠捷电子有限公司、C28 北京 LG 器材——乐金化学显示器材料公司。C1、C2、C3……是顺序编号。同时为了便于读者比较容易地找到工厂所对应的被访者，在后面章节的论述中，凡提到上面的工厂都同时将编号带在厂名前边。

3. 本表中所指的工作时间，是指被访者所在对应的工厂中工作时间。有的被访者经历过多个工厂，时间跨度较长，但这里的工作时间，限于访谈中被访者提到的工厂及在其中工作的时间。对于绝大部分被访者而言，多个工厂工作时间之和即为其工厂工作时间，部分工作时间较短的工厂工作时间被忽略。

在对共20名进行有效谈话的被访者当中，男性15名，女性5名；属于县市范围内流动的有4人，属于地市范围流动的有3人，有13人属于跨省市流动。一些被访者经历过一个以上的工厂，因此，访谈对象所经历的工厂共有28个（这里的20个，是被访者基本能够详细介绍其基本情况的工厂，有些被访者只是简单提到的经历过的工厂没有在列）。其中国有（或国有控股）企业3个，私营（民营）企业15个，外商独资企业10个；工厂规模超过1 000人的有5个，多于100人但少于1 000人的有11个，少于100人的有8个，有4个工厂没有提到工人人数。

对于谈话资料，笔者基本是按照质性资料的整理方法[①]进行整理的。但我们知道，质性研究主要体现在资料的分析之中。这里涉及一个“先有理论架构，还是先有资料”的问题。按照通常质性研究的理解，质性分析是需要双向演绎的，首先是被研究者的叙述，接着是研究者的复述。但复述并不仅仅是简单的重复，而是要理论抽象，从中建构自己的理论。在后面的分析中，对于劳动过程中涉及的技术、纪律、生活方面的情况，笔者采用了质性的分析方法。但对于劳动方式、工厂控制方式以及国家的政策因素等的分析，因为相关的资料除了谈话资料外，还需要大量的文献资料进行补充，因此没有采用质性分析的方法，而是采用了定性为主的分析方法和文献分析的方法，可以说是对本书分析过程中质性分析的一种补充。

① 仇立平：《社会研究方法》，重庆大学出版社，2008年3月出版，第294—301页。

第一章　研究述评

我国正处在全面的社会转型之中，这种转型包括：经济体制由计划经济向市场经济转型，社会形态由农业社会向工业社会转型，社会结构由封闭社会向开放社会转型(陆学艺、景天魁，1994；孙立平、王汉生、王思斌、林彬、杨善华，1994；郑杭生、李强、李路路等，1997；刘祖云，2000；李培林、李炜，2007)。因此，工业化、市场化、现代化就成为目前我国社会转型的主要特征。中国的工业化已经进行了半个多世纪，特别是 30 多年来快速的工业化直接造就了规模庞大的农民工。农民工特别是工厂农民工，从形成之始就已经具有产业工人的部分特质。现在，较为普遍的观点是：虽然也有相当一部分的农民工仍然在漂泊或已返乡，但顽强留在城市或工厂以及不断进入工厂的新生代农民工，正在工业化、市场化的大背景以及工厂体制的小环境之中，逐步地形成新产业工人。其实，关于农民工应该成为新产业工人的重要组成部分的判断(张富良，2003 年；杨云善、时明德，2005；谢建设，2005；《关于促进农民增加收入若干政策的意见》，2003；宋林飞，2005)，是大量学者在分析农民工的成因(文军，2001)、状态(唐灿，冯小双，2000；柯兰君，李汉林，2001；吴维平、王汉生，2002；吴明伟、吴晓等，2005；刘林平等，2005；王春光，2006；周大鸣等，2007）、关系（李培林，1996；刘应杰，2000；王春光，2001），探讨农民工的前途与趋势（宋林飞，1982，1995；韩长赋，2006；朱秀英等，2007）之后，为其探索和寻找的解决之道与出路（辜胜阻 1994；张志勇，2004）的一种尝试。[①] 从诸多的研究成果中可以看出，农民（工）向新产业工人的转变，是伴随着社会转型的，并成为其中的一部分，而相关的分析与研究，也基本可以分为原因（动力）研究、条件（障碍）研究以及新产业工人与工人阶级的形成等主要方面。这些方面的研究，既显示出社会转型、农民（工）蜕变的趋势，也反映了学者为农民（工）命运与归宿不断地进行深入的负责任的探索。

一、工业化与市场化：从农民（工）到产业工人的动力源

在中国社会转型的研究中，人们通常以工业化、市场化、城市化作为其主要的研究内容和重要特征。李路路（2002）指出，工业化、现代化以及科学技术的发展，构成了现代社会变迁的主流。所有工业化或现代化的发展，都内含着韦伯所说的“合理性”的必然前提。工业化和技术的发展，在内在逻辑（工业化的逻辑）上要求社会各个方面在形成功能上与它一致的特征，经济和技术的合理性特征将导致社会结构具有更多的流动性和开放性。因此，他认为，“社会主义中央计划经济体制的建立和在这一体制下推动的工业化发展，无疑是继资本主义市场经济工业化之后人类社会又一巨大的社

① 2006 年出版的由国务院研究室牵头组织开展的农民工问题调查研究成果《中国农民工调研报告》（2006，中国言实出版社出版），由邓鸿勋、陆百甫主编的《走出二元结构——农民工、城镇化和新农村建设》（2006，中国发展出版社），郑功成、黄黎若莲等著《中国农民工问题与社会保护》（上、下）（2007，人民出版社），通过深入调查和数据分析，比较全面地分析和研究了我国农民工的历史、现状、特点和发展趋势。

会变迁”。[①] 也有学者直接指出，中国近30年来的高速现代化或者说社会经济政治文化转型是由市场化、工业化、城市化共同推动的（吴翰，2008）。显然，我国社会转型中工业化进程的推进，是全世界范围促进农民工向产业工人转变的普遍性动力，而市场化及其伴随的改革、开放，推动农民工的形成及农民（工）向产业工人的转变，则是具有中国特色的。

在民工潮形成之初，学者们的研究主要是探究其形成的原因。而最初的视角主要是经济学的主流解释，即认为农民工进城的驱动力来自经济利益的比较。第一个利益比较来自城乡产业之间的比较，与城市的二、三产业相比，农业的受益相对较低，城乡之间的实际受益比大约为4∶1；第二个比较来自中国地域经济差异的比较，中国东、中、西部区域经济状况差异很大，乡镇企业发达的地区与其他地区也存在较大差异。更高的获益推动了农村劳动力的转移（宋林飞，1994，1996）。从更为宏观的背景来看，农民工的出现主要是因为“嵌入全球资本主义和劳动力市场，为他们提供了超越农民生活的更好的可能”（李静君，1999）。对于农民工形成的理论解释主要来源于刘易斯的二元经济发展理论以及哈-托模型。刘易斯认为经济中存在着二元结构，即传统农业部门与现代工业部门，经济发展的过程就是剩余劳动力被不断增加的资本吸收的过程。哈里斯（J. R. Harris）和托达罗（M. R. Todaro）认为，准备向城市转移的农业剩余劳动力实际上主要考虑两个因素：一是城乡实际工资水平的差异，二是在城市找到工作概率的大小，这二者的乘积就是城市预期的工资。只要城市的预期工资高于有保证的农村工资，农业剩余劳动力就会在城市已经存在失业的条件下继续向城市流入。该模型强调了个体利益最大化对转移决策的决定性作用，所以在城市还存在大量失业的情况下，农村劳动力继续向城市转移，说明城市的相对就业机会和预期收入会影响劳动力是否选择转移（栾谨崇，2004；苗瑞卿，戎建，郑淑华，2004）。

---

① 李路路：《社会转型与社会分层结构变迁：理论与问题》，《江苏社会科学》2002年第2期。

拉文斯坦(E. G. Ravenstein)等人提出的"推—拉"理论认为,在市场经济和人口自由流动的情况下,人口迁移和移民搬迁的原因是人们可以通过搬迁改善生活条件。于是,在流入地中那些使移民生活条件改善的因素就成为拉力,而流出地中那些不利的社会经济条件就成为推力。目前社会学界对此理论有诸多评价,认为"推—拉"理论的前提条件是劳动力能够自由迁移,打破户籍壁垒才能成立(宋林飞,1996)。也有人运用吉登斯的结构化理论来解释当前中国农村人口外出就业:既不仅仅是制度性安排的阻碍或推动,也并非简单地只是个人追求利益最大化的理性选择,而是主体与结构二重化的过程,构成了当今中国数以千万计的农村户口持有者离开农业、农村,不断寻找新的就业机会和生活空间(黄平,1996、1997)。有人运用理性选择理论来解释这一现象,认为当代中国农民外出就业的行为也是一种社会理性选择的表现,他们在具体行动过程中一般遵循着这样一种逻辑顺序:生存理性选择→经济理性选择→社会理性选择,在制度性条件松动的情况下,农民外出就业的动向由生存理性选择向经济理性选择和社会理性选择的跃迁,在一定程度上反映了农民主体性的增加和市场经济的发展,也反映了现代社会农民理性选择多样性的增加(文军,2001)。

综合早期学者们分析农民工形成的原因,主要是二元结构造成比较利益的出现,在城乡之间形成一种"推—拉"的驱动力,而农民自身的理性选择最终促成了农民的流动,从而形成农民工。笔者认为,这些原因的分析仍然停留微观层面,实质上仍然是一种结果的显现。将农民工的形成、农民(工)向产业工人的转变放在社会转型的大背景之下就可以发现,工业化、市场化所产生的动力是更为深层次的原因。其实,马克思、恩格斯的思想早就表明,农民向工人阶级转化是产业革命和工业化进程中的必然规律,是促进工业化和社会生产力进步的必要条件。早期的产业革命作为机器大工业化代替以手工技术为基础的工厂手工业的革命,是十五世纪以来科技进步、劳动工具不断更新和专门化,地理大发现以后世界市场日益扩大以及资本原始积累造成的大批自由劳动力与巨额货币财富等一系列因素共同作用的结果,是资本主义经济发展的必然结果。产业革命造成了农民向工人阶级的转化，而农民向工人的转化和产业革命之间是相互影响相互促进的，两者都是社会生产力发展的必然结果，同时又都是社会经济得以迅速发展的必要条件。工人阶级是与大机器生产相联系的先进生产力的重要代表，与农民阶级相比具有更多的推动生产力进步的优秀品质，更有利于推进生产力的发展。

现在，学者们普遍认识到，农民进入工厂并逐步转型成产业工人，是工业化发展的大趋势。但在早期的产业革命中，农民向工人阶级转化是一个充斥暴力和被胁迫的过程(杨云善，2004)。马克思认为工人阶级的形成，最根本的原因是生产力的发展，在当时的条件下，也就是工业革命推动社会化大生产，从而出现分工，出现工人及工人阶级("分工—阶级"理论)。中国农民工的出现并向产业工人的转变，从根上说也是生产力的发展，既包括农村生产力的发展，农村剩余劳动力过剩，又包括城市生产力的发展，工业化逐步形成对劳动力的需求。从这一点来说，马克思的阶级阶层理论从根本上做出了解释。因此，有学者认为，马克思、恩格斯关于农民向工人阶级转化的思想，对于我们正确认识和对待农民工，及时解决农民工面临的各种现实问题，促进农民工向工人阶级转化，推进社会各项事业较快发展和社会稳定，具有重要启发和指导作用(杨云善，2004)。

随着我国社会转型而出现的农民工，还体现了市场化、城市化的作用，是农民向工人转变的过渡形态。对比西方早期工业化过程中工人的形成，我国现阶段的农民工是农民向工人阶级转化的一种独特形式，而且没有采取资本主义社会那种暴力剥夺的手段，是依靠市场调节下农民的一种自愿选择。与早期产业革命时期相比，我国目前正在进行中的农民向工人阶级的转化有两点不同：一是农民进城成为农民工(工人)是市场条件的一种理性选择，是一种"为他们提供了超越农民生活的更好的可能"的选择(李静君，1999)，虽然对于很多人来说是一种无奈的选择，但并没有被胁迫；二是最初农民进城打工，并没有失去他们自己的生产资料，也就是说，他们并没有变得"一无所有"。因此，很多的学者认为农民工形成的原因，主要是二元结构造成比较利益的出现，这就在城乡之间形成了一种“推—拉”的驱动力，而农民自身的理性选择最终促成了农民的流动，从而形成了新产业工人。其实，二元结构的形成，在很大程度上也是工业化的结果。工业主要集中在城市，农业主要集中在农村，城乡之间的比较利益与“推—拉”驱动力，是相对于农业来说的工业的吸引力。当然，在中国，市场化的同时推进，为驱动力情况下的流动创造了条件，从而使新产业工人的形成成为可能。

二、新旧体制的博弈：从农民(工)到产业工人的障碍性

从农民工向产业工人的转变，不仅仅是工作方式、收入方式的转变，也是一个农民工最终身份(社会身份与政治归属)的确认。在社会身份方面，要求部分农民工最终融入城市并成为新市民；在政治身份方面，农民工要成为被认可的工人阶级的一部分。但是就目前的状况而言，这种设想尚处于一种理想状态，农民工最终成为市民或工人还面临着重重障碍。

有学者认为，户籍制度是阻碍农民向工人转化的主要障碍，也是形成目前农民工问题的主要原因。由于西方发达国家不存在类似于我国的户籍制度，农民由农业流向工业部门之后，也就完成了向工人和市民的转化，也就不存在类似于我们的农民工问题。我国目前的农民工，适应工业化发展的需要，根据城乡比较利益流向了工业部门。他们虽然投身于现代化建设大潮中，成为以工资收入为主要生活来源的劳动者，从工作或劳动性质来看成了工人，但从户籍关系看，他们却仍是农民。关于体制和政策的障碍，在邓鸿勋、陆百甫主编的《走出二元结构——农民就业创业研究》(2004)一书中指出，由于户籍制度的问题使进城农民无法实现身份的改变，大量的农民工回流到农村，从而严重地制约了农村剩余劳动力的转移速度；劳动力市场分割又是妨碍城乡劳动力市场发育的制度根源，在比较利益的驱动下，农村大

量剩余劳动力进城务工，但他们却受到了城市政府部门的种种限制，使城市自由劳动力市场存在严重的制度性扭曲；公共管理的缺失，甚至严重歧视农民工，社会管理部门不仅在社会保障、住房、户籍制度上歧视、阻碍他们向城镇转移，而且把进城农民工视为影响管理秩序，收容遣送的对象，危及他们的人身自由和安全。在蔡昉所著的《中国二元经济与劳动力转移》(1990)和梅金平所著的《不确定性、风险与中国农村劳动力区际流动》(2003)两本著作中，作者都认为，农民工流动明显地改变了中国的就业结构，并成为工业化的重要推动力量，但由于制度、户籍和社会等诸多方面的障碍，使得农民工群体中的绝大多数仍然滞留在农村，没有转化为市民或工人，并且这些障碍加剧了农村劳动力跨地区的周期性和不稳定性，致使如何实现从“流动”向“转移”的飞跃成为一个难题。在卢海元所著的《走进城市：农民工的社会保障》(2004)一书中，作者指出，现在城市和农村在社会保障制度的建立上分为两个板块，国家劳动和社会保障部的工作重心是在城市而不包括农民，厚此薄彼现象十分明显，致使农村社会制度的建立严重滞后；而且农民缺乏有效的社会安全网，难以应对自然及市场的风险挑战，缺乏与城市人口平等的发展机会和享受同等的公共服务，不能平等接受基础教育和职业培训，不能享有平等就业竞争的机会和享有劳动保护，不能享有与居住或者工作所在地的居民同等的民主选举和被选举的权利，甚至不能享有宪法所赋予每一个公民的权利与机会。

也就是说，虽然从 20 世纪 80 年代开始，我国的户籍制度开始松动，但是，这种松动主要是允许农民在城乡以及不同的区域进行流动。在地方利益，特别是在城市利益受到优先考虑的情况下，户籍制度没有得到实质性的突破。正如唐灿、冯小双(2000)指出的那样，我国的城乡身份体制“尚没有发生实质性的改变”[①]，这种体制一方面为“包括流动农民在内的社会成员提供了摆脱单一的计划体制束缚，通过多种渠道改善自身地位、获得成功的极

① 唐灿、冯小双：《“河南村”流动农民的分化》，《社会学研究》2000 年第 4 期。

大可能”；另一方面“也将流动农民实现这种可能的机会限制在一个范围相对狭小的空间里”。

关于农民工向工人转化的障碍，目前还有工会制度的局限性。从目前我国工会的组织形式以及运作机制来看，我国工会组织具有“国家垄断以及自上而下的组建、负责人的党政任命、主要经费的企业拨付”①的特点，这些特点直接使工会不得不依附于政府与企业。在我国现行的工会体系下，工会被安置于统一安排的行政体制之下，因而往往受制于地方政府。出于经济发展、税收就业等各种各样“大局”的考量，有些工会即便想有所作为，手脚亦难以伸展。有学者甚至认为，在中国的工会是一种劳工组织的同时，又是一种国家设置。② 郭保刚通过对海峡两岸劳工政策的比较指出，两岸劳工政策的重点都是控制劳工，国家为此建立了一套自上而下的工会组织体系，官办工会失去了自发性的群众团体的功能，在政治上成为执政党的周边组织和“御用”工具。许晓军在其著作《中国工会的社会责任》一书(2006)中指出，目前企业工会存在依附于企业的资产所有者和管理者的体制性弊端，使企业内维权机制的建立无从谈起。双重依附性使我国工会的主要职责远没有得到充分的发挥。资本所有者利用主导权干预了工会的组建和运行，造成企业工会目标和行为的扭曲，而政府的目标和行为偏差又会导致工会的目标淡化和行为弱化。

正是由于制度设置和农民工自身素质等多种因素的综合作用，农民工向工人阶级的转化具有不彻底性(张丽，2005)。要解决存在的政策障碍，实质上就是如何消除不平等，实现对农民工的接纳。陆学艺(2002)认为，应该搞好制度建设，为农民进城打工提供较好的微观生活环境，具体可以从以下几个方面入手：第一，打破城乡二元局面，允许城乡劳动力自由流动；第二，建立正式的组织，有效保障农民工的合法权益；第三，规范社会宣传，引导市

① 韩恒：《关注工会系统的自主利益——对基层企业工会的调查与思考》，来源于《二十一世纪》网络版(http://www.cuhk.edu.hk/ics/21c)第40期，2005年7月31日。

② Feng chen: Between the State and Labour: the Conflict of Chinese TradeUnions' Double Identity in Market Reform，载 The China Quarterly, Volume 176, December 2003.

民以平等的态度对待农民工；第四，农民工应提高自身素质。有学者认为，农民工问题表面上看是要解决保护农民工的合法权益，消除在就业方面的不合理限制，给予农民工应有的国民待遇等问题，实质则是我国要构建一个什么样的社会阶层结构，是建设一个城乡一体的社会主义市场经济体制还是维持目前城乡分割的二元社会结构的问题，因此要改革户籍制度和现行的劳动人事制度，进行制度规划，采取措施，从根本上逐步解决农民工问题。而促进城市农民工向工人阶级的深度转化，缩小城市农民工与作为先进阶级的工人阶级的差距，既是党和政府的事情，也是城市农民工自身的事情，更需要从理论上和实践上研究探索（邸敏学，2004）。从马克思阶级阶层理论的角度来看，农民工进城并最终成为工人是生产力发展的必然，是一种不可阻挡的历史趋势。在这个过程中，无论是政党还是政府，都应该顺应这种历史潮流，在改革创新原来的体制、制度中发挥积极的作用，而不是消极的作用。

三、特征、行为及意识：新产业工人的形成及其阶级性

关于农民（工）向工人的转变并形成阶级的研究，学者们普遍认为，必然经历“农民—农民工—产业工人—工人阶级”的过程。农民转变为农民工的研究，从形成原因到流动特征、规模、生活、工作等方方面面都已有涉及，应该说已经比较全面和成熟。但农民工向产业工人以及工人阶级的转化研究，仍然处在理论探讨与片段性的实证研究状态。

目前关于新产业工人正在或已经形成的判断较多，既有学术研究的判断，又有政治考量的认定。在学术研究领域，张富良（2003）认为，现在的农民工，从职业上看，无论从事建筑业、家政、商业贸易、运输业还是自己开公司办企业当老板，都属于产业工人的性质；从工作场所上看，农民工的工作

场所与工人更接近，主要集中于城市、城镇的二三产业；从收入的形式来看，农民工的收入与工人相同，他们的收入以货币为主；从生活方式和价值观念方面看，农民工远离农民而逐步向工人靠拢，城市的民主观念、法律意识、平等观念逐渐融入他们的生活中。因此，从农民工的历史考察与现实情况及在建设中的作用来看，农民工是中国的新产业工人，新产业工人的定位是农民工的历史归宿。谢建社在所著《新产业工人阶层：社会转型中的农民工》(2005)一书中，直接将农民工界定为新产业工人，并指出，社会转型过程中的农民工，其历史归宿就是形成新的产业工人。安徽省社科联课题组(2003)通过调查研究之后做出这样的判断：农民向工人的转化，是中国经济发展和社会进步的必然趋势。西方社会学的劳工研究将原有的国有企业职工称为"老工人"、将流出农村的农民称为"新工人"：一方面是"老工人"被一步步地纳入劳动力市场；另一方面，则是"新工人"进入工厂，被锤炼和锻造成工人(沈原，2006)。在政治领域，为了更好地维护农民工的权益和社会的稳定，应该将农民工纳入工会组织，将他们作为工人阶级的一部分来对待。党和政府的文件中也提出，"进城就业的农民工已经成为产业工人的重要组成部分"的论断(《关于促进农民增加收入若干政策的意见》，2003)。2003 年 8 月，中华全国总工会宣布，将尽可能多地组织农民工入会，并将离开家乡到城镇打工的农民定义为职工队伍的成员。2004 年 9 月，中国工会第十四次全国代表大会开幕式报告明确提出"一大批进城务工人员成为工人阶层的新成员"。虽然有这种认识，但是在实际操作层面，农民工仍然难以得到与工人同等的政治权利和相关待遇。关于农民工与新产业工人的研究，目前虽然已经有部分学者涉猎并出现了一些概括性的文章和著作，但仇立平等人(2007)认为，从社会分层的视角看，农民工的最大问题是它能否成为真正意义上的现代产业工人，相关的研究虽然已经得到学术界的回应，但是比较规范的学术性研究成果还不多见。

长期以来，我国一直没有明确界定农民工的阶级属性问题，农民工成了"两栖人"，说他们是工人阶级，但他们不能享受工人阶级因为户籍制度所享有的待遇；说他们是农民阶级，他们从事的职业又属于工人阶级的范畴，这种概念的模糊导致对待农民工方面存在着偏差。因此，只有科学地界定农民工的阶级属性，才能正确认识农民工的历史地位。虽然一般认为农民工要成为工人阶级需要首先实现向产业工人的转变，但仍有部分学者已经做出农民工正在成为工人阶级的主要力量或重要组成部分的判断（舒迪，2004；黄锟，2004）。部分学者直接从工人阶级的基本特征入手，认为农民工就是工人阶级的一部分。邸敏学（2004）认为，从生产资料的所有权方面来看，城市农民工与原有的工人阶级的基本特征是相同的，在占有生产资料的方式上是一致的。在现阶段，我国工人阶级是以国家的名义占有生产资料，而城市农民工是以集体的名义占有生产资料。杨云善、时明德在《中国农民工问题分析》（2005）一书中认为，农民工是工人阶级的新成员符合经典作家的相关理论，农民工向工人阶级的转化既是社会生产力进步的必然产物，又极大地促进了社会生产能力的发展。他们从农民工的概念、收入来源和法理、工作性质、思想观念与行为等方面进行分析后指出，农民工已经具备工人阶级的主要特征。

但是，“农民工已经具备工人阶级的基本特征，是我国工人阶级的一部分”并没有得到大多数学者的完全认同。其中最主要的原因是，他们认为，目前农民工虽具有一些产业工人的特征，但无论从其阶级意识还是阶级行为来看，他们远没有形成一个阶级。马克思认为，工人阶级的形成指的是一种由社会存在到社会意识再到社会行动、由自在阶级到自为阶级的过程。许叶萍、石秀印（2006）指出，马克思本人并未明确提出工人阶级形成的概念，但是他的论述表明，工人以其形成共同的阶级意识、建立阶级组织、采取阶级行动而最终成为一个阶级。根据马克思关于工人阶级的表述，虽然目前在城市的农民工已经初步具备了产业工人的一些基本特征，但他们远不具有工人阶级的特征与属性。他们不仅没有在本质与表征上完全融入我国工人阶级队伍，也没有实现农民阶级向工人阶级的历史跨越（邸敏学，2004）。更有学者指出，目前的农民工并非已经完全成为新产业工人，更没有成为工人阶级，总体来看，目前的农民工正处于向产业工人、工人阶级的转型之中。李静君认为，在目前这种“工厂政体”下，中国的农民工虽然也表现出与19世纪六七十年代西欧农民工类似的特征——“战斗性、破坏性”，但“抵抗”仅仅是农民工阶级转型的一个方面，农民阶级试图融入新的社会主义市场秩序的努力也同样重要(李静君，1999)。

大致可以看出，应用马克思阶级理论来分析农民工的阶级属性，我国理论界初步达成了共识，即认为农民工已经具备工人阶级的基本特征，是我国工人阶级的一部分。

四、重回生产中心：劳工研究的一种转向

虽然从20世纪90年代开始一直到现在，关于农民工成因、流动、特点等的研究一直是多学科的重点研究领域，但是我们可以发现，大量农民工的研究一直停留在对农民工状况进行描述或是对未来趋势的一种预测。不仅如此，很多学者的研究和观点带有“同情弱者”的心态(当然，这种心态无可厚非)，因此他们的研究也大多停留在对农民工生存状况的关注和对现实制度的批判上，难以将农民工放在一个更为宏观的历史背景下去思考农民工问题。正如沈原指出的那样，“大样本量的问卷调查所提供的数据，固然试图提供农民流动的总体性画面，而这无疑有助于对农民大规模流动这个20世纪80年代中期似乎突然出现的社会现象进行全景式把握”。正因如此，沈原提出，农民工的状况“固然足以使人们受到震撼并留下深刻印象，但这些农民毕竟不是被当作具体的、历史的、正在生成中的具体阶级成员来描述，而是作为不分地域、不分性别、不分老幼、没有具体面目的‘整体范畴’来处理的”。沈原指出，“为了推进对农民工现象更为深入的理解，我们有理由再前进一步，提出第一个转换要求：从‘抽象工人’转换到‘具体工人’——提供各种工人的具体形象、具体的生活和工作场景以及描绘他们在具体情境之下

的实践逻辑”。[①] 沈原(2006)还从中国工人阶级再形成角度同样表达了“把工人阶级带回分析中心”的紧迫性和必要性。当今西方产业工人阶级在政治舞台上归于沉寂，并不意味着这个阶级在发展中国家和转型国家也同样丧失了历史意义。中国“世界工厂”的地位使得世界上最庞大的产业工人群体正在中国形成。正在形成的工人阶级的命运对社会转型的作用和对未来发展的影响应当成为中国社会学关注的中心问题。仇立平等人(2007)进一步肯定了沈原(2006)提出的“从抽象工人到具体工人”和“返回生产中心”两个范畴。

(一) 工厂政体分框架的形成与应用

其实，劳工研究的这种转向，从布洛维的系列研究已经得到体现。布洛维的研究不仅代表了劳工研究的一种转向，更为劳工研究提供了一个可以应用的理论框架，即工厂政体(也可以称之为工厂体制)的研究框架。布洛维在 1979 年出版了《制造共识》一书，该书很快成为劳动过程研究的权威性著作。这本书与 1985 年出版的《生产的政治》一起标志着劳工研究核心问题的转变。应该说，布洛维用生产政体模型沟通了微观的工厂政治与宏观的政治经济条件之间的关系，从四个因素(国家干预、市场竞争、劳动力再生产和劳动过程)以及它们的相互作用影响了生产政体的形成，并决定了工人对资方控制的反应方式和斗争能力，而后者对生产政体有反作用。在此基础上，布洛维将工厂制度分为三个类型，即市场专制体制、霸权制度和霸权专制体制。童根兴认为，布洛维的“这样一种取向，为我们研究不同政治经济背景、不同工厂制度、不同文化环境的工人提供了一个方向。同时，布洛维研究中所蕴含的这种新制度主义视角，重视对工厂、工人以及市场之历史情境的探讨，为我们对处于转型时期的中国工人、农民工的研究提供了很大的

① 沈原：《社会转型与工人阶级的再形成》，《社会学研究》2006 年第 2 期。

帮助”。①

早在20世纪90年代，李静君就以布洛维的理论支点对中国的劳动问题进行了研究。她基于对广东企业的调查，将中国的工厂制度分为两个阶段：计划经济时期的特征为经济的、政治的和个人方面的全方位的“组织依赖”，国家对民众生活资源的垄断和延伸至工厂内部的政治控制；经济体制改革以后，“失序的专制主义”取代了组织依赖，组织专制被认为是工厂制度的组织形式。国内目前已经有一些研究在尝试性地应用布洛维的工厂政体理论作为分析框架。较为典型的是何明洁的“女工研究”。何明洁(2009)以“和记”酒楼为例，借助布洛维生产政体理论的分析框架，通过引入“性别化年龄”，着力展示了在中国服务业中，性别、年龄、社会身份等外在于劳动过程，看似属于劳动者个体特征的因素如何参与生产的过程。作者指出，在“和记政体”的形成中，国家力量为工厂政治奠定了制度框架。任焰、潘毅(2006)提出的宿舍劳动体制，既是中国工厂生产体制的重要组织特征，也是一种独特而有效的劳动控制与管理形态。胡丽娜(2007)认为，虽然规模工厂表面看起来比家户工厂要正式得多，比如，他们可能拥有更先进的生产流水线和机器、独立的办公室和核算机制、专门的工人食堂、宿舍甚至娱乐设施，但家户工厂和规模工厂的“工厂政体”在本质上是一致的，主要体现在以下几个方面：人际网络化的劳动力市场，人格化的交易，家庭式的劳动生产过程，家长式的治理模式。赵炜在其《工厂制度重建中的工人》中，采用了Nichols提出的工厂制度的三个方面，即劳动控制、工资和福利供给、劳动合同制度，通过对中国白色家电产业的个案研究，认为中国白色家电产业独特的发展道路带来了中国特色的工厂制度的建立和重建。由这些研究可以看出，目前国内学者虽采用了布洛维的工厂政体理论，但仍在探索“工厂政体”对中国的解释，也就是说，工厂政体在特殊的中国情境下是如何表现的。

① 童根兴：《共识型工人的生产——从新制度主义框架看布洛维的〈制造共识〉》，《社会学研究》2005年第1期。

(二) 工人的抗争行为及被解构研究

中华人民共和国成立以后，特别是改革开放以来，中国工人的抗争行为一直受到新马克思主义流派的关注，因为按照马克思的阶级分析方法，工人的抗争意识和行为，往往是他们作为一个阶级再形成的重要体现。刘建洲(2009)认为，中国的传统产业工人（主要是指国有企业的工人）的群体认同与群体意识的形成，为其保护自身利益所进行的抗争活动提供动员基础。因此，在 20 世纪 90 年代，随着国有企业所谓“改制”的进行，传统产业工人群体性抗争事件不断发生，劳动争议与群体性事件数量一直上升就是一个很好的证明。但是，这个阶段的抗争原因，主要集中在劳动报酬和经济补偿及保险福利等劳动者基本劳动权益方面。对于这个阶段工人的抗争行为，李静君的研究引起了较多的关注。通过对南方一些地区和工厂的研究，李静君(1999)指出，劳工政治不单表现在车间的消极逆反行为，如磨洋工、故意疏忽、偷生产工具或者正面地与厂管理人员争议，或个别向工会、市政府上访；还出现野猫式的集体停工、怠工；在不少地区，劳工已冲出工厂，出现集体上访、阻马路、卧铁路、游行等集体行为。2007 年，李静君通过在广东和辽宁的调查研究，比较了市场经济发展过程中差异巨大的省份不同类型的工厂制度下工人的处境和他们的反抗方式。另外，华正新(2009)通过对江苏南通私营企业 Y 厂的田野调查后指出，“结构力量”成为农民工群体中技术工人抗争的基础，并展示出了较强的抗争力量。

虽然在那个阶段工人的抗争行为似乎有越演越烈之势，但随着经济的发展，加上中国政府权力的消解，在进入 21 世纪之后，传统产业工人的抗争逐渐淡出人们的视野。对工人抗争行为的研究，开始转向工厂之中的农民工。潘毅在其《中国制造：全球化工厂下的女工》一文中，全景式地描述和分析了社会转型过程中打工妹群体的形成，展示了打工妹作为社会行动者的力量与抗争。作者认为，中国的打工妹没有对资本展开过有组织地公开对抗，也没有能够成为一股重要的反抗力量，但是一有机会，打工者就会毫不犹豫地展开各种短暂的、自发性的罢工等集体行动，从一般的劳动反抗，一直到日常生活的抗争。她们的抗争行为“挑战了现存的城乡分化，重塑了国家—社会关系，重构了家庭父权制，特别是重新打造了阶级和性别关系”（潘毅，2005）。从潘毅的研究中可以看出，中国农民希望将自身从长期的隔离生活中解放出来的强烈欲望，正好碰上企图控制农民身体的政治技术，但是农民工是懂得应该如何在权力和纪律体系的缝隙之中进行反叛的。滕爱聪（2010）指出，虽然大规模的反抗逐渐式微，但在微观领域，在工人的日常工作实践中，却仍然有各种无声的反抗，如离职、怠工、降低产品质量、污名企业乃至身体的反抗。著名学者斯科特在其代表作《农民的道义经济学》和《弱者的武器》中，对东南亚农民微观领域抗争形式的探讨就是这种转向的代表。

无论是 20 世纪末传统产业工人激烈的抗争，还是一直持续的农民工的反叛，总体来看并没有成为社会的主要矛盾之一，也似乎没有看到能够促成阶级再形成的力量。其中原因，是与资本的管理控制及国家政府的技术性的化解分不开的。游正林指出，资本的管理控制和工人的抗争行为是相伴随的。资本的控制先后经历了从“工匠控制”到“管理控制”、从“直接控制”到“责任控制”、从“简单控制”到“结构控制”、从“专制”到“霸权”，这些控制方式或手段的变换，往往是为了更有效地控制工人的行为，同时能够消解工人的抗争行为。从西方学者的研究来看，弗来德曼、埃德沃兹和布洛维等的研究强调资本需要适应工人的抗争，强调管理者向工人妥协、承认工人的某些权利的必要性，而不是一味地使用直接强制的手段。在他们看来，通过采取相应的控制策略，工人的抗争就能被“制服”或“化解”。何明洁在《劳动与姐妹分化——“和记”生产政体个案研究》中指出，资本方利用了社会文化传统对女性年龄的社会性别建构及其造成的家庭角色和社会责任的差异，对女性劳动者实施分而治之的管理策略，并得到劳动者自身的认可和响应，导致“大姐”处于专制型的统治，“小妹”身处霸权型的管理。

重回生产的中心，实质上是马克思重要的分析路径。马克思对资本主义的批判是建立在劳动过程理论的基础上的，马克思强调劳动力价值的特殊性，正是在于揭露资本增值的真正来源，而生产过程是实现增值的途径。因此有学者(顾辉、汪漩，2008)指出，尽管马克思并未提出“工厂政体”概念，但他从工作时间、管理纪律、工人健康、童工、劳动立法诸多方面将工人的劳动过程置于从微观运作到宏观约束的双重背景下，围绕劳动过程深入地分析了早期资本主义原始野蛮的血汗工厂制度。如果说马克思从劳动过程的经济维度创造了马克思主义政治经济学，那么布洛维则扩展了劳动过程的研究领域。在布洛维看来，“任何工作场景都包含经济维度(物品的生产)、政治维度(社会关系的生产)和意识形态维度，这三个维度的关系是密不可分的”。遵循这一理论思路，布洛维在《生产的政治》中展开了对不同生产方式下工厂政体的形成及其对工人斗争方式影响的分析。沈原(2006)在分析了“新工人”——农民工不同的结构特征和不同的行动能力时指出，新工人形成的过程适合于对马克思阶级形成模式的解释。梁萌(2007)也指出，布洛维的劳动过程理论研究源自马克思、布雷弗曼等的劳动过程理论，他的研究仍然延续了经典劳动过程理论的概念，例如，生产关系、生产方式、剩余价值、再生产等，马克思主义有关劳动过程的理论是布洛维整个劳动过程理论的基础和出发点。

本章小结

总体来看，目前关于农民工向新产业工人的转化研究，普遍认为新产业工人的形成，必然经历“农民——农民工——产业工人——工人阶级”的过程。现在城市农民工虽初步具备了产业工人的一些基本特征，但是并没有形成新的工人阶级，也没有与原有的工人阶级融为一体。也就是说，由于多重因素的综合作用，农民工向产业工人或工人阶级的转化具有不彻底性。虽然近年来已经出现了“农民工是工人阶级一部分”及“新产业工人”的论断，但那似乎更多只是下了一个判断，其具体内容则与工人阶级分析相差甚远。目前虽已经出现一些对新产业工人进行论述的论文和著作，但主要是停留在新产业工人的概念层面上，或者对农民工与新产业工人阶层之间的关系做出判断。相对于"返回生产中心"的研究，我们可以发现，大多数对农民工研究是详尽地描述农民工的流动特征、生存状况以及生活行为，对其生产活动特别是工厂的生产活动有所忽略。显然，这种研究方法缺乏明显的阶级分析取向。目前，认为"具有不同产权安排、不同生产工艺、不同管理制度和不同生产关系的各种生产过程与各种工厂政体把农民锻造成工人的"的观点已经形成，但这个命题还有待研究论证。与此同时，"工厂政体"的提出，似乎已经成为转型期工人阶级再形成研究的立足点，但缺乏系统的实证研究和理论研究论证，因此也没有形成工厂政体理论在中国情景下的解释。

第二章　市场的推动：农业劳动向工厂劳动的转变

所谓劳动方式，就是劳动者在劳动过程中相互结合的方式以及他们使用劳动资料的方式。[①] 劳动方式的转变，无论是对劳动者个体来讲，还是对社会的转型来讲，都是一个重要的乃至具有决定意义的方面。与传统的农业劳动方式呈现出鲜明不同的，便是工业（工厂）劳动方式。工业劳动方式的主要特征是与机器紧密结合，实行细化的分工并要求整体进行协作，有组织地进行生产。工业化、农业劳动转变为工厂劳动以及产业工人的形成是同步进行的。早期资本主义农民劳动力方式的转变，被马克思描述成一场“羊吃人”的“圈地运动”，带有明显的“强迫性”，当时英国出台了很多迫使农民进城、进厂的法律法规。其实，这种“圈地运动”也从侧面表明，工业劳动能够创造出远高于农业的效益，能够给资本所有者带来明显高于农业的收益或利润。可以说，正因为资本家及其代言人（政府）认

① 马家驹、蔺子荣：《生产方式和政治经济学的研究对象》，《经济研究》1980 年第 6 期。

识到了工业劳动的高效益，因此联合采用强制的形式促进了农业的破产以及农业劳动方式向工业劳动方式的转变。无论怎样，劳动方式的转变，可以说是从农民(工)向产业工人转变的重要标志。中国改革开放之后体现在农民工身上劳动方式的转变，是什么力量在发挥作用，是“自愿”的还是“被迫”的，工厂政体在其中扮演什么样的角色，本章将做较为详细的分析。

一、市场的作用：农民的“隐性失业”

(一) 优胜劣汰：传统农业的“隐性破产”

农民从农业劳动转向非农业劳动，前提条件应该是农业劳动失去吸引力，而非农业劳动的吸引力就在于其相对高于农业的经济收益(宋林飞，1994，1996)。2010年10月12日，日本的《经济学人》杂志发表了一篇题为《中国的农业处于危机状态》的文章。该文章认为，耕地的分散和越来越多的农民放弃务农，正使中国农业陷于危机。关于我国农业是否已经或正在破产(陷入危机)，近几年学术界争论颇多，但有一个不容争论的事实是：在市场经济逐步形成、工业化水平日益提高，特别是国际市场的冲击下，农业的相对收益率日益降低，农村剩余劳动力的规模越来越大，很多地区的农村经济、农民面临破产之势。中国的农业是否已经或在将来会破产并不是本书讨论的问题，但从大量农村剩余劳动力的出现及农民工的产生也可以看出，相对于第二、第三产业，农业的吸引力已经大大降低。从农民工转移的角度来看农民是否面临破产，可以从农业的收益状况及农民工对土地的留舍态度做出一定的评价。

农业的收益。可以简单地理解为农民耕种土地的收益，分为相对收益和绝对收益两种类型。相对收益，即农业与工业、第三产业相比较收益的多少，也就是一个农村劳动力在从事农业、工业、第三产业中，付出相同的成本

(既包括人力成本、投入成本，也包括风险成本)所能获得的收益的多少。毫无疑问，从农业获得的收益是最低的，这也是农村劳动力转移的动因所在。因此，很多学者指出，农民工进城的驱动力来自比较经济利益。正是由于更高的获益推动了农村劳动力的转移(宋林飞，1994，1996)。而绝对的农业收益，即直接从自家的土地或依靠自己拥有的土地从事农业获得的直接收益。下面是两位被访者对自己土地收益情况的陈述：

我家有十来亩地。……一年能收一万多斤粮食，去年粮食收购价提高了，除了留下的，还卖了一万多元钱。(G16P)

父母和我，人均差不多有两亩地(应该共有六亩多地)……爸妈在家种地一年还能挣个一两万元。(G5P)

由此可以看出，暂且不论投入成本的多少，农民种地仍然是能获得一笔较高的收入的，这里认为的“较高”，是相对于农村家庭的总收入或人均收入而言的。其实，土地收益的计算是比较复杂的，主要是因为对种地过程中劳动力成本的计算，这里既包括劳动力价格难于确定，也包括劳动投入量的不易计算。但是，这些外出的务工者，在土地的收益上是完全具有“经济理性”的，他们大多会仔细地权衡土地的收益而采取相应的处理自家土地的方式，如让年龄偏大的父母耕种或雇人耕种，边打工边兼顾耕种，或将土地出租给别人耕种等方式。

(地)都是在家的老太太管，全部是机械化生产，收、割都只需要掏点钱就行了。(G6S)

家里仍然还有地。老婆在家里干活(在家附近打工)，还能照应一点。(G18P)

现在我妈在家中种地，家里人少，一些地都雇人种，自己地里种的够吃就行了。家里的地都是雇人种，就是雇村里的人种。比如快插秧

苗的时候，我妈妈就请村里的人帮忙种，几十元一天吧。(G5P)

我的地都雇人种了，种一亩地给一百元，这些年都是这样的。(G16P)

就劳动力价格而言，农村种地的多为年老的人员（大多为目前在外打工者的父母，应该多在50岁左右或年龄更大者），其劳动力价格应该是比较低的。在部分地区，农业机械化逐步普及，专门的农业服务队伍出现，因此部分外出务工者会选择请人代种、雇人耕种、出租耕种的形式，其投入的成本仍然是相对较低的，也就是说，仍然能够保证土地获得一定的收益。就耕种土地的劳动投入量来说，有较多的人主观地认为农民土地的收入即为他们一年的劳动所得，但实际情况往往是：农民工投入土地的工作量累加起来其实就是十来天或几十天，而非“一年”这样的模糊时间量。如此看来，就投入成本来看，在外打工者拥有的土地均获得了较高的绝对收益。

土地的留舍。传统的农民以土地为生，因此，从经济层面来看，土地对传统农民的重要性是不言而喻的。在尚没有人出外打工的农村家庭中，土地的收益往往是家庭的主要收入来源。在排除制度、情感等因素后，外出务工的农民对土地的留舍，是直接判断土地能否给其带来收益的一个重要标志。目前，几乎所有的外出务工者都保留了在农村的土地。“我们在老家还有地，土地是在我们自己名下的。出来打工的都有土地，户口在农村的也都有土地。”(G6S)即便是已经取得了城市户籍并获得了较为稳定工作的G10S，也仍然在农村拥有自己的土地。农民工之所以还保留自己名下的土地，是因为在我国现有的体制下，土地仍然承载着直接经济效用、社会保障效用和就业保障效用（李毅、赵兴罗，2009）。因为家中的土地均能带来一定的经济收益：创造一定的经济收益，收取有限的租种费用，满足家人基本的食用。于建嵘(2010)认为，“舍不得土地”的背后是现在的农民感受到了城乡利益格局的巨大变化。一方面，随着“三农”政策全面推行，农民得到的实惠日益增多；另一方面，计划经济时期遗留下来的城市统分统包的政策“红利”日渐消减，而城市生存压力又在不断增加。

但土地的相对收益日益减少却是一个不争的事实。这里的相对收益，既指相对于非农业产业的收益，也指土地收益的满足需求状况。毫无疑问，农民工能够在第二、第三产业获得远高于从农业获得的收益。在土地的收益以及农村的非农收益无法满足其支出之时，进入城市或外地从事非农劳动成为农民一个迫不得已的选择。G6S在农村的家境不错，担任着村主任一职，还开有五金维修店，父母开有烟酒门市部，但“后来小孩慢慢大了，大了之后经济上供不应求了，粮食是吃不完用不尽，但经济上供不应求了”。(G6S)于是到南京打工，同时其妻子到北京打工了。显然，依靠土地的农业收益早就不能满足农民的支出需求，从纯粹依靠土地收益，到依靠一定的“副业”收益，均能看出土地相对收益的日益降低。

八十年代的时候，家里的经济收入非常低。好一点还是1999年之后。那时靠家里的副业，养蚕再种一点田地……收购价最好的时候，10元钱一斤，一张纸能达到90多斤，最多也是两张纸(养蚕中的一种数量称谓)。也就是接近2 000元钱。地里主要是种豆子、花生，现在地减少了一些。现在进行土地改良，也就是退耕还林，一共少了几分地，也都是质量不好的地，不“起货(获)”(方言)了。不能积水的地，现在改种茶叶了……原来家里的收入主要是种地，养蚕，自己还干木工……主要是想给家里增加一点零花钱。1991年家里盖房子，1992年我结婚，都靠在农村的一点微薄收入。家里盖房子时没钱，东借西借，还到银行贷款。(现在)家里仍然还有地，老婆在家里干活(打工)，还能照应一点。(G18P)

从G6S与G18P在农村老家的经历可以看出，在土地收益日益下降的时候，农民已经开始从事一些“副业”获得一定的收入。这里的土地收益，主要是指从事传统农业[1]的收益，即纯粹耕种粮食。但依靠土地的传统农业（G8 的家庭不仅耕种粮食，还养蚕、种花生等）仍然只能获得微薄的收入，在传统农业收入难以为继的时候，农民开始种植经济作物或者从事一些在农村区域的非农劳动。即使如此，G8 的家庭仍然只能获得"微薄收入"。从中我们可以看出，"农业劳动的繁重与其收益的微薄，形成鲜明对比"。[2]

显然，无论是从土地的绝对收益，还是从外出务工农民对土地的留舍态度，均可以看出，农业远没有达到"破产"的地步。相反，土地的现有收益及未来潜在的价值仍然吸引着外出的农民工。其实，真正破产的是依靠土地的传统农业，即依靠手工劳动的粮食耕种。传统的农业生产大多是精耕细作，因此往往需要大量的投入才能获得相当的收成，其效益是极低乃至负效益的，有一段时间农村出现大量的土地荒芜及兼并现象其实就是传统农业破产的表现。

（二）技术的进步：农村劳动力的"剩余"

农村劳动力的"剩余"并不是一个新命题，早在 20 世纪 40 年代张培刚就曾经指出，"中国农村家庭以'隐蔽失业'的方式存在大量的剩余劳动力"。[3]阿瑟·刘易斯（1954）在其二元经济理论中指出，在农业部门中存在着大量的"过剩劳动力"，其表现是这部分劳动力的边际生产率为零或负数，这部分劳动力形式上在劳动，实际上处于"伪装失业"的状态。在 20 世纪 80 年代初，就有专家学者再次提出农村剩余劳动力的概念并开始思索他们的出路（宋林飞，1982）。在 20 世纪 90 年代后期的一系列文献中，孙立平等人多次讨论了当代中国农村剩余劳动力转移面临的现实问题与理论问题。

农业部门的劳动力部分转移到非农业部门会影响农业总产出的理论观

① 全国科学技术名词审定委员会关于"传统农业"的解释是：在工业化社会前，完全没有现代投入的前提下，主要依靠人力、畜力和当地自然资源的农业。百度文库则进一步解释为：传统农业是在自然经济条件下，采用人力、畜力、手工工具、铁器等为主的手工劳动方式，靠世代积累下来的传统经验发展，以自给自足的自然经济居主导地位的农业，是采用历史上沿袭下来的耕作方法和农业技术的农业。

② 贺雪峰：《理解农作》，《中国农村科技》2009 年第 1 期。

③ 张培刚：《农业国工业化问题初探》，华中科技大学出版社，2002 年版，第 211 页。

点，暗含着一个假设前提，即农业部门非剩余劳动力，这部分劳动力的边际效益实际上等于零。在西方经济学界有许多经济学家不同意在今天的发展中国家存在着劳动力剩余这一看法。即使是对印度和中国，看法亦是如此。这些经济学家提出了两部门模型，称为新古典学派模型。[①] 他们认为，农业部门中人口和劳动力的增长将会提高农业产量，并且农业部门劳动力的任何流出，都将会使农业产量下降。按照这种观点，农村劳动力是很难出现剩余的。但目前的一个现实情况就是，大量的农村劳动力离开农业，进入工业或第三产业，并没有影响自己名下土地的基本产量。

> 父母和我，人均差不多有两亩地，有水地、有旱地。旱地种麦子，水地种菜籽，能收到就收点，收不到就算了。爸妈在家种地一年还能挣个一两万元。(G5P)
>
> 我妈开了个烟酒门市部，我开了五金修理店，能维持日常生活开销，还算不错。期间我家一直有地，我们一直帮忙种着，但主要是我父母种。(G6S)
>
> 家里仍然还有地。老婆在家里干活(在家附近打工)，还能照应一些地里的活。(G18P)

农村劳动力离开农村是否会影响他们土地的耕种收入，可以作为评价走出农村的农民工是否为“剩余”的一个最为简单的方法。大量从农村走出的农民工同G5P、G6S、G18P的情形类似，他们离开农村，家里的土地留下由父母或妻子耕种，因而其自家土地的收入基本没有产生影响。1951年，纳克斯(Ragnar Nurkse)在一次演讲中进一步指出，“在这些(欠发达)国家中，即使农业技术不予改变，也可以抽走很大一部分从事农业的人口而不致降低农业产量，在这个意义上，这些国家存在着大量的隐蔽失业”。[②] 显然，如果

① [美]马尔科姆·吉利斯等著：《发展经济学》，经济科学出版社，1989年版，第77页。
② 郭庆：《现代化中的农村剩余劳力转移》，中国社会科学出版社，1993年版，第17页。

作为传统农业的耕种者，大量从农村走出去的农民工，已经是农村的“剩余劳动力”了。

目前农村劳动力存在大量剩余的另一个例证便是大量新生代农民工的出现。他们从学校（主要是初中、高中、中专、技校等）毕业之后往往直接选择了从事非农产业，如 G19F，他毕业后直接进入工厂；或者处于直接的失业状态，如 G5P，他正在寻找工作的机会。大量新生代农民工直接进入工厂的原因，可以理解为他们在主观上不愿继续留在农村从事“面朝黄土背朝天”的农业生产，但在客观上，农村的土地耕种已经根本不需要更多的劳动力。也就是说，现有的农村土地，农村劳动力已经饱和。在这种情况下，这些新生代农民工如果继续留在农村，无疑也是农村的“剩余”劳动力。

> 我 2006 年初中毕业，毕业后就开始上高中，上了教育技校——藁城市职教中心……我学习了一年就被送去实习了。学校说一年后就该实习了。我们学校（的学生）都是学习一年之后送去实习的，有的是半年多。（G19F，后来 G19F 换了三家工厂，一直在工厂上班）
>
> 我 17 岁就不上学了，还差半年毕业就不去学校了，（在亲戚的帮助下）弄了个初中毕业证。不上学之后在家玩了一年，没事的时候去抓鱼，每天下午都去，差不多每天都能抓到鱼。18 岁的时候出去打工了。现在家里种地都机械化了，也没什么需要干的，家里的活儿也帮不上忙，父母在家就够了。（G5P）

从上面两种农村剩余劳动力的表现形式可以看出，农村剩余劳动力从微观上说，就是在一定技术条件下相对于土地等多余的农业劳动力；从宏观上说，就是在一定结构的有效需求上，生产那部分供过于求的市场剩余劳动产品的劳动力，其特点是价值形态的劳动生产率为零或为微弱正数。[1] 虽然

---

① 耿庆彪：《对农业剩余劳动力转移的深层次思考》，《桂海论丛》2002 年第 6 期。

孙立平教授曾经指出，尽管当代中国农村存在大量的剩余劳动力，但是这样的劳动力剩余不是以部分农民的失业表现出来的，而是以普遍的就业不足或“潜在剩余”的形式表现出来的。但很显然，到了新生代农民工这里，他们已经明显地表现出一种“失业”的状况。

关于农村劳动力产生剩余的原因，学者有大量的分析。马克思在论述大工业和农业的关系时曾指出，机器应用于农业在造成工人“过剩”方面发挥了强烈的作用，而且没有遭到什么抵抗。这主要有两方面的原因：一是由农业生产的特点决定的，农业的耕作离不开有限的土地，随着机器在农业中的使用，农业部门所需要的劳动力总量减少或者农业部门的劳动力占社会劳动力总量的比重减少是不可避免的；二是农村人口的自然增长增加了农业劳动力的供给，而社会对作为消费品直接满足人类生存需要的农产品的需求，决定了农业对劳动力需求的一个量的界限。新古典学派模型正因为否认土地产量的有限性和对农产品需求的有限，因此在一定意义上否认了农村劳动力的“剩余”。也正是基于土地有限产量和农产品有限需求的考虑，有学者指出，机器在农业中的使用是形成农业剩余劳动力的直接原因。而更进一步的原因，则是新的生产工具的使用，使生产力得到发展，从而提高了农业的劳动生产率。但对于中国农村劳动力剩余的深层次原因，黄宗智在对20世纪30年代华北农村经济社会变迁的研究中指出，与其说人多地少导致了小农经济的“内卷化”，不如说小农经济的“内卷化”进一步加剧了人多地少的社会矛盾；与其说小农经济选择了“内卷化”的生产方式，不如说小农经济越是企图从“内卷化”的生产方式中挣脱出来（例如冒险进行商品化的经济作物种植），反而越有可能陷入这种生产方式之中而不能自拔。[①] 蔡昉曾指出，“劳动力剩余是一种制度现象，即特定的制度所累积起来的产物”。[②] 也就是说，农村劳动力的剩余是由小农经济的生产方式所决定的，而且具有制度性的和结构性的原因。

① 黄宗智：《华北的小农经济与社会变迁》，中华书局，2000年版。

② 蔡昉：《中国人口流动方式与途径》，社会科学文献出版社，2001年版，第30页。

中国自汉代出现牛耕铁犁这一传统的劳动模式，即使到现在仍然在一些偏远的山区农村沿袭，与此同时，有些农村地区特别是一些平原地区，依靠新技术和新工具，基本实现了由传统农业向现代、半现代农业的转变。如图2-1所示。传统农业的破产是农业发展的必然规律，但在一些经济较为发达的农村地区（主要是一些平原地区），传统农业的破产，在土地流转政策的松动、农业机械的应用等因素的推动下，农村劳动力以“剩余式”的方式被解放出来，从而能够在从农业劳动向非农劳动的转移过程中更加主动、积极和从容。但也必须看到的是，我国仍然有较多的农村地区（特别是较为偏远的比较贫穷的地区）从事的多是传统农业的生产，一旦这些地区传统农业破产，将会推动这些地区的农民从农业劳动转向非农劳动，也就是说，这些地区的农民从农业劳动向工业劳动的转移带有一定的无奈和被迫性质，是被动的。

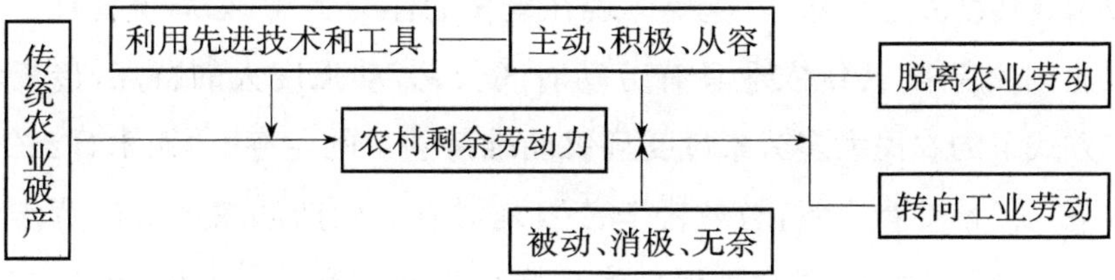

图2-1　传统农业破产引起的从农业劳动向工业劳动的转变

二、比较利益的驱使：对工厂劳动方式的选择

农民工远离农村，放弃农业劳动进入城市，必须选择一种全新的劳动方式。有学者指出，因为他们“从家乡中迁徙出来，既不是以单纯的流动为最终目的，也不是以缔结社会关系为根本指向”。“进入城市的农民拉关系是为了尽快进入生产过程，依靠出卖自己的劳动力换取工资收入”（沈原，2006）。如果仍然以产业来划分劳动方式的话，进入城市的农民工有两种选

择，即工业劳动方式和服务业（第三产业）劳动方式。但是由于经济发展的规律以及工业发展对劳动力的特殊需求，将会使绝大部分农民进入工业的基本元素——工厂。

(一) 农业劳动的日益减少或放弃

根据农业的发展程度，可以将农业大致划分为两种类型：其一是传统农业，其二是现代农业。中国传统农业延续的时间十分长久，大约在战国、秦汉之际已逐渐形成一套以精耕细作为特点的传统农业技术，在其发展过程中，生产工具和生产技术尽管有很大的改进和提高，但就其主要特征而言，目前在中国的比较偏远落后的农村地区，其农业形态没有根本性质的变化，仍然具有典型的传统农业的特征：完全依靠自然经济条件；用人力、畜力、手工工具、铁器等为主的手工劳动方式；采用历史上沿袭下来的耕作方法和农业技术。传统农业的艰辛，主要体现在繁重的体力劳动，如肩挑背扛。与现代农业比较起来，传统农业具有劳动时间长、劳动强度大的特点，传统农业生产方式下的农民大多劳累过度且仅能维持基本的生存。“锄禾日当午，汗滴禾下土。谁知盘中餐，粒粒皆辛苦”，是对农业生产和农民艰辛劳作的典型写照。贺雪峰指出：“农民用身体直接与土地打交道，一些关键环节的劳动量之大之重，凡有过切身体验的人都一定印象深刻。春播秋收（春天插秧播种，秋天收割），都是重体力劳动。”①

农村劳动强度直接与生产工具有关，生产工具越原始，劳动强度越大。生产工具越先进，劳动强度就越小。有学者指出：“传统农业使用的是生命能源，动力来源就是人力和畜力。对人来说，不仅要投入足够的时间，而且更是一种体力的消耗。”②传统农业劳动中所使用的劳动工具，差不多就是从秦汉时期就延续下来的犁子、耙、锹、锨、镢头、锄、镰刀、牛车、马车等农具，需要常年做堆肥，需要依靠手工捉虫、拔草。传统农业发展到现在，上述的

① 贺雪峰：《理解农作》，《中国农村科技》2009年第1期。
② 马跃：《传统农业和现代农业》，来源于三农中国网（www.snzg.cn），2007年5月8日。

一些手工劳动工具已经有相当大的改变，肥料、农药的使用也大大减轻了农业生产的负担。但很显然，作为决定劳动强度的劳动工具并没有实质的改变，直到机械化的使用。

可以这样说，对于绝大部分走出农村的农民工来说，想摆脱"面朝黄土背朝天"的农业生产和农民生活，是他们放弃"农业劳动"的重要原因。现在绝大部分新生代的农民工，虽然几乎没有体验过农业劳动的艰辛，但他们目睹了父母在农田中辛苦的劳作，因此，他们希望通过进城务工，不再像自己的父辈那样，再回到农村，过祖祖辈辈"面朝黄土背朝天"的农村生活。G5P在谈话中提到："前一段时间赶上了旱灾，大年三十的时候我往一个朋友家里打电话，他还在地里浇水呢。"G5P的话一方面表明，即使是现在，农业劳动仍然少不了受自然条件的限制，依然需要付出艰辛的劳动；另一方面，从其语气中可以体现出自己在外打工的优越感，对自己选择在稳定的工厂劳动的一种"自豪感"。

现代农业的本质特征是用非生命能源代替生命能源以及机器的普遍运用。"联合收割机代替了镰刀和石磙，拖拉机代替了耕牛、架子车、小犁子、牛车和马车，抽水机代替了挑水灌溉。"① 显然，农业机械的普遍使用，不仅大大节约了劳动时间，而且大大减轻了劳动强度。同时，化肥、农药的普遍使用，使农民从堆肥、捉虫、除草等农业劳动中解脱出来。目前在中国很多的农村地区（主要是平原地区），其农业生产在技术上有了较大的改进，比如，采用大棚种植、地膜种植等技术，基本实现了机械化或半机械化的耕种和收获，通过沟渠的修建基本保障了农业灌溉，部分土地改变了"望天收"的状况，甚至在一些地区，专业化的农业服务（包括耕种、收割、施肥、拔草、灌溉等）也正在形成。可以这样说，这些地区的农业生产已经具有现代农业的一些特征，但远没有达到所谓"现代农业"的标准，充其量可以称作现代农业的初级形态或"半现代农业"阶段。

---

① 马跃：《传统农业和现代农业》，来源于三农中国网（www.snzg.cn），2007年5月8日。

无论是现代农业还是“半现代农业”，很明显提高了粮食产量，减轻了农业劳动的强度，释放了大量的农村劳动力。但是，农村土地农作物的产出毕竟是有限的，在农村人均耕地有限甚至减少的情况下，农民人均占有的粮食或者人均生产的粮食并没有太多增加，而且在市场的冲击下，农业本身没有使农民的人均收入有太大提高；相反，现代农业的生产成本和生活支出明显增加了。也就是说，现代农业要素在农村的出现，农业劳动方式有了较大的改变，但并没有提高农民的收入，这就成为促使农民减少或放弃农业劳动的主要原因。

（二）工业劳动的“低门槛”需求

从理论上来讲，工业劳动往往需要掌握相应的工业技术。在现实中，掌握某种专门的技术，有利于农民工谋求较好的工作。但从20世纪80年代到现在的很长一段时间里，大量的工业劳动并没有特别高的技术要求，仅仅只要求有“体力”即可，因为工厂需要的大多仅仅是简单的体力劳动。虽然相应的岗位可能也有一定的技术要求，但那也只需要经过简单的培训即可达到。

> G12F 2006年初中毕业，毕业后直接就进了现在的这家电子厂。当时面试的时候，主要是了解厂里的内部情况，介绍里面的环境，然后看做什么样的工作。具体的考试，就是让你填一张表格。比如说，你能不能、自己愿不愿意进这家厂？如果在表格上面填愿意，就把你个人资料填上去。G12F的身份证、毕业证都有的，当时都看过。其实那时G12F的年龄尚未达到法定成人年龄，2006年的时候，工厂的规章制度也不是太严格，当时正是夏天，是电子厂正忙的时候，就入用了。人事部门的人看了G12F的身份证，也没说什么。（G12F）

这是G12F 2006年进入C13吴江松上电子厂的经过。从其学历来看，仅仅是初中毕业（这仍然是目前绝大部分农民工的学历水平）；从其工作经历来看，刚刚从学校毕业，没有任何的工作经验；从其年龄来看，尚未达到法定的成人年龄。但这样的条件并没有影响其成为一名工人、从事工业劳动，从中可以看出部分工业劳动"低门槛"的现状。虽然很多学者以及政府对中国提出了"新型工业化"的要求和道路设计，并且普遍指出：农民工的技能素质已经不能满足我国工业结构的升级和转换。但是，无论是从目前工厂农民工的素质来看，还是从大量工厂的招工来看，很多工厂及工业劳动存在着"低门槛"的现实。不仅如此，素质整体偏低的农民工仍然在推动工业产值的持续增加并保持工业产品在国际上的竞争优势。

笔者认为有三方面的原因造成了长期以来中国工业劳动的"低门槛"需求：

其一是我国处于工业化中期阶段。从 20 世纪 80、90 年代乃至 21 世纪的前 10 年，中国的工业基本处于发展的初、中期阶段。[①] 这个阶段主要是"将农业资源、自然资源以及劳动力资源转化为工业资源。劳动力资源是一种最为重要的资源转换形式，是将原先的农业劳动力转化成工业劳动力，是通过使用这些廉价劳动力为工业积累起来的原始资本"。仲大军进一步指出，英美等国家早年的工业化道路都具有这样的特点。英国通过圈地运动储备了工业所需要的劳动力资源，美国则通过早年的进口非洲黑奴、各国移民以及华人工人，解决了工业化过程中劳动力短缺问题。这主要是因为，工业化初期，是一个大量需要体力劳动力的阶段，只有通过大量廉价劳动力的消耗，才能逐渐积累起工业社会的原始资本和巨大财富。因此，各国工业化的早期阶段，都是廉价利用劳动力和大量利用人力资源的历史阶段，这个阶段不可避免地带有它的残酷性和血腥性。

其二是处于制造业的"低端"。中国的制造业长时间里一直处于世界产业链的低端。在改革开放以后的几十年里，"在全球制造业的产业链上，中

① 王树华：《关于关于我国工业化发展阶段的评估》，《商业时代》2008 年第 29 期。

国的企业只是处在低端”的判断，已经成为很多学者的共识。邹昭晞指出：“在全球制造网络中，‘中国制造’凭借劳动力成本优势及其逐步形成的规模与配套能力占据着越来越重要的地位。”[①]正因为处于产业的低端，因此对劳动力的要求也比较低，所付出的劳动力成本也比较低廉，从而形成在中国制造业领域大量存在的“廉价”劳动力。改革开放以来，东南沿海地区通过资本与丰富的廉价劳动力的结合，造就了我国经济，特别是珠三角、长三角、环渤海地区经济的高增长，产生了“深圳模式”“东莞模式”“苏州模式”等一个个经济奇迹。瑞典经济学家赫克歇尔和俄林的要素禀赋理论(简称 H-O 理论，被称为“新古典贸易理论”)对这种经济的快速发展的合理性进行了解释：在不同国家同种商品的生产函数相同的条件下，比较优势产生的根源在于各国或区域生产要素相对禀赋的不同，以及不同商品生产在要素使用密集形式上的差别。因此，各国应当生产出口那些密集使用本国相对充裕要素的产品，而进口那些密集使用本国相对稀缺要素的产品。但是我们必须面对的一个现实是，“一方面廉价的劳动力支撑了廉价的‘中国制造’，另一方面廉价的‘中国制造’还在制造着中国的廉价劳动力市场”(李承志，2008)。这也是我国长期以来低文化素质的农民工能够在大量工厂存在的合理性原因。

其三是对工人的“去技术化”。信息技术的飞速发展，改变了传统的生产操作和现场管理模式。在一些企业中，生产工艺、现场操作数据全部集成到企业主控制室后，工人可以通过计算机终端监控工艺生产，尽快熟悉更多的工艺流程和现场操作，从而打破过于烦琐的专业分工，实现生产工人的系统操作。在这种情况下，一般需要部分员工具有系统思维能力，具有系统思考和分析解决现场问题的能力。但对于一线员工来说，往往会对其技术要求更为简单。现在，绝大部分的工厂农民工都处在工厂的第一线。正是因为一线操作所需要的技术相对简单，因此一些工厂对所招聘的工人并没有

① 邹昭晞：《我国制造业的低端产业举证及其摆脱困境》，《改革》2010 年第 8 期。

太多的技术要求，往往只是在年龄上要求达到成人的年龄。除了一些本身技术含量很低的工厂（如C21安徽六安窑厂）外，一些相对高科技的企业是这样的现状。

沿着马克思的批判路径，Braverman分析了战后新出现的泰勒主义和福特主义，认为泰勒主义实际上只是使工人去技术化（deskilling）的一种手段。资本家通过流水线以及科学管理的手段，将原本复杂的生产过程，分解为一个个简单的动作，从而消解了工人所掌握的技术资源以及权力。

> （在C22吴江市金吴纺织厂）我以前没有做过纺织，我进（厂里）来就要工作，工厂也收人。我们什么纺织也不会工厂也要，有人会教。我们那里的纺织厂不要面试，反正去了就可以入用。厂里面开始的时候有个人教，教个半天就学会了，好学得很。我当时去是给那个机器接线头，工厂里派人稍微指点一下就行了，容易得很。我从进去到现在干的工作都是一样的，都是接线头，我们姑侄俩一直都是干这个，没有变过。（在这个岗位上）工资拿的多少，取决于你干活速度的快慢，多劳多得。我们那个厂子，年龄最大的有四五十岁。四五十岁干的不是一样的活儿，像要倒班的（接线头）最大年龄的就是我们这样年龄的。最小的就是要达到18周岁吧。我们那个活儿就是要不停地干，12小时，不停地干。（早班）中间吃两顿饭。（G16P）

以上是G16P讲述的她们的岗位情况。G16P小学文化程度，G17P未上过学，她们上岗前只需要简单的指点就可以了，可见她们目前所在的岗位对技术和文化素质的要求非常的低。不仅如此，她们的岗位对年龄要求也不是太高（G16P目前44岁，G17P目前41岁）。从年龄的要求来看，她们的岗位从18岁到50多岁差不多都可以。G14F、G15F之前都有多个工厂工作的经历，也已经掌握了一定的技术，但由于多种原因离开了原来的工厂，而进入现在的工厂（C17吴江依工化工），他们并不需要发挥原来的技术，只需要做简单的操作即可。这是因为C17吴江依工化工作为《财富》杂志美国200强ITW集团下的功能聚合物和流体部门，已经采用了大量的自动化设备，技术水平差不多达到了世界水平，对一线的工人来说，只需要按照基本的要求完成简单的操作就可以了。

显然，工厂技术的引进是为了提高生产效率，但客观上改进了某些岗位操作的复杂性，也就是说，对相应岗位的技术要求大大降低。一般来说，去技术化当然不是指技术水平的简单降低，新技术也许确实会将某些工作去技术化，但也会产生另一些技术性工作。去技术化争论的关键在于，被去技术化的与掌握新技术的是不同群体，时间与空间上都是分开的。工厂农民工作为基层一线工人，是最容易被"去技术化"的群体，这也造成大量的工厂劳动在招工之时的"门槛"大幅度降低。因为简化了的劳动操作过程，使得许多劳动变成了不需要多少技术的简单劳动，连"女工和童工都可以担任"①。

(三)向工业劳动转变的必然性

蒸汽机的应用，促使动力机由劳动者自身转移给劳动工具，能源从劳动者体内转化为劳动对象，由此形成的生产动力在人类生产实践中第一次由主体的人外化为客体的生产资料，主要劳动形式由农业转向加工工业。这种转变，"在一定范围内重新进行有机的结合，使人类的劳动性质、劳动规模和劳功形式、劳动方式发生变革"。② 这种新的劳动方式的特点是：劳动方式的大型化达到前所未有的程度，社会分工进一步深化，产品生产越来越趋向专业化。从世界各国工业化的进程来看，差不多都有一个从农业主导到工业主导的产业转型过程。程新征(2004)的一项研究指出，从国际经验看，任何一个由农业占主导地位的国家，在走向以工业占主导地位的进程中，都会产生"农民工现象"。

---

① 马克思、恩格斯：《马克思恩格斯全集》，人民出版社，1972第23卷。
② 曾昭宁：《技术革命与劳动方式的变革》，《生产力研究》1988年第1期。

理论上，农民工作为工业化的一种人力资源和工业化作为农民工施展能力的“舞台”，两者构成一种互动关系：一方面，农民工在农村具有离开农业生产的愿望；另一方面，工厂发展有需要大量劳动力的需求。[①] 这就造成农业劳动逐步被减少甚至放弃的局面，而工业劳动的“门槛”一直处于较低的需求状态，从而形成了农村劳动力从农业向工业的转移。经济发展的规律进一步阐释了这种“转变”的必然性。一般认为，农村劳动力的剩余，意味着一个国家在特定经济发展阶段，即由传统农业向现代化工业转移的过渡时期，是一种必然结果。工业化是经济发展的必然趋势，在工业化过程中，农业劳动生产率失去比较优势。西蒙·库兹涅茨(1989)指出，在工业化过程中，“产品的来源和资源的去处从农业活动转向非农业活动”。马克思在论述剩余农村劳动力时指出：“在工业国的英格兰，工业后备军从农村得到补充，过剩的农业工人变成工厂工人。”[②]也就是说，在工业化初期，农村剩余劳动力向工厂的转移是唯一选择，具有必然性。当然，随着工业的发展及在工业化基础上发展起来的第三产业，也会逐渐成为农村剩余劳动力转移的一个重要途径。在刘易斯的经济发展模型中，农业剩余劳动力转移是伴随着经济发展，通过两种在时空上并存的形式而最终实现的。其中一种是农业剩余劳动力的产业转移，即社会劳动力从传统的自给农业部门流向现代资本主义工业部门。另一种形式是农业剩余劳动力的地域转移，因为传统的、自给性的农业部门主要分布在农村，而工业以及为工业和城市人口提供服务的第三产业主要在城市。

关于这种转变的必然性，美国著名的经济学家阿瑟·刘易斯(1954)在其二元经济理论中早就指出，在工业部门中，劳动者已实现了充分就业，其工资水平高于农村劳动力收入，从而农村过剩劳动力有流向城市工业部门的自然趋向。只要农业部门存在着失业，只要农业部门和工业部门的劳动力收入保持差距，农业部门的过剩劳动力就会对工业部门形成源源不断的

---

① 罗兆慈：《有关中国工业化与农民工关系研究的文献述评》，《南方经济》2008 年第 7 期。

② 马克思：《资本论》第 1 卷，人民出版社，2004 年版。

供给。孙立平在20世纪90年代的研究中指出，农村剩余劳动力转移与经济增长方式转型是同步的，在工业处于外延型增长阶段的时候，工业的增长主要依靠的是工业劳动力就业人数的增加。在这种情况下，工业部门可以为从农村中转移过来的剩余劳动力提供大量的就业机会。

其实，正是工业对劳动力的庞大需求和相对稳定的比较优势，从而成为农民工的主要去处。也就正如有关记者在报道“富士康跳楼事件”时所说，“走出富士康，他们未必有更好的选择”。这里富士康既是相对于其他工厂而言的，也在一定程度上表明，进入工厂往往是农村剩余劳动力的最佳选择。目前的农民工，分布于社会上的各行各业，特别是第二产业的基层岗位与第三产业的低端行业。显然，工厂并非是农民（或者说是具有农村户籍的人口，对于从学校直接跨入打工中的农民工来说，除了户口之外，已经没有任何农民的特征）外出务工的唯一选择，但直接或间接流向作为工业化主体的工厂，仍然是农民工的主要选择。

三、工厂劳动方式的形成：机器中的分工协作

工厂劳动方式与农业劳动方式形成了鲜明的对比。从20世纪80年代开始的，在农民工身上实现的从农业劳动方式向工业劳动方式的转变，主要是以家庭或个体形态为单位的农业生产方式向机器化的有组织的工业生产方式的转变。众多的劳动者在一个独立的机器体系范围内操纵机器作用于半加工品的劳动对象，就构成了工业社会基本的劳动方式。[①] 改革开放后，大批农民离开农村和农业，进入城市和东部发达地区的工厂（大多数农民工进入的工厂是外资、合资或私营企业），从事工业生产活动。沈原（2006）认为，这种工业生产活动大致符合马克思模式所描绘的资本主义工业生产的原型。

① 曾昭宁：《技术革命与劳动方式的变革》，《生产力研究》1988年第1期。

(一) 与机器相结合，获得驯服的肉体

关于机器与工业的讨论，《资本论》中有专门的章节对其进行了论述。机器的使用是大工业形成的显著特征，而机器的广泛使用一般也被看做是工业得到真正发展并成为社会主导产业的重要表现形式。机器被应用的结果就是：传统的以人的肌肉收缩牵动骨骼运动的“人体动力机”被机械性的蒸汽机所取代，也就是动力机由劳动者自身转移给劳动工具；劳动者以体内的糖（碳水化合物）为能源被化石燃料所取代，意味着能源从劳动者体内转化为劳动对象。大机器的广泛使用，使工具机得到迅速发展，各种机械不断出现，形成了动力机、传功装置和工具机构成的机器体系。在此基础上，劳动功能，除了控制部分仍由人承担外，动力和手段都转变为客体的机械。劳动对象由自然生物逐渐转向物化人类劳动的加工半成品，“主要劳动形式由农业转向加工工业”[①]。“机器上面的一切劳动，都要求训练工人从小就学会使自己的动作适应自动机划一的连续运动。只要总机器本身是一个由各种各样的，同时动作并结合在一起的机器构成的体系，以它为基础的协作也就要求把各种不同的工人小组分配到各种不同的机器上去。”[②]

传统的农业劳动基本上是不使用机器的，即使在20世纪八九十年代的中国，在部分地区农业机械得到使用之后，也并不需要所有的农民都去使用机器，而是由少数人员掌握即可（他们形成了农业服务队伍）。也就是说，真正走出农村的农民，在走进工厂之前基本上是没有和机器打过交道的。因此，与机器的结合往往被看作是工厂劳动与农业劳动的显著区别。那么，走出农村的工厂农民工是如何与工厂机器结合的呢？

我当时去厂里（C22 吴江市金吴纺织）是给那台机器接线头。我从进去到现在干的工作都是一样的，都是接线头，我和侄女一直都是干这

① 曾昭宁：《技术革命与劳动方式的变革》，《生产力研究》1988年第1期。
② 马克思：《资本论》第1卷，人民出版社，2004年版。

个，没有变过。(G16P)

(在C2日照钢铁)(我就是)看皮带，看着它别坏，别脱轨什么的，皮带断了接上。有的修不好，还得找人家专业的(来修)。小毛病能自己修就自己修。(G4P)

(在C11河北翼辰实业)一开始我主要是开车床。这个活儿都是先给你图纸，你看着图纸做。

(C12石家庄裕兴泵钻)现在干的这个车床和原来那个厂子干的车床都是一样的，就是活儿不一样(生产的东西不一样)，技术是一样的。(G11P)

显然，绝大部分工厂农民工与机器的结合，并不是像农业机械的使用那样，单独一个人就能操控一台机械，如收割机、播种机等。马克思指出："整个(工业)体系可以由，例如蒸汽机来推动，虽然个别工具机在某些动作上还需要工人，例如，在采用自动走锭精纺机以前，走锭精纺机就需要工人发动，而精纺到现在都还是这样；或者机器的某些部分必须像工具一样，要由工人操纵才能进行工作，例如，在机器制造上，在转动刀架还未变成自动装置以前就是这样。"①目前工厂农民工与机器的结合大致可以分为三种形式：一是做机器无法完成的部分。机器不是万能的，即使更先进的"机器人"出现，绝大部分人还是认为机器是为了人类生存的便利而存在的，它是被人类制造为人类服务的工具，因此，会始终存在机器以外的需要人完成的部分。更何况，目前在大量的工厂中，由于技术的发展程度及成本的考虑，机器及技术的使用远没有达到非常先进的程度，很多工序还是要人手工来完成。如G19F在C28北京LG器材的工作，G8P在C7广东通信外壳的工作，G8P在C6南京金陵船厂的工作，G16P在C22吴江市金吴纺织的工作。二是利用机器完成某个单一的产品(任务)，这也是与机器结合的一种典型形式，最主

① 马克思：《资本论》第1卷，人民出版社，2004年版。

要的是操作机床。机床是一个相对独立的机器，只要有动力，单个的工人就能操作并能完成某一个产品的生产。如G11P在C11河北翼辰实业和C12石家庄裕兴泵钻的工作。经过长时间的改进以及计算的使用，典型且应用面最广的是数控机床。但由于受到知识素质等的限制，并不是有很多的工厂农民工能够操作数控机床。G11P也提到，在C12石家庄裕兴泵钻有一台较为先进的机床，但其被一名有经验的老工人操作。G18P就提到，工厂(C25南京科尊制造)有一台数控机床，但自己并没有“把握”能够操作它。三是监控机器的运行，如G7S在C6南京金陵船厂，G4P在C2日照钢铁的工作。

在工业革命时期，机器的使用使劳动形式发生了变化：劳动资料采取机器这种形式后，“要求以自然力来代替人力，以自觉应用自然科学来代替从经验中得出的成规”。即使在现代社会里，机器的使用成为工业劳动的重要标准。如果说农业生产最重要的是属于生产资料范畴的土地的话，那么工业生产最重要的是属于生产工具的机器。无论农民工在工厂的岗位如何，他们的劳动与机器紧密地结合起来，成为工厂生产的重要组成部分。正是因为机器的广泛使用，工业劳动不再像农业劳动那样依靠自然条件并受到自然过程的限制。当然，从形式上来看，目前在工厂的农民工并不一定完全与机器紧密结合起来，比如一些具有手工作坊(或手工工场)形态的工厂，比如G9P曾经打工过的C8福建鞋厂、G16P曾经打工过的C21六安窑厂，这种工业劳动的性质，使用了一些简单的机器，我们可以看作是工业发展的初级形态，也可能是由于需求的差异性影响而产生的结果(如果是这种情况，可以被看作是后工业时代的一个特征)。但从总体来看，科技和社会发展到现在的阶段，机器正在成为不可以替代的存在并被广泛地使用，与机器的结合，也成为大量农民工从农业劳动转向工业劳动的重要表现形式。

(二) 分工与协作：公式化的操作

工厂内部的分工使劳动者专门从事某一操作，能够促使局部劳动或岗位非常熟练，从而能够进一步提高劳动生产率。因此，一般来说，分工越精细，生产的专业化程度越高，劳动生产率也越高。工厂内部的协作是建立在分工基础上的协同劳动，它往往是把制造产品的各种操作分解开来，分别由一些人去做，每个人只负责一种操作，全部操作由许多劳动者协同完成。马克思指出："在以机器生产为基础的工厂内，总有简单协作重新出现，这种协作首先表现为同种并同时共同发生作用的工作机在空间上的集结。"①工业劳动，特别是现代的工业劳动，大多采用的是专业化分工协作、标准化设计制造以及社会化甚至国际化的配套方式。其产业链上的每一个原件生产都采用了流水作业的方式，从而使效率实现最大化。这种工业化的生产模式必须实行最大可能的分工与协作。

首先来看分工（这里主要指企业内部分工）。马克思分析了工场手工业内部的分工和以机器为基础的工场内部的分工。工场手工业有两种基本形式：混合的工场手工业和有机的工场手工业。有机的工场手工业把原来分散的手工业结合在一起，缩短了半成品在各个特殊阶段上的空间距离，提高了劳动生产力。而以机器为基础的分工的特点是，消灭了工场手工业时期劳动的差别，劳动越来越被拉平，工人之间至多只有年龄和性别的差别，在这里，分工就是把工人分配在各种专门的机器上。因此，对于工厂农民工来说，他们被分到某个车间、某个非常具体的岗位成为一种普遍的现象。我们由此也可以看到，G16P、G17P 的工作岗位即是"接线头"，G13P 先后"做门襟""装拉链"，G12F 最初进厂就是"线上面穿套管"等，都是一些在具体分工基础上产生的简单化的工作。这里所谓的"简单化"，一方面是指相对于从事周期性的、由一系列耕作环节构成的农业生产来说，工厂农民工在这里只需要做一项操作工作即可；另一方面，主要是指操作起来非常简单，也就是缺少技术的成分，农民工只需要经过简单的培训、一定的指导以及短时间的训练即可掌握操作。从形式上来看，部分工厂农民工所面对的这种"简单

① 马克思：《资本论》第 1 卷，人民出版社，2004 年版。

化”的操作岗位，虽然是在机器的带动下产生的，但往往具有“工场手工业”的一些形态。也就是说，工厂农民工并没有从机器的使用中带来劳动形式的太多转变。这种情况下的产生，应该也与目前工厂机器的使用和技术的改进所造成的工人“去技术化”存在一定的关联。

其次来看协作。马克思在分析大工业中的机器协作时，分“同种机器的简单协作”和“不同种机器的分工协作”两种情况。前一种情况是按照简单协作的原则组织机器生产。比如，许多织布机集结在同一厂房内，就组成了织布厂；许多缝纫机集结在一个厂房内，就组成缝纫厂。这是在工厂内同种工作机的简单协作，但在这里存在着技术上的统一。G13P所在的好几个服装厂，都是将工人安排到做口袋、做领子、装拉链、做门襟等不同的岗位，但是对颜色、尺码等有统一的标准。正是这种分工使协作问题产生了。正如G13P所描述的那样：“厂里是流水作业，每一道工序都不能缺人，如果你做口袋的不到岗，那么这一道工序就搭到那里了（停在那里了），从而耽误别人的工作。”后一种情况是指不同种机器的分工协作（被称为“机器体系”），是指由一系列各不相同而又互相补充的机器构成的协作，是以分工为基础的协作的再现。在这种场合中，整个制品要通过许多不同的工具机的操作才能最后完成。马克思指出：在机器生产中，各种单个工作机和各组工作机结合成为一个有组织的体系，原料从整个过程的最初阶段起，到产品形成止，都不依靠人手，而是依靠机器，由一个阶段传送到另一个阶段，使整个过程连续不断。可见，在机器生产中，生产过程的组织不同于工场手工业。它不是以劳动者为主体，不是以劳动者之间的分工协作为基础，而是以机器为主体，以机器之间的分工协作为基础。马克思在这里分析的协作主要是指机器的协作，并没有强调劳动者之间的协作。这与目前在大量使用农民工的工厂中的情况有一定程度的相似，那就是大量的工厂农民工之间并不存在“协作”问题。在严格分工的情况下，工厂农民工只需要按照相应的标准和要求完成自己岗位的工作，“协作”并不是他们需要考虑的问题。

分工、协作或者说以分工为基础的协作，被认为是工业生产和工业劳动的根本特点。工场手工业是一种比较简单的分工和协作的形式，机器被大量使用后，工业劳动分工协作的形式和内容也有了一定的差异，但分工协作的劳动形式并没有发生大的转变。进入工厂的农民工，已经不需要再像农业劳动那样，必须掌握农业生产的周期性过程和环节，具体而又严格的分工使他们只需要掌握自己岗位的标准和要求即可。同时，与个体完全独立完成农业生产的全过程不同的是，工厂农民工已经要求进行一定程度的人与人协作，虽然这种协作正在被机器所代替，但与机器的协作越来越必需。可以说，这些分工与协作，在增强工厂农民工专项技术熟练程度，促进人与人、人与机器融合的同时，正在将工厂农民工深度地推向工业劳动之中。

（三）有组织的劳动：程序化的生活

生产过程，是指从准备生产某种产品所需原材料的投入开始，直到生产出该种产品的全部过程，是按一定客观要求组织起来的劳动过程和自然过程的总和。传统农业的生产过程，只需要投入较少的原材料，依靠简单的劳动工具，以单人或有限的几个人，就可以操作全过程。而工业生产，为了能够大规模地生产出多样化的产品，需要投入大量的原材料，组织大量的劳动力，结合机器进行生产。因此，工业生产需要有组织地进行。虽然曾经出现过中国国营农场、农业生产合作社和人民公社，这些劳动组织形式，但在中国历史上，农业的生产基本上是以家庭为单位进行的，家庭有限的劳动力参与农业耕种，因此尚达不到组织的层次。但是工业生产要有场地（厂房）、材料、工具，大家分工合作（协作）才能最后生产出产品。特别是以机器为基础的工业生产活动，就需要将生产资料、劳动力以及同种或不同种的机器组合起来，以完成相应标准的工业产品，这就是一种有组织的生产。马克思指出，“作为工业革命起点的机器，是用一个机构代替只使用一个工具的工人，这个机构用许多同样的或同种的工具一起作业，由一个单一的动力来推动，而不管这个动力具有什么形式”。[①] 工作机规模的扩大，各个组成部分日益复杂化，工作机上同时作业的工具数量的增加，以及相应劳动者数量的增加，都需要工厂具有组织性，由“完全客观的生产机体”即由有组织的机器体系来代替纯粹是主观的“局部工人的结合”。

对于一个企业或工厂来说，其组织性包括采购、生产、营销等方面。但对于绝大部分工厂农民工而言，他们主要处在工厂的生产过程之中。对于工厂农民工来说，生产过程的组织性包括生产过程的“时间组织”和“空间组织”。[②] 这里所谓的时间组织，主要是组织在工厂工作的农民工按照相应的时间规定进行生产活动，也就是按照统一的作息时间进行工作，而不能像从事农业生产那样“按照季节、农作物的生产周期自主地安排自己的劳动时间”。目前，对工厂农民工的时间组织主要有两种形式：

一种形式就是定点的“上班、下班、休息”，这是最为常见的工厂组织生产的时间组织形式。如 G19F 所说：（在 C26 常熟达富电脑）我们上班是从早上八点半到晚上八点半。上午有十分钟的休息时间，八点半上班到十点钟休息一会儿。虽然农业生产在时间分配上受到动植物生长发育规律及自然因素的影响，但是在具体时间的安排上，基本上是自主地安排时间，特别是在土地承包到户后，每天干农活的时间完全可以自主安排，可早可晚。进入工厂之后，其工作时间就必须按照工厂的统一安排。工厂劳动时间因为不受自然条件的影响，也基本不受劳动产品的制约，因此可以一直保持固定的工作时间和休息时间。

另一种形式就是轮班制，也就是常说的“歇人不歇活”“人换机不停”，把

① 马克思：《资本论》第 1 卷，人民出版社，2004 年版。

② 一般来说，生产过程的时间组织是指产品在生产过程各工序之间的移动方式。工业产品的生产过程，必须经历一定的时间，经历的时间越短，越有利于企业提高经济效益。因此，产品生产过程的各个环节，在时间上应当进行合理地安排和组织，以保证各个环节在时间上协调一致，实现连续性和有节奏的生产，以提高劳动生产率，缩短生产周期，减少资金占用。生产过程的空间组织是指企业内部各生产阶段和生产单位的组织和空间布局。为了使生产过程达到连续性、协调性和节奏性的要求，必须从空间上把生产过程的各个环节合理地组织起来，使它们密切配合，协调一致。在企业内部应当具体设置多少环节，每个生产环节又设置多少生产单位，这些生产单位应当具有怎样的规模，取决于企业的专业方向和工艺特点。

一天的工作时间分为两个时段或三个时段，由三组（或四组）人按不同时段工作，常见的是白班和夜班交替，如果甲组上白班，乙组上夜班，那么丙组休息，依此规律循环。① 轮班制是工厂为了充分发挥生产工具、生产资料、劳动者效用并最大限度地提高生产效率从而生产出最多的劳动产品的一种形式。在C1藁城金鑫焦化厂，由于要维持锅炉不停地运转，G1P在一年的时间里全部实行“两班倒”，也就是“上一天班，歇一天”，工作24小时，歇息24小时。② 对于他们来说，全年实行两班制，没有任何的节假日，包括十一和春节都是这样。

无论工厂是实行定点“上下班”，还是实行“轮班制”，相对于农业生产的组织形式来说，都是一个彻底的改变。也可以说，这种劳动时间的组织，是农民工从农业劳动向工业劳动转变在形式上最为显著的体现。

生产过程的空间组织是指企业内部各生产阶段和生产单位的组织和空间布局。为了使生产过程达到连续性、协调性和节奏性要求，必须从空间上把生产过程的各个环节合理地组织起来，使它们密切配合，协调一致。在企业内部应当具体设置多少环节，每个生产环节又设置多少生产单位，这些生产单位应当具有怎样的规模，取决于企业的专业方向和工艺特点。体现在工厂农民工身上的空间组织有两种组织形式：一种组织形式是被安排到不同的生产车间和生产岗位进行相对独立的操作，这是绝大部分工厂农民工的组织形式。比如G4P的看管运料机、G8P电焊操作、G11P在机床锻造泵

① 目前的轮班制一般会保证每组上几天白班，有休息时间再倒过来上夜班。但是，按劳动法的规定，每周上班时间不能超过60个小时，一般情况来说，生产性企业只能申请综合计算工时来补充超时加班，另外增加人力资源也是防止出现超负荷工作的必要手段，那种每天工作12小时的“两班倒”是不符合法律规定的。

② 受2008年开始的金融危机的影响，在2008年年底、2009年年初大约6个月的时间内，其在焦化厂的轮班制改为“上一天班，歇两天”，一次连续上班24小时，然后休息48小时。工资相应减少大约1/3。焦化厂的煤炉不能够停炉，短时间的停炉会给工厂带来非常大的损失。也就是说，即使生产的焦炭没有买家，按照经济损失的程度来看，维持一个煤炉的运转要好于关停煤炉。这种状况直接导致了我所了解到的两种情况的出现：一是在焦化厂受到经济危机的较大冲击，市场需求大大降低的情况下，虽然该厂关停了几个煤炉，但仍然在维持着几个煤炉的运转，这是一种迫不得已的做法，按照旁观者的说法，就是“关停多亏本，维持少亏本”；二是在市场需求得不到好转的情况下，该厂亏本是不可避免的。在这里，工厂将“锅炉不能停止运转”做为实行“两班制”的理由，不给工厂农民工节假日的休息时间，其实如注释①所说，是不符合法律规定的。

钻、G15F 在车间负责包装搬运、G16P 和 G17P 的接线头工作等，他们被安排到具体的工作岗位且被指定详细的工作任务。另一种组织形式是流水生产组织，就是将劳动对象按照一定的工艺路线，有序地通过各个工作地，并按照统一的生产速度（节拍）完成工艺作业连续的、重复的生产过程。比如，前面提到的在服装厂的工作，将一件衣服的制作分为口袋、衣领、袖子、门襟等多个环节，形成流水线。

秉承马克思主义的传统，布洛维在其《制造同意》全书中一个贯穿始终的观点，便是认为工人的行为变迁应该从生产过程的组织机制中寻找原因，而不应该仅仅把原因归咎于外在的社会化或新技术的采用。即便是对于工人主观同意意识的研究，作者也是从对生产过程的组织规则的分析入手。撇开关于工厂组织的更深层次的研究，单从组织形式上来看，工厂农民工已经被组织到工业生产之中，并按照工业生产的规律进行了多种形式的组织安排。这种工厂的组织性，也在此过程中逐步体现到工厂农民工的劳动之中。

四、劳动方式的选择：无奈与彷徨

从宏观上来分析农民工流动的原因，或者说流动的动力源，我们可以理解为是工业化、现代化、城市化的结果。但现实的情况是，大量的农民工远离原来的农村地区，进入工业化、城市化已经基本形成的地区或城市，在尚不具备举家迁移到工作（打工）所在地的情况下，背井离乡成为他们被动且迫于无奈的选择。

（一）对工业劳动方式选择的被迫性

笔者在前面的分析中指出，农民工放弃农业劳动方式而选择工业劳动方式是在市场经济的环境下，由工业比较利益的驱动所造成。但现实中的绝大部分农民工最终选择工业劳动的方式，是生活的压力所造成的一种被动的选择。

> 1991年家里盖房子，1992年结婚，靠在农村的一点微薄收入。家里盖房子没钱，东借西借，还到银行贷款。……农村里结婚盖房子打家具，也很不容易，那时候需要一千多元，现在女方需要一万多元，还要空调、冰箱、洗衣机、摩托车等。(G18P)

G18的情况是典型的第二代农民工被迫外出务工的个案：家里有小孩需要照顾，但迫于经济的压力又必须外出务工。对于绝大部分离开家乡外出打工的第二代农民工来说，大多是因为经济的压力。因为他们正值中年，基本上都是“上有老、下有小”，除了自己结婚（现在农村结婚差不多都需要一笔很大的开支）有很大的金钱压力外，抚养子女与赡养老人的经济压力紧随其后。在目前的农村，仅靠从事农业生产的收入是远远不够家庭支出的，必须有额外的副业（包括打工的）收入。在严重缺乏工业和第三产业的中西部地区农村，能够从事的副业渠道非常有限，因此必须走出农村，进入城市或经济发达地区打工。

在我国目前的情况下，东南沿海地区的工业较为发达，需要大量的工业劳动力，这就造成绝大部分的农民工是跨地区流动，需要远离老家。因此，“抛妻别子、远离家人”也是农民工无奈选择工业劳动方式的体现。

> 我小孩还没有（学会）走路的时候我就去广东打工了，那时候我们和父母分开了，老婆也不在家。家里没有电话，根本就没有手机，有传呼机就已经很了不起了，我就写信给我老婆，说我在龙岗，在苍南龙岗。她看到我的信后，马上回信告诉我说：“我出去打工了，你也出去打工了，孩子还那么小，放在家里你放心吗？”她回信后，我看了心里很不好受，就回老家了。(G18P)

我们每年回去一次。我老爸他们都是希望我们好，喜欢热闹，每年大人小孩要团聚团聚，我老爸讲："没钱？没钱我给你邮路费你也回来。"他是真的想我们回家。我们一般都是腊月二十七回家，初七就来，要不是小孩上班，我们能在家多玩两天，因为小孩要上班，所以就提前来了。(G6S)

我出来几年了，就去年回去了一次，还是平时回去的，不是过年的时候。父母他们的身体还好，哥哥嫂子他们在家，他们在家照顾父母。(G16P)

G18外出打工时的境况充分显示了外出打工者的无奈，G6因为儿子(要上班)只能在老家与亲人(老人、亲戚朋友)短暂相聚，G16在吴江打工，三年只能回老家一次。但对于远在家乡的父母来说，长时间不能与子女相聚肯定显得寂寞，难免会思念。由于大量农民工外出务工，留守儿童、留守妇女以及留守老人的问题也成了农民工问题的重要内容。留守儿童生活上由爷爷奶奶辈照顾，但缺乏父爱与母爱，学习不能得到辅导，直接影响了他们的健康成长；留守妇女在家担当起耕种田地、照顾老小的重任，还得忍受分居的相思之苦；留守老人往往需要照顾孙子辈的生活，年迈体衰还要耕种田地，即便不能耕种田地，也需要忍受年老孤寂、思念儿女的苦楚。

(二) 对农业或工业劳动方式选择的彷徨

即使工业劳动方式具有相当大的吸引力，但到目前为止，很多农民工并没有完全彻底地放弃农业劳动方式而选择工业劳动方式，而处于一种是选择前者还是选择后者的"彷徨"状态。这种彷徨的状态主要体现为三种形式。

一是兼业的劳动方式，即同时兼顾农业劳动与工业劳动。所谓的兼业劳动方式，也就是费孝通先生提出"离土不离乡"的劳动方式，这种方式在改革开放初期乡镇企业发展时期非常盛行。秦晖认为，"离土不离乡"从聚落类型看，可以解释为农民就业而不进城，即虽弃农而务工商，但仍然居住在村镇等小型聚落中；从职业上看，可以解释为工农（或商农等）兼营，以工补农。而从劳动方式的角度来看，“离土不离乡”可以解释为选择工业劳动方式的同时，又不放弃农业劳动方式。其实，在目前，仍然存在大量“兼业”的情况，特别是在一些城郊接合部地区，在离家较近的地方就能找到一些能够上班的工厂。在本书分析的个案中，G1P、G2P、G3P 均是这种类型，一边从事工业劳动，另一边自家土地的耕种也没有放弃。对于 G1P 来说，因为采取的“上一天，歇一天”的轮班制，因此更具有兼业的条件。G18P 在离其家较近的 C24 黄山工艺品制造厂工作时，G16P 在离其家较近的 C21 六安窑厂上班时，也都是“兼业”的劳动方式。

有时如果家里有事不能来（上班），请个假问题不大。一般也就是一边打工、一边还可以把家里的地种一种。如果要是种地，我们那里是插秧、割稻的时候，也就那两个月。因为单位是私人的，老板自己家也种地。就请个十天半个月吧，搞好了再去。(G16P)

二是时而从事非农劳动、时而从事农业劳动的情况。也就是一旦有机会或有条件，就会离开老家，选择非农的劳动，但一旦非农劳动情况不好，就会重新回到农村，经营自家的“一亩三分地”。G18P 的情况就是如此。

1987 年毕业之后，有 8 年的时间在家务农，做零星的木工；
1995 年中的 2 个月，在浙江苍南做专职木工；
1995—1997 年，在老家务农，农闲时做过一些小生意；
1997—2004 年，在浙江苍南做专职木工 7 年；
2004 年底，再次回老家务农；
2006 年中有 3 个月的时间在江苏苏州一个建筑工地做专职木工；
2006—2007 年，有 1 年的时间在老家附近的黄山工艺品制造厂上班，兼业的劳动方式；

2007 年底的 3 个月时间里，在广东的一家工厂上班；

2008 年一年时间，在老家附近的黄山工艺品制造厂上班，以兼业的劳动方式；

2009 年 2 月至访谈时，在南京科尊制造厂上班。

其实，目前有相当多的农民工处于这种状态，也就是经常提到的“漂泊”状态。这种情况在 2008 年下半年“金融危机”出现之后得到了充分的体现，很多的工业生产因受到冲击而被迫裁员、减产，大量的农民工被迫“返乡”重拾“旧业”。造成这种状况的原因，主要是因为农民工并未真正在工业中获得稳定的就业和收入。

三是“青壮年时期在外务工，老年时期回乡务农”的情况。也就是贺雪峰在分析农民工返乡时提到的一种返乡历程。如图 2－2 所示。

……工厂流水线……………………建筑工地…………………村庄……
……18 岁……………………………30 岁……………………40 岁……

图 2－2　正常状态下的返乡历程[①]

这里的年龄是一种概数，主要是为了说明打工—返乡历程与年龄的关系。也就是说，对于绝大部分农民工来说，回到农村将是他们最终的归宿。不仅如此，他们在年龄偏大的时候，就可能面临放弃工业劳动方式而重新拾起农业劳动方式的选择。这种状况对新生代的农民工在心理上也产生了一定的影响。G20S 在 C6 南京金陵船厂中可被称为“技术性”农民工，[②]即使他的工资收入已经相对较高，但他仍然表示难以在城市安定下来，因为虽然现在工作水平还可以，但是否能够持续并维持到年龄大或退休之时，还很难

① 贺雪峰：《中国式城乡二元结构与农民工返乡》（贺雪峰、袁松、宋丽娜等著《农民工返乡研究》（山东人民出版社，2010 年版）。

② G20S 在 C6 南京金陵船厂工作的农民工属于合同工，是八级（电焊工中的最高级）电焊工，月均工资 4 000～5 000 元。

说，因此也不做在城市定居下来的打算。

其实，农民工对农业或工业劳动方式选择的彷徨，归根到底是因为工业劳动方式还不能完全满足他们生存、生活的需要。正如贺雪峰指出的那样，“离开农村，他们甚至无法完成劳动力的再生产”，①即他们不能在城市结婚生子，成家立业，体面地生存下去。或者说，进城务工的绝大多数农民工并未真正彻底地脱离农村，也无法彻底地脱离农村。而正是因为这些进城农民工没有彻底脱离农村，当他们年龄比较大，在城市找工作困难时，他们就可能回乡，重新选择农业劳动方式。虽然对于农民来说，选择农业劳动方式或工业劳动方式具有选择的自由，但他们必然会选择一种利益最大化的方式，在工业劳动方式不具有可持续性而又毫无社会保障的情况下，造成农民工在劳动方式的选择方面“彷徨”也就成为自然的事情。

本 章 小 结

本章分析了农民工逐步放弃或半放弃农业劳动、选择工业劳动的原因以及工业劳动特征在工厂农民工身上的显现。费景汉和拉尼斯把经济发展阶段划分成三个阶段，前两个阶段：第一阶段，传统农业部门存在大量的隐蔽失业，其中有相当一部分劳动者的边际生产率接近于零。当这部分劳动力向现代工业转移时，农业总产量维持不变。第二阶段，随着工业的扩张，逐步吸收边际劳动生产率低于平均产量的隐蔽失业人口。② 这两个阶段大致能够解释农民逐步脱离农业而选择工业的原因。关于农民从农业劳动向工业劳动的转变，马克思在考察“来自农村而大部分在工业就业的居民阶

① 贺雪峰：《中国式城乡二元结构与农民工返乡》（贺雪峰、袁松、宋丽娜等著《农民工返乡研究》（山东人民出版社，2010 年版）。

② 费景汉和拉尼斯认为在这个阶段，工业发展会直到全部将农业劳动力吸收完毕为止，并认为由于这部分劳动力的边际生产率是正值，他们转入工业部门会引起农业总产量下降，农业剩余不能满足他们转入工业后的需要，从而开始出现粮食短缺。第三阶段，经济进一步发展，要求扩大资本积累，推动技术进步和提高劳动生产率，以此解决粮食短缺问题。这种观点争议较大。

层”时说：“他们是资本的‘轻步兵’，资本按自己的需要把他们时而调到这里，时而调到那里。当不‘行军’的时候，他们就‘露营’。这种流动的劳动被用在各种建筑工程和排水工程、制砖、烧石灰、修铁路等方面。”[①]也就是说，农业劳动向工业劳动的转变具有必然性，是“社会发展的产物，并且是很现代的、绝不是到处已达到的产物，它是和一个完全特定的生产阶段相适应的”。[②]

由此也可以看出，在中国现阶段出现的农业劳动方式向工业劳动方式的转变，虽然也带有“农业破产”的被迫性，但更多的是一种市场经济条件下理性选择的结果。因为对于农民工来说，工业劳动方式能够带来比农业劳动方式高得多的劳动收益。在这一点上，现阶段中国农民劳动方式的转变是与早期资本主义具有明显差别的。虽然目前时常出现农民反抗土地房屋被强制性地征用拆迁的情况，但大多并不是因为考虑到农业劳动方式的收益而不愿意放弃土地或农业，而都是因为补偿太低或不到位。在目前征地拆迁补偿以市场价值为基础并得到大幅提高的情况下，土地房屋被征用拆迁往往成为人们的一种“向往”就是最好的证明。

农民工进入工厂就要和机器打交道，从而形成与机器相结合的劳动状态。从目前工厂农民工与机器的结合形式来看，总体处于一个初级的形态。机器使用之后的普遍看法是：机器作为一种生产工具，提高了劳动生产率，减轻了劳动强度。劳动效率的评价既是一种宏观的经济视角，也可以说是从工厂生产的角度来进行的。毫无疑问，机器使用极大地提高劳动生产率，这从与工厂手工业的比较中就可以明显看出这种效率的差距。劳动强度的评价是一种微观个体的评价，对于工厂农民工来说，与机器的结合是否降低了他们的劳动强度却是个问号。目前的情况基本验证了马克思对机器动力替代自然动力结果的分析：“因为机器就其本身来说缩短了劳动时间，而它的资本主义应用延长了工作日；因为机器本身减轻劳动，而它的资本主义应

① 马克思：《资本论》第1卷，人民出版社，2004年版，第765页。
② 同注释②，第713页。

用提高劳动强度；因为机器本身是人对自然力的胜利而它的资本主义应用使人受自然力奴役。”[①]毫无疑问，脱离并放弃农业劳动，选择并固定于工厂劳动，对微观的工厂农民工个体而言，是他们实现从农民（工）向产业工人转变的最为重要的方面。这种转变对宏观经济社会的整体而言，也具有重要的历史和现实意义，因为“在生产力发展史上，一定性质的技术革命能使生产力系统内各要素的性质、比例和相互关系发生变化，并在一定范围内重新进行有机结合，使人类的劳动性质、劳动规模和劳功形式，即人类劳动方式发生变革”。[②]

但是我们也必须看到，在面临劳动方式的选择方面，很多的农民工表现出了无奈与彷徨的行为和心理状态。在现实中，他们对农业劳动方式的不放弃，包括兼业、城乡漂泊或年龄偏大时“重拾旧业”，也充分表明，工厂农民工在劳动方式的转变方面并不是不可逆转的，即具有明显的不彻底性。

① 马克思：《资本论》第1卷，人民出版社，2004年版。
② 曾昭宁：《技术革命与劳动方式的变革》，《生产力研究》1988年第1期。

第三章　劳动技术规训：农业技术转变为工业技术

从劳动技术所依附的产业形态，可以将其分为农业劳动技术和工业劳动技术。农业劳动技术直接依附于农业生产。在传统的农业社会及其农业生产中，主要是农作物的耕种技术。掌握部分或全套的农业生产技术，是传统农业社会中农民及其家庭生存、生活所必需的。在传统的农业社会中，少量农民为了获得一定的非农收入，虽然也从事一些非农劳动（在一段时间内被称为"副业"），因而也掌握了一定的非农技术（如木工技术、油漆技术等），但这些技术往往只局限于农闲时间和与家邻近的范围，而且这方面的收入也仅仅是补贴家用。工业技术往往直接服务于机器，应用一定的机器从事生产。在工业社会中，劳动者掌握一定的工业技术并从事工业生产，与传统农民掌握一定的非农技术已经有质的差别。对于工厂而言，只有通过对农民工进行劳动技术的规训，才能获得自身工厂进行生产所必需的劳动力；对于农民工而言，只有通过劳动技术规训才能比较容易地获得在工厂工作的机会，从而能够获得稳定的工资性收入。工厂农民工从农田走向工厂，原有的农业生产技术已经不适用，他们必须掌握一定的工业技能，这也是能够在工厂工作的基本条件。不仅如此，只有劳动技术的有效规训才能使农民工从容地在工业领域获得工作的机会，当面对类似金融危机的冲击时不至于重新回到农村。这也是农民工彻底转变为产业工人的重要表现。

一、效用的驱使：农业劳动技术的丧失

长期以来，农业被认为是技术含量最低的产业，从事农业生产并不需要较多的技术含量，因此，农业或农村成为容纳文化程度偏低、缺乏劳动技能的劳动者的主要地方，从事农业生产也被认为是就业“门槛”最低的行业。人们通常所说的“没有文化，什么都不会干，那就去种地吧”，既表明从事农业生产的劳动者不需要较高的文化程度，不需要懂得较多的技术，也表明在社会分工的过程中，文化程度不高、缺少（非农）劳动技术的劳动者就应该成为从事农业生产的劳动者（农民）。因此长期以来，对于那些还没有太多外出务工机会的农民的子女来说，如果仅仅是小学、初中或高中毕业而不能跳出“农门”的话，“在家种地”成为他们的一种自然选择。这也是农村劳动者文化程度和整体素质一直处于偏低状态的重要原因。

在传统的农业社会里，农民主要是从事农业生产，在农村有一些零星的手工业和商业。在我国工业发展还比较落后、农民流动受到诸多束缚的时期，已经有一些农民除了种植基本的农作物外，还从事一些所谓的副业，如经济作物的种植、一些简单的手工业（所谓的“匠”类）以及一些规模较小的个体经营。其实，即使到现在，经济相对落后的农村地区，还基本处于“传统的农业社会”的形态，除那些外出打工的人，绝大部分农民仍然主要从事农业生产，有空的时候在附近打打工（一般是个人散工的形式），有条件的在家附近从事规模较小的个体经营。在二十世纪八九十年代，大量的农民工实际上处于一种兼业的状态，也就是人们常说的“候鸟”状态，农忙时节回家种

地（主要是耕种和收割两个时节），农闲的时候就外出务工。在兼业的状态下，农民工实际上既掌握了农业技术，也掌握了一定的工业技术（当然，有很多的工业生产劳动所需要的技术非常有限，往往只是需要简单的体力即可）。进入21世纪之后，兼业的农民工越来越少，更多的是专职从事工业劳动，农业劳动技术在他们身上处于一种逐渐丧失的状态。目前农业劳动技术从农民工身上丧失的情形主要有两种情况。

一是正在放弃农业劳动技术的老一代农民工，[①]**也在逐步脱离农业生产**。虽然目前从事农业生产的劳动者并不需要太高的文化素质，但也必须具有一定的农业劳动技术，比如各种农作物的播种、施肥、灌溉、收割等，同时需要相应的劳动工具的使用、时节的把握等。特别是随着科技的进步，大量的农业生产劳动工具得到改进或使用了新的工具，耕种技术也在不断改进或使用了大量新的技术，从事农业生产对"技术"也提出了越来越高的要求。一句话，要真正"种好地也不是那么容易的"。农民工从出现、形成到发展至今，大致经历了三种状态：一是"兼业"状态，主要是那些"离土不离乡"的农民工，在离家附近的工厂上班，同时顾及自家土地的耕种；二是"候鸟"状态，就是在农忙时节（主要是播种和收割）从较远的务工地返回老家从事一定时间的农业生产，也就是集中一定的时间从事农业生产，但主要时间是在外务工；三是"专职"务工状态，不再从事农业生产，自家土地由老人耕种、请人耕种或出租耕种。应该说，目前这三种农民工的状态都还存在，但在农民工发展的不同时期，按照时间顺序这三种状态均在一段时间占有一定的主导地位。而从农业生产技术的要求来看，前两种状态均需要农民工仍然掌握全套的或部分的农业生产技术，而第三种状态的农民工已经不再需要掌握农业生产技术了。农业部调查显示，在2005年农村外出就业劳动力中，有稳定就业岗位的占58%，比2002年提高了7个百分点。有关研究机构的调查表明，目前我国完全脱离农业生产、长年在外打工的农村劳动力转移率

① 这里的老一代农民工是相对于新生代农民工而言，新生代农民工大多是直接从学校毕业即进入打工的行列，而老一代农民工大多有务农的经历。

已接近20%。因此，有学者指出，目前农村劳动力转移过程中的“农闲打工、农忙务农”的兼业化特征正在逐步淡化，大多数转移劳动力即使农忙时也不再返乡帮工，成为专职打工者(胡恒洋、张俊峰，2008)。

二是新生代农民工直接进入工业生产，对农业生产技术完全陌生。在农民工群体中，还有另一种类型，也就是现在通常所称为的“新生代农民工”。[①] 他们的成长经历大致是这样的：出生在农村，在农村或城镇上小学、中学或中专，毕业之后进入打工行列，主要是进入工厂打工，成为名副其实的工厂农民工。从成长经历来看，绝大多数新生代农民工没有从事过农业生产。还有部分新生代农民工，自小就跟随父母移居城市，或是一毕业就到城市打工，因此他们对城市生活环境比对农村生活环境更熟悉、更适应；即使出生、成长在农村，他们在务工前也同城市里的同龄人一样，大多数时间是在学校读书，不熟悉农业生产。总体来看，新生代农民工已经对农业生产完全陌生，也不掌握种地的常识和技术(当然这种常识和技术的学习并不会太难)，再加上对农业生产“面朝黄土背朝天”特征的根深蒂固的认识，新生代农民工是难以对农业生产产生兴趣的，更不用说掌握一定的农业生产技术了。正如G13P所说：“我也没想过回家种地，像我们这个年龄段的(80后的)，都做不动了。也不懂什么季节种什么。像人家一样种嘛，人家种的都发芽了，你的还没种，就错过了播种的季节。”

总体来看，对农业生产技术的舍弃与否，是与其成长经历和务工状态密切相关的。但是，真正促使农民工放弃农业生产技术的原因，应该说是经济方面的原因，也就是农业生产技术的收益，决定了农民工是否愿意放弃农业生产技术，或者兼有农业生产技术和非农生产技术。我们来看G18P的情况。

1987年初中毕业。那时靠家里的副业——养蚕，然后种一点田地。

① 主要是指1980年以后出生，在异地以非农业方式就业的农村户籍人口。

那里养蚕的人比较多，有丝绸厂。私人家里养的蚕，由县政府收购。那时候的价格低，两三元钱一斤，那时候的钱值钱。一百斤一张纸养得好的，七八十斤，也就是两百多元钱。那时候家里一般是两张或两张半纸，现在家里仍然在养蚕。桑树老化了，重新种新桑树了……最多的时候，10 元钱一斤，一张纸能达到九十多斤，最多也是两张纸，也就是接近两千元钱。地里主要是种豆子、花生，现在地减少了一些。进行土地改良，也就是退耕还林，一共少了几分地，也就是不好的地，不"起获"了，不能积水的地，改种茶叶了。其实改种茶叶比较好，本钱不大，到时候裁剪、摘茶，有春茶、夏茶，养蚕的话，需要养蚕种，施肥。一般家里也就是搞三张纸。原来家里的收入主要是靠种地、养蚕，自己还干木工。刚毕业的时候，作为学徒，工资很低，一天两元。只是偶尔干一两天，别人家盖房子、讨媳妇做家具等，给家里增加一点零花钱。自己也需要存钱盖房子、结婚。（G18P）

G18P 毕业之后务农，同时兼营家乡传统的副业——养蚕，与此同时，他学了一门在农村比较常见的手艺——木工。手艺属于一门技术，在农村地区较为普遍，拥有这门技术后，个体可以单独地进行劳动并完成相应的任务，如传统中的工匠、裁缝等，现代的"大工"（建筑中瓦工，装修中的油漆工、木工等）。手艺也属于一种非农技术，但在传统的农业社会，纯粹"靠手艺吃饭"的人并不多，有手艺的农民，其主业仍然是从事农业生产，"手艺活"只是副业，是农闲时期赚钱补贴家用的一种方式。如 G18P，手艺挣的钱只能补贴家用，而不能成为家庭的主要收入来源。因此，拥有传统手艺技术并没有促使农民放弃农业生产技术。

但是很显然，由于受多方面因素的影响，农业生产技术的效益呈明显的下降态势。与此同时，大量能够获得较好收益的非农劳动出现。这些非农劳动，最先吸引农民的是一些简单劳动。作为简单劳动，最主要的特点就是不需要任何技术，只要有体力就行，这对于文化程度较低、没有任何技术的农民来说是最适宜的。这种劳动，也成为一些农民工初次外出务工的一种选择。比如G8P最早外出务工从事的就是简单劳动。

> 我最早出来是在北京打工，在北京待了两年，在北京的时候是在工地上，做修马路的活。我在那里就是做小工，工资也不高。我们老家那里的人，没有文化，也没有背景，也没有什么熟人。在我们那里，这种活儿是好找的，什么人都能找到。找到包工头，包工头就让你跟着去干。做小工什么技术都没有，主要是搬砖、灰，筛沙子等，打下手的工作。(G8P)

与此同时，农业生产组织方式的转变也促使大量的农民放弃了农业生产技术。这里所说的组织方式主要有以下几种情况：一是雇人耕种，按照"用工量"给予一定的劳务费；二是专业化的服务完成了主要的耕作劳动。目前在一些平原的农村地区，农作物耕种的主要环节（如播种、施肥、收割、灌溉等）基本都由专业的、机械化的服务队伍完成，也就是G6S所说的"（自家的耕地）都是由在家的老太太管，全部采用机械化，收、割都只需要掏点钱就行了"；三是出租耕种，将自己土地的经营权按一定的年限出租给别人耕种，收取一定的租金。不仅如此，在部分地区，土地流转政策已经开始推行，这也促进了土地的集中。据河南省有关材料显示：当前全省小麦、玉米的机耕机播机收面积已超过90%，农村土地正在向种粮大户和专业户集中。在这种情况下，绝大部分农民（工）已经不需要再拥有相应的农业生产技术，随着时间的推移，农业生产技术在他们身上逐渐消失将成为必然。

二、就业的压力：进入工厂前的技术规训

农民工离开农村进入城市就业，首先面临的问题就是"凭什么"就业的

问题。也就是说，他们要在非农产业就业，就必须拥有相应的非农行业的劳动技能。即使目前有一些行业、岗位或工种只需要一些简单的体力劳动即可，但是基本不需要特别的技术和技能的大多是一些相对来说脏、累、差的岗位，而且工资水平相对较低。在这种情况下，从农村或学校走出来的农民工，如果要顺利地实现在非农产业就业并能找到相对较好的工作岗位，在寻找工作之前就必须掌握一定的技术或技能，想进入工厂的农民工也是如此。也就是说，农民工进入工厂前，其技术规训在社会范围内就已经开始了。

（一）社会范围的就业压力

要在城市顺利找到工作或找到条件相对较好的工作，必须拥有一定的技术或技能，这在社会中已经基本形成共识。这实质就是一种社会范围内的技术规训。但是，这种社会范围内形成的压力，从根本上说源于用人单位（包括已经存在的大量的工厂）对所需招聘人员的技术要求。任何一个企业都希望招聘来的员工具有较高的文化素质或良好的技术水平，从而能够最快地投入生产并为企业创造效益。面对在文化程度和技术水平方面参差不齐并且数量庞大的农民工，需要招聘工人的企业采取的方法就是提出招聘要求并进行面试和试用。在这种情况下，工厂对招聘工人的要求往往成为农民工学习技术的一个直接动力源。大量的调查和统计数据表明，目前全国技术工人供不应求的局面普遍存在，尤其是高技能人才的严重短缺。作为工厂，能够招聘熟练工人或者有一定的文化、技术基础的工人当然是求之不得的事情。相对于二十世纪八九十年代，特别是大量的新生代农民工出现之后，农民工的整体文化素质有了一定提高，再加上时间的磨炼和工厂间的流动，相当多的农民工具有了一定的技能水平。在这种条件下，很多的工厂在招工的过程中几乎不再“不设防”，而也开始推出一定文化程度条件和技能水平条件的招聘要求。这些条件，在一些工厂的招聘要求和应聘过程中得到了体现，如表 3－1 所示。

表 3-1　2008 年 7 月发布的金陵船厂招聘信息

岗位	学历	技术等级	性别	年龄	人数	有效时间
电焊工	初中以上	电焊类证及以上	男	35 周岁以下	不限	2008 年 7 月 18 日—8 月 18 日

虽然目前很多工厂的招工要求仍然大多只是对身体状况和年龄提出要求，但表 3-1 已经成为一些工厂企业招聘工人的代表性要求条件，其中最主要的就是对岗位提出了要求。与上面金陵船厂要求招电焊工一样，连云港兴鑫钢铁有限公司招聘的岗位包括拉矫、切割工、拉钢工、浇钢工、天车电工、炼铁维修工、螺纹铣工等。这些岗位，工厂都希望能招到懂得相关技术的熟练工。而这些岗位也并不是仅有体力就行的，一般需要一定时间的练习，即使是跟着师傅学一般也需要 1 个月—3 个月的时间。工厂的这些招聘条件往往在面试的时候就会用实际操作来检验。比如 G13P 进入 C14 杭州依美服装厂和 C16 吴江金翔服饰有限公司时，工厂均要求其进行实际操作。

> （进 C14 杭州依美服装）进入工厂之前要考试，让你做一个领子，你要做得像。……我（考的时候）做了很长时间，虽然我在家里还有点基础，但在家里的缝纫机是传动机，在外面是电动机，速度也不一样。电动机一开，速度很快，一下就跟不上了。后来厂里看我考试（做的领子）还像样了，再加上是熟人介绍过来的，他们不好意思拒绝。我就这样进去了工厂，算过关了。当时考试的时候，工厂的人（招工的人员）拿了一大把碎布让我试，他说："你尽管试，只要不把机器弄坏就行了。"工厂的人也就是让你适应一下机器。他们招人，像我们有一点基础的，比那种刚学的要好一些。我考做一个领子考了半个多小时。我去的那段时间，所有招的人都要经过那样的考试，不同的人考的不一样，有的人考的是一个带子，有的人考的是一个领子，也就是考你的基本功怎么样。
>
> （进 C16 吴江金翔服饰）我进来也考试的，基本上也就是让我踩个机器。我刚开始给工厂的人说做过几年，但工厂的人说我口说无凭，让

我现场做。我做了这么多年，那当然会做了。自己知道怎么做、怎么裁，要好一点。(G13P)

进入工业社会之后，技术进步成为产业发展的一种常态，这要求就业者的素质不断提高。随着工业化的推进，提高素质并掌握一定的技术，成为普通劳动力就业的必要条件，也成为工厂农民工学习技术最为直接的动力。

(进C27北京冠捷电子)面试是由人事部门组织的，先要考试，是卷子(考试)，英语、语文、数学，是应用题，还有就是给你一句英语，让你翻译下一句，语文就是考"作者是谁"。主要是看你回答得怎么样。因为考的卷子都是不一样的，跟我们(平时)考试不一样，分AB卷，那时候都是分卷，批阅的人看这个卷子，答案不一样了就问你考多少分，要是分够不上的话，就不要你。(所以)就有被淘汰的人，我们班有一个人，去新东方面试了，第一次也是没过，回来后就开始背单词，第二次又去，又没过。(G19F)

G19F在技校学习过一年，有一定的文化素质和技术基础，在进入学校联系的C27北京冠捷电子时，工厂提出了文化素质方面的要求，并进行了较为正规的文化素质考试。G13P毕业之后在家自学缝纫差不多三年，有一定的技术基础，这为其初次进入服装厂创造了条件。之后，她进入的多个服装加工厂，均有技术方面的要求，但测试方法非常简单，即当场进行技术的操作。另外，G1P、G2P、G3P之所以能够进入C1藁城金鑫焦化厂，也主要是因为G1P懂得电工的基本技术，G2P有几十年的电工经历，电工技术比较熟练，G3P掌握缠电机丝的技术。G3P的技术能力使他能够被工厂聘用并能在过了退休年龄的情况下仍然被继续聘用。

但在目前的情况下，并不是所有工厂对招聘的工人都有相当的素质和技术要求。因为对于现在的农民工来说，虽然其文化素养相对于以前已经有了大幅度的提高(以前以小学、初中文化程度居多，现在初中、高中文化程度居多)，但相当一部分仍毫无技术基础。从工厂的角度来说，招收毫无技术基础的农民工主要有三个方面的原因：一是工厂属于简单的加工行业，对于工人不需要有太多的技术要求；二是在技术工人缺乏的状况下，招收无技术的工人是迫不得已的选择；三是分工的细化和操作自动化的加强，对普通工人的技术要求也大大降低。前两个方面的原因在一定程度上既是工业化水平较低的体现，也是劳动力水平不适应工业化发展要求的体现。

(二) 压力成为获取技术的动力

工厂的招聘条件和要求往往会成为工厂农民工学习(包括学历学习和技术学习)的直接动力。从表面上来看，工厂对招聘人员文化程度的要求，对于已经毕业的农民工来说已不能产生影响，但实际上，工厂在招工时的初中、高中学历要求，目前在很多农村地区已经形成一种影响，在某程度上已经成为一些农村孩子(其学习成绩相对较差、家庭经济条件有限)继续上初中、高中的主要动力。最直接的体现为一些家长在劝子女继续上学时经常会说的一句话就是：初(高)中不读完的话，招工的都不要你。从这个角度来看，工厂在推动工厂农民工或者说在推动农村年轻人学习知识和技术中发挥了一定的作用。

从一个宏观的角度来看，农民工获取技术的动力(压力)来源于社会压力。但这种社会压力的影响，是通过包括工厂在内的组织对人的文化和技术的要求而产生的。社会的发展需要社会中的每个人必须拥有一定的文化知识或技术，往往具体体现在社会中的组织，特别是企业组织对人提出的要求。随着工业化的推进以及现代社会的发展，这种压力必然会越来越大。具体到农民工身上，除了整体社会氛围对文化知识的要求，使即将走向农民工行列的农民子女产生学习知识的压力外，还有一个更重要的技术知识的压力，直接来自工厂的需求。

G8P 毕业之后在北京干了两年的建筑工，然后花了 5 000 元钱在一个技校上了半年学，被技校分配到广东一个工厂干了半年后，因为觉得专业不对口且工资低，离开了。其后进入金陵船厂，现在已经干了一年多的时间。

> （对技术的理解）像我们在家里，这三个月进这个厂，再三个月进那个厂，说实话，技术学不到、钱挣不到、也混不出什么名堂。现在你就是想拼力气都没有地方干了，你给人家扛麻袋？给人家扛石头？这种活儿有吊车、铲车来做，不用你做，现在都是机械化生产了。当然，船厂里面也有做小工的，比如做学徒的，就是做小工的，什么也不会干。（学技术的打算）我想这样，把自己的技术提高，把该学的东西学了，也就是在船厂把该学的学了。现在还年轻，必须在外面多学东西，让自己充实起来，这是最基本的。（对文化知识的理解）有文化，就有底子，是自己过什么样的生活的一个基础，就好比老太太走路，拄拐杖一样，一个老太太走路没拐杖，一个老太太走路有拐杖，那么，有拐杖的就会比没拐杖的走路要快、要稳。有文化基础，做什么事情都快，办事能力强，有前途，真的。（G8P）

G8P 有一段主动进入技校学习技术的经历，虽然技校的学习并没有给他带来期望的效益，但这种主动学习技术的行动，充分显示了其较为强烈的学习技术的主动愿望。不仅如此，G8 对知识和技术具有自己较为深刻的理解。应该说，仅有初中文化程度的 G8 能够对知识和技术有这样的理解是非常难得的。从 G8P 的经历可以看出，主动学习技术意愿的形成，是社会大背景（知识逐步与收入、工作稳定成正比关系）与个人从事建筑小工的经历对其影响的结果。在长达两年的小工经历中，G8P 认识到：在那里（北京做建筑小工）学不到技术，工资又低。做小工什么技术都没有，主要是搬砖、灰、筛沙子等打下手的工作。

能够主动学习技术的个案还有 G13P，她毕业之后就买了缝纫机学缝纫。她说："当时想'学一门手艺，好谋生一点'。我们农村，学一门手艺肯定比干农活轻松，农村干活太辛苦。也有人自己学(裁缝)出来开个店的。”很显然，G13P早期的缝纫技术为其后来进入服装厂打工打下了基础。在其进入第一个服装厂的面试中，就要求用缝纫机做一个领子。主动学习的另一种类型就是在小学、初中毕业之后进入技校学习技术。G8P有一段主动进入技校学习的经历，G19F初中毕业之后也有进入技校学习的经历。

随着现代社会的发展和工业化水平的推进，知识和技术在就业及岗位中的作用越来越重要。仅仅依靠体力的岗位，在现代社会中越来越少，而且工资会较低(相对于其他岗位、相对于其付出的艰辛来说都是很低的)。一般来说，主动学习技术意愿在部分工厂农民工中的形成，能够使他们在未来的就业和工作中具有较好的主动性并获得相对较高的收入，这是他们主动适应工厂的需求。

因此，我们可以做出这样的判断：以工厂为主的组织，推动着工业化水平的提升，并在一定程度上推动着现代社会的发展。现代社会的压力，更直接一点来说是工厂的压力，逐步成为农民工学习文化知识和工厂技术的压力。随着工业化的推进和社会的发展，这种压力会成为农民工主动获取知识和技术的动力，也就是说，获取知识和技术会逐步成为农民工的一种主动意愿，成为主动的积极行动。虽然现在(按照相关政府机构的说法)培训机构已经形成了比较完备的体系，但是工厂农民工仍然存在信息、经费缺乏等的影响而难以得到培训，绝大部分人员只能依靠个人的学习来提高技术。而且，正所谓“师傅领进门，修行靠个人”，工厂农民工在学习技术的过程中，无论是师徒传带，还是工厂培训、机构培训，最终是不是掌握技术并熟练地使用技术，完全依靠自身的努力。

三、刺激与奖惩：工厂内劳动技术的规训

一旦进入工厂成为“工厂里”的人，听从工厂的安排就成为一种习惯。

工厂农民工在上岗前，无论先前是不是已经掌握一定的技术，一般都需要进行专门的培训，其中最主要的就是技术培训。技术培训，就是用专门的时间，让新进厂的工人熟悉一定阶段的生产流程，了解特定岗位的标准要求，掌握准备进入岗位的相关技术。有的工厂不组织专门的培训，但也会给予一定的学习适应期，比如通常所说的学徒期。培训是工厂对农民工进行技术规训的直接手段。其实，工厂一般都会通过一系列的制度安排、奖惩措施来促使工人不断掌握、熟练、更新相应的技术，从而完成其工业劳动技术的规训。

作为工厂对进入其中的农民工的技术规训途径之一，上岗前的培训是一种最为重要的手段。进入工厂并不一定意味着马上就能上岗，掌握一定的技术，特别是相应岗位所需要的技术，对于工人上岗都是必需的。掌握特定岗位的技术，无论是对于初次进入工厂的个人，还是对于从一个工厂转入另一个工厂的工人，都会有相应的上岗条件。因此，技术除了为工厂农民工进入工厂创造条件外，还有就是获得上岗的条件。前者的技术是自身在以前的积累，而后者必需的技术一般来源于已经进入的工厂所提供的培训。

总体来看，工厂培训成为工厂农民工获得技术的最有效途径。有相当多的个案在进入工厂之后都经过了工厂特定岗位的培训，如 G19F 进入 C26 常熟达富电脑和进入 C28 北京 LG 器材后，G12F 进入 C13 吴江松上电子后等。这是上岗必须掌握的技术，否则可能不能上岗，如在 C10 石家庄冀雅电子。

> (C10 石家庄冀雅电子)刚开始来的时候，工人全部签短期的，假如这个人我带不出来，或者在规定的时间内你学不会的话，我就可以把你退到人力资源部，再给你安排别的岗位，或者是直接就辞掉了。或者你待了一段时间后，觉得这个工作不适合自己，然后你就走了。说白了，这就是试用期，现在是一个月的试用期。(G10S)

一般来说，工厂的培训是为特定岗位打下技术基础的，因为针对性强，所以非常有效。因此，进入工厂培训掌握基本的操作技术之后，工厂农民工一般都能上岗。但要实现换岗就必须学习新的技术，因为有些岗位的上岗对技术有一些特别的要求。如G7S现在的岗位。

(C6 南京金陵船厂)这里没有证书不让上岗的，先要培训15天，然后再考试，考过了就让上岗，考不过不让上岗。有些岗位，有师傅带着你，你不能操作，师傅在旁边做，你看着，先要基本了解。(G7S)

经过一定的培训之后的正式上岗，意味着进入工厂中的农民工掌握了基本的工业劳动技术。但是很显然，仅仅获得基本上岗资格的技术是远远不能满足需要的。虽然有一些岗位并不需要太多复杂的技术，只需要简单的技术或基本体力即可，但对于很多企业来说，如果要增强企业的竞争力、保证企业的可持续发展乃至必要的转型，就需要更多技术全面的工人。即使大量的加工企业，也期望工人的技术非常熟练。这就需要工厂采取相应的措施进行持续的“技术规训”。

(一) 工资、待遇、岗位的激励

获得工资待遇的提高，是技术获得收益的最直接也是最主要的体现，也是工厂农民工学习技术最为主要和直接的动力。如果将工厂农民工获得技术看成是一项投资的话，那么，获得较好的工资待遇或提高工资待遇是他们最直接的技术收益。因为无论是在进入工厂前还是进入工厂后，获得技术都需要他们付出成本，主要是费用成本和机会成本。而技术水平的获得或提高，如果能够与其相应的工资待遇的取得和提高相匹配，无疑将为工厂农民工提高自己的生活水平以及文化水平提供可能。

(C6 南京金陵船厂)我来了就开始学徒，学烧电焊，刚开始是给人家打打下手，帮帮忙，最后等练会了，就分出来自己干。干学徒期间的工资不高，也就是30元钱一天。三个月之后，学徒就完了。规定是三个月之后涨工资。涨了20元钱，也就是每天50元钱。我现在是70元钱一天，涨工资主要是因为自己的技术熟练了，再一个是我们给老板挣钱了。如果我们继续在这里干的话，技术再提高一些，工资还要涨。像电焊工技术再提高，工资能够拿到130元钱左右。这种情况是技术特别好的，干得比较多的老师傅才能拿这么高，当然还需要在老板那里是"红人"，才能拿这么高的(工资)。(G8P)

现在在这里(C16吴江金翔服饰)工作，要是满勤又有活儿的话，像我去年的工资有1 900元到2 000元，如果我手法快一些，能拿到2 600元到2 700元。在这里的话，随着技术的不断提高，工资还有可能再涨的。(G13P)

(在C12石家庄裕兴泵钻)我们现在每个月拿到的工资，要看干活儿的多少了。我去的时间(相对来说)短，也就是每个月两千元左右。师傅们，能达到两千七八百(元/月)。有一个老师傅，三十多吧，干得时间长了，而且对这个活儿比较清楚(比较了解)，技术更强一点，叫他怎么干他基本上都能干，一个月能挣三千多元，三千二三百元吧。技术强一点，主要是指他干的活儿又好又快。一般来说活儿的标准是一样，但技术熟练一点的话，就干得快了。(G11P)

G8P的情况是典型的工资随技术的提高而上涨的例子。G8P在南京金陵船厂的工作非常简单，就是干一天活拿一天的工资。而工资水平确定，虽然还要看其本人与老板的"谈判"情况，但主要看技术。工资水平与技术的变迁关系基本上这样的：学徒——30元/天，学徒期满(三个月之后)——50元/天，技术提高(1年之后)——70元/天，技术再提高——工资继续涨。按照G8P所说，工资继续上涨，能够涨到90元/天，甚至130元/天。但这里需要注意的是，金陵船厂农民工的使用，工厂进行的组织管理相对弱化，工厂农民工最多是与分包老板产生关联。但在绝大部分的其他的工厂中，如G13P现在的C16吴江金翔服饰中、G11P现在的C12石家庄裕兴泵钻中，工厂农民工的工资待遇与其技术都表现出一定程度的正相关。工资待遇随技术水平的提高，是社会平等与公正的重要体现，也是现代社会的重要特征。而且工厂农民工工资待遇的提高，有利于提高他们的素质和技术水平，从而可能促进企业技术升级，对工业化、现代化产生积极的影响。但在工厂农民工所在的部分工厂中，技术的进步有时并没有带来工资待遇的变化。

> （在C15杭州杭丝联）我做了几年后工资还不涨，像我们一般做了两年以上的话，工资都会涨一点的。要是老是不涨的话，我就不想干了。我两年之后在里面已经算是一个比较熟练的工人了，至少也稍微熟练一点吧，但工资还是那样。（G14P）

G12F指出，在C13吴江松上电子中，技术是分等级的，但是工资都差不多。另外，在C1藁城金鑫焦化中，G1P在工作一年后，工厂允许他带薪继续学习电工技术（大概一周的时间）并获得了电工证，但其工资并没有上涨。

对于工厂农民工而言，过低的工资水平可能导致他们减少对提高自身素质和技能的投入，使他们的能力得不到提高，难以更好地适应社会大生产的需要，这样可能就会抑制企业的创新，延缓企业技术进步。

（二）职位、职务、身份提升的刺激

虽然能够实现职务提升的工厂农民工是少数，但岗位职务的提升代表着一种向上的社会流动。对于基本处于社会底层的工厂农民工来说，他们从外地进入一个陌生的工厂组织，基本不存在关系资源，如果能够依靠其自身的能力（主要是指技术）实现流动，能够给予他们希望和动力。一般来说，技术水平的提高会带来岗位职务的提升，而岗位职务的提升往往与工资待遇直接关联。它们呈现出如图3-1所示的关系形式。

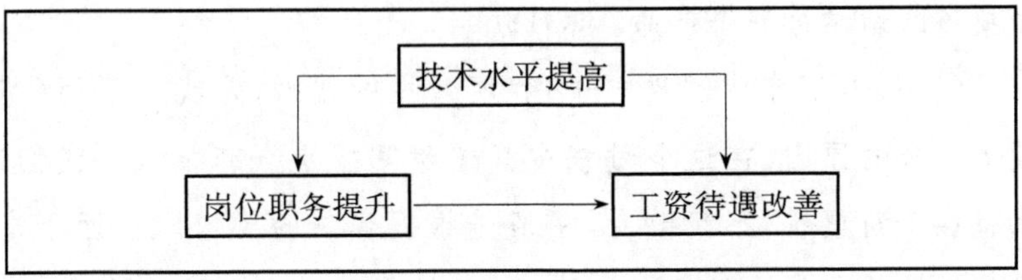

图 3-1　技术水平、岗位职务、工资待遇之间的关系

G12F 在 C13 吴江松上电子中，随着技术的提高，从普通操作工逐步晋升到"物料"（应该是调到另外一个略好一点的岗位，基本上说也就等于是领班了），工资每月增加一二百元钱。G6S 在 C6 南京金陵船厂，因为老板看他的技术还行，慢慢给他加了工资，还让他担任领班。G6S 说："让几个小杆子跟着我干。"

> （C10 石家庄冀雅电子）在一线干了四年之后，就提上来了，也就是现在这个职位（大组长）。我最早来也是在切片车间，提上来之后，合同重新签，工资待遇变了。（G10S）
>
> （C9 太原电梯安装）我们装电梯的工人，有的懂得技术多一点，有的少一点，像我们老大，技术就很好，比如调时速之类的，我们还不会。他是我们带班的，即组长。（G9P）

G12F、G6S、G10S 在工厂的经历以及 G9 所说的他们组长的情况均显示出，随着技术的提高，其职务得到了提升，工资待遇得到了不同程度的改善。

> （C13 吴江松上电子）我们作为领班，对这个厂的技术（应该说所在生产线上的技术）差不多都懂，首先你必须懂每个产品，因为它有图纸，就是说像盖房子一样，要懂图纸，然后你看一下就必须会，（这样）你才能教下面的每一位员工，首先你自己要了解。有的时候（普通员工）不会的话，一个新的产品，我们看了之后要去教的，一个一个地教。我们

需要不断地学每一个产品。(G12F)

(在C10石家庄冀雅电子)我所掌握的技术，是我从下面(基层)慢慢干上来的原因，在这个过程中我逐步掌握了全套技术。我们这个技术也在不断更新、不断改变，一般是根据客户的要求。上面下发文件，我们就按照文件执行，或者(先)反复地做实验。技术工和我们一块儿做实验。(G10S)

从上面我们又可以看出，作为领班的G12F以及作为大组长的G10S，他们的技术水平远高于普通员工。也就是说，他们所达到的职位，是以他们所掌握的技术为基础的，至少技术应该说是一项重要的决定因素。

但是，在一些农民工所在的企业中，技术熟练和进步并不一定都能带来身份职位的改变或提升。本书分析中最典型的是G7S在C6南京金陵船厂转为合同工的经历。G7S最初进入金陵船厂工作与其他所有进入金陵船厂的农民工一样。他在农民工队伍中工作了一年，然后依靠其父亲的关系(其父亲即为G6S，因长时间在金陵船厂工作和船厂附近做生意，与金陵船厂的部分领导有一定的关系。这里的关系可能为两种，一种可能是金钱关系；一种可能是私人关系，前者的可能性应该更大)转为合同工。也就是，外用工与合同工、正式工的身份转变，并不都是以技术为标准的，也有是因为有"关系"，这种情况大大降低了技术在其中的有效性。G7S的讲述更证明了这一点。

(C6南京金陵船厂)现在的外用工，就算你有技术，也不一定能转成合同工。外用工中技术好的多着呢！那些领班，都干了十几年了，技术好得很，哪个能成为合同工呢？签正式工难！我们那个车间有转为正式工的，但是因为有关系。(G7S)

经济学的基本原理告诉我们，一项高风险的投资必须有高的收益才有人愿意进行。对农民工来说，在经济条件有限、文化素质偏低、信息渠道不畅以及受骗风险偏大的情况下，学习工厂技术是一项高成本、高风险的投入。在这种情况下，工厂农民工的技术收益将在很大程度上决定他们学习技术的动力，而且，作为更具有技术理性的工厂农民工来说，技术的收益也将决定着他们未来技术及素质的提升。掌握一定的工厂技术并随着技术的熟练和技术的进步，一般能够给工厂农民工带来积极的变化，这是技术有效性的体现。但是，技术的无效性在工厂农民工进入工厂、获得上岗、工资待遇改善以及岗位职务提升方面均有不同程度的体现。这种情况的出现，与工厂农民工的特殊性、工厂的管理水平息息相关。

一个工厂农民工从农业生产者，或是从学校（技校）毕业逐步成为初级工、中级工、高级工，要经历相当长的时间，是一项时间长、风险高的投资。在各方面收益不能与投入相对称的情况下，必将减弱学习、改进、创新技术的动力。从理论层面来看，在现代社会中，科技的发展和技术的更新，对于个人是必需并能创造收益的。但实际上并不一定完全如理论所设，在一些因素的影响下，技术有时并不能给个人带来预期的收益，对于工厂农民工来说也是这样。

（三）检查中的奖励与处罚

在工厂中，工人的技术与产品的质量直接相关。工人的技术越熟练、技术水平越高，越能够为工厂节约材料并能保证产品的质量合格。前面已经分析指出，工厂通过一定的规训，使进入工厂的个人获得了基本能够上岗的条件，并且通过一些带有规章、制度性的刺激诱惑办法，促进工人不断地提高自己的技术水平并具有一定的创新技术动力。上面提到的“刺激”“诱惑”办法，对于工人特别是新进的农民工来说，显得有一些遥远，虽然能够形成长远的动力，但直接的效果欠缺。于是，工厂会采取一些常规的、直接的规训手段，即日常工作中的检查，通过对生产出的产品质量进行检查而采取一定的奖励或处罚措施。

为了保证产品的质量，对产品进行检查（或抽查）是一个重要的步骤，也是直接促使工人掌握相关技术并保持认知的工作状态的重要方法。比如C28在北京LG器材，“我们这里有QC（质量控制），QC就是我们检过的板子其他人再抽查一遍，随机地抽查。”（G19F语）。通过这种检查，给予一定的奖励或处罚，或奖励与处罚并用，从而达到促使工人熟练掌握并应用相关技术的目的。在C28北京LG器材中G19F所处的岗位，奖励办法就是评“优秀组员”。如果在一定的时间内（一个月）其手中出现的“不良”产品少，就能被评为“优秀组员”，而奖励200元钱（每月）。这种产品质量检查，虽然说是对工作状态的一种检查，但对技术水平提高的刺激作用也是非常明显的。

流出的不良产品多的话，就评不到“优秀组员”了，就没有那200元钱了。这样就开始落分，因为这个一个月评一回，看你多少钱，再看你总成绩是多少，抽出一张3分，一个检查员一百分。（G19F）

在工厂中，以一个小集体（班、组、车间等）为单位进行奖励和处罚，或者对直接领导者进行连带奖励或处罚，是一些工厂常用的整体提高工厂中某一个小集体技术水平、促进小集体内部相互监督、增强直接领导责任心的重要方式。以小集体为单位，很容易使集体中的个人形成一种压力。以技术为例，这种压力是“因为个人技术差的原因而造成集体受到处罚，从而连累集体中的其他人，就有可能形成面对面的责怪”。同时，为了个体能够得到奖励，就必须在一定程度上帮助集体中技术达不到要求的个体，并在工作中主动监督提醒小集体中的其他人。对于小集体中的领导者（班长、组长或车间主任等），连带的奖励和处罚的作用，不仅能够促使他们主动地带动集体成员提高技术，还能够通过“连带”的刺激作用形成很大的“面子”压力和“内心”愧疚，因为是“自己的责任拖累了其他人”。C10石家庄冀雅电子的情况就是一种典型的集体奖励和处罚的方式。

(在 C10 石家庄冀雅电子)比如他们裁片，一张一百多元钱，裁错一张，罚多少钱，你要是节约了一张，奖多少钱，这就看你的技术了。我们现在执行的有一个岗位职责标准，违反那个，扣多少分。惩罚的情况是很多的。我现在大组有三十多个人，一个月中，没有出现惩罚的情况很少，三十个人，不可能每个人都不犯错。大错小错，总是有的，小的错少一些，后果严重的多一些。一次，最严重的一次，把我也捎上了，我也被扣了 200 元钱。我是管理者，我们是层层扣钱，小组长、大班长，出错是你管理不到位。他们出错的多，错了六张(裁片)，还是很贵的那种，一张二百多元。从上到下，连带我，最主要的是那个小组长被扣了 100 元钱，班长被扣了 200 元钱，我作为大班长被扣了 200 元钱。当然也有奖励，那时候奖励报上去了，节约了十张裁片，经过统计核实，确实有，领导说："行，奖励你们 500 元钱，一个班组，我给你 500 元钱，你们自己分配。"(G10S)

奖励是一种正面的刺激手段。在大量的工厂中，奖励的主要形式是物质奖励，也就是给予一定的奖金。应该说，奖金的刺激效果在目前所有的工厂乃至绝大部分的组织中是最有效的手段。对于工厂农民工更是如此，在一些岗位、职位等对他们来说是非常难以(或者说可能性非常低)得到的情况下，奖金具有更为直接的效果。扣取奖金或处以罚金是一种负面的刺激手段，其效果应该说与奖金奖励的形式一样。但是这种效果对于普通工人与具有一定职位的领导层(如班长、组长等)来说是不一样的，前者主要是会"心疼"自己的一笔小的经济收入，后者还会看中可能引起的"面子"问题。其实，不仅在技术方面，在日常的管理、纪律的执行、效益的提升等方面，以小集体为单位进行奖励和处罚都能起到类似的作用。

奖励和处罚能够起到直接的规训作用，对于获得工业劳动技术并促使其提高技术水平和熟练程度是非常明显的。要获得更多的收入或相对稳定的岗位，就必须避免在自己身上出现较多的处罚，从技术的层面来看，必须不断提高自己的技术水平。如果要获得更好的发展机会，就必须长期不懈地使自己的技术更加熟练，掌握更多、更全面的技术，也会为进入工厂的农民工在工业劳动中稳定就业、稳定岗位并蜕变为完全的产业工人打下牢固的技术基础，这就是前面提到的工资、待遇、岗位的激励以及职位、职务、身份的刺激在农民工向产业工人转变过程中所起到的规训作用。

四、传带与培训：工厂技术规训的途径

工厂内部通过工资、待遇、岗位、职位、职务、身份等方式对掌握工厂技术的刺激以及奖励与惩罚的执行，为工厂农民工掌握、提高、创新技术创造了一定的动力和压力，但真正起到直接技术规训作用的，则是通过多种途径使工厂农民工能够掌握上岗的基本技术。经过访谈笔者了解到，在工厂内部至少仍然存在以下三个方面的技术规训途径。

（一）师徒传带

传统的师徒传带通常是在实际生产过程中师徒共同劳动，徒弟在师傅的指导和影响下习得知识或技能的过程。在早期，师傅只能同时带有限的几个徒弟，手工业作坊的发展，使得师傅能够传带的徒弟有所增多。师徒传带学习技术的方式一直沿袭至今，在现在的农村地区，学习一些传统的技艺（如竹匠、木匠、瓦工、油漆等）仍然是这种方式，其中的不同是师徒关系不再严格。同时，我们在工厂中也能发现较多的师徒传带学习技术的形式。

> （在C26常熟达富电脑）我去之后就培训，干的活儿不一样，培训的活儿也不一样。（培训）是由师傅教的，手把手教，一个人带一个，一个师傅带一个徒弟，一个个教，他怕你弄错了，把件儿装错了。一般师傅会带一个星期多，要是活儿难学的话就带一个月。我开始干的是维修，

有次开关键不小心碰掉了，修一下。做这个维修的时候开始是一个师傅带，带你这个件儿那个件儿认认料，认认料号。(G19F)

(在 C11 河北翼辰实业)最初我主要是开车床。刚开始跟师傅学，师傅由车间主任给安排，学了两个多月，跟师傅学不用交钱。

(C12 石家庄裕兴泵钻)像我们这样的，现在已经是师傅了，算是吧。现在进来的人，都需要先跟我们学一段时间。一般都需要学三个月或四个月，多数是三个多月。(G11P)

(在 C6 南京金陵船厂)虽然我还不会烧电焊，但老板要的就是学徒，我们那儿在这里干活的人说，老板要的就是学徒，然后他们就把我带过来了。来了就开始学徒，学烧电焊，刚开始是给别人打打下手，帮帮忙，最后等练会了，就自己干。我干学徒干了三个月的时间，干学徒期间的工资不高，也就是 30 元钱一天。(G8P)

(C10 石家庄冀雅电子)那些刚开始来的人，都要接受培训，然后是"一带一"，一个师傅带一个徒弟。刚开始来的时候，全部签短期的，这就是试用期，现在是一个月的试用期，试用期的工资是 680 元钱。(G10S)

很显然，即使在现代工厂中，师徒传带仍然是对新进农民工进行技术规训的一种重要形式。当然，与传统的学徒制方式以及农村中拜师学习技艺的方式是存在较大差异的。在传统的方式中，师傅具有较大的主动权，或者说具有绝对的权威，能决定是不是愿意收某个徒弟，能够决定是不是收取一定的费用，并且能够对学徒采取命令式的规训。可以说，传统的师徒传带，基本能使学徒从技术到行为，形成一个"驯服的肉体"。正如福柯在《规训与惩罚》中指出的那样，在行会的学徒中，学徒对师傅的依附关系既是个性的又是绝对的，在师傅与学徒之间有一种全面的交换，师傅应该传授知识，学徒应该提供服务，做辅助工作，往往还要支付一些费用。但在目前的工厂里，师傅以及徒弟的确定是由老板或上一级领导决定的，师傅的任务除了教学徒学习技术外，几乎没有其他的决定权力，唯一的可能就是由工厂决定对“师傅”增加一定的额外补贴费用。但是即使在现在的工厂中，师徒的传带在技术规训方面仍然具有独到的作用。这种作用体现在：在分工越来越细化的情况下，大规模的整体培训不能使工人掌握具体的岗位技术；有针对性地传带，能够起到在技术层面达到细致入微的效果，也就是前面提到的“手把手地教”，这是整体培训难以做到的。同时，师徒传带还具有其他方面的效用：一是可以利用大量的学徒参与工业的生产，而学徒是非常廉价的；二是大量的农民工进厂之前是毫无技术的，通过师傅的传带可以节约大量的培训费用；三是师傅传带，边干边学，不会影响工作的进程。

由此也可以看出，目前工厂中师徒关系的组织形式已经完全不同于传统的学徒制，这主要是因为目前的师徒关系已经“市场化为工具理性支配下的交易关系”，目前的师徒组织形式，也必然会根据工厂组织、工人师傅、学徒工人各行动主体不同的利益侧重点以及利害、效率、安全三个方面内容展开（王星，2009）。现在松散的师徒关系的作用主要局限于技术的传带，也是符合工厂组织、工人师傅、学徒工人利益最大化、效率最大化的。

（二）工厂培训

目前，企业员工培训，能够直接提高经营管理者能力水平和员工技能，是增长员工才干和敬业、创新精神的根本途径和极好方式，也是企业达到对员工进行整体规训的一种重要途径。对于工厂来说，其培训在技术规训方面的作用是非常明显的。

> （C28 北京 LG 器材）我们公司的培训包括让你知道公司的规章制度，还有就是学习辨别什么是不良行为……我们真的学了一个月，就是天天培训。客户那种不要的板子，恢复不了的板子，让我们看这是什么类型的不良。让我们先看。因为不能让新人一下子就上岗，万一胜任不了，不良产品一下子就流到顾客手上了。进车间之后就是组长给我

们培训了。是一边做一边培训，你不懂的就让组长教你，就是说这是什么不良。一个组长带九、十个人。你不懂了或者做错了，组长就过来指导。(G19F)

(C13吴江松上电子)面试完之后，是给你上课，让你了解公司，学习公司的制度，然后教你怎样地去了解产品。口头培训了一天，有一个星期给时间让你适应产品，也就是专门坐在一个流水线上。因为培训的时候，一条流水线上有多少人，是在一起培训的，教你怎样去操作。一条流水线上有很多工段，我具体做的就是套那个管子，也就是线上面穿套管。我那个岗位，不经过培训是做不了的。如果不培训的话要做，但是做不快的，比如说一个老员工的话，一个小时能做一千个，如没参加过培训的话，一个小时只能做一两百个。(G12F)

相对于大量的社会培训机构而言，工厂组织的培训最具有针对性和实效性。一般而言，工厂内部组织的技术培训主要是由工厂内部有较长工作年限和丰富工作经验的人担当，对于工厂内部的岗位技术要求有较为深入的了解和把握，往往能够结合本工厂的实际状况，帮助新进的个人较快地将相关知识和技能运用到实际工作中去。也就是说，工厂最清楚自己需要工人掌握什么样的技术以及技术需要掌握到何种程度。G19F进入C28北京LG器材后、G12F进入C13吴江松上电子后均参加了工厂组织的培训。从访谈个案的情况来看，工厂培训的形式主要有两种：一是集中起来进行专门的培训，使其在上岗前就掌握一定的操作技术；二是在岗位上集中进行指导，也就是边学边实践。工厂培训的内容主要有两个方面：一是公司(工厂)的情况以及规章制度；二是上岗的操作技术。对于工厂组织的培训，与传统的师徒传带最大的不同就是，工厂培训的效率远高于师徒传带的方式，前者一次培训的人员较多，而不仅仅是“一带一”。当然，对于个体技术规训的情况而言，工厂整体培训的直接效果是难以和师徒传带的直接效果相提并论的。

（三）机构培训

如果将工业技术规训放到社会的层面和范围来看，那么，依靠机构培训来完成一定程度的效果，产业工人的技术规训就成为必然和必需了。这里所指的机构培训，既包括在市场的推动下出现的大量民办培训机构组织的培训，也包括在政府组织下公办教育机构的培训。在《2003—2010 年全国农民工培训规划》中指出，要“以转移就业前的引导性培训和职业技能培训为重点，综合运用财政扶持政策和竞争、激励手段，进一步调动农民工个人、用人单位、教育培训机构、行业的积极性，多渠道、多层次、多形式地开展农民工培训工作”。这里提到的教育培训机构，基本可以分为两大类：一类是公办，一类是民办。为了加强农民工的教育培训，提高农民工的整体素质和技术水平，2008 年下半年金融危机爆发以后，从中央到地方投入了大量的资金，机构在培训农民工的方面异常活跃。

> 我 2006 年初中毕业后就开始上高中，上的是教育技校——藁城市职教中心。那里有好些专业，有电子、数控……我学的是电子（藁城市职教中心设置的专业包括数控、焊接、汽车运行与维修、电子电工、电子技术、计算机及运用、医药、纺织、外事服务、电子商务、农学、林果、畜牧等）。(G19F)
>
> （从北京干建筑小工）我回来之后上了个技校，那时候老家的技校招了好多人，说包分配。在技校读书读了半年，读的专业是数控车床。(G8P)

G19F 在藁城市职教中心上的属于中专三年制，在校学习了一年，其他两年时间先后在三个工厂就业，均是通过职教中心联系的。G8P 上的是河南濮阳的一家技校，属于短期培训，有半年的学习时间。从个案的讲述中，并不能清楚地了解农民工在机构培训中的状况。但从藁城市职教中心中相关专业的设置以及 G19F、G8P 提到的专业来看，培训机构在设置专业时，已经在尽力做到与市场即与工厂需求的技术相适应。无论是公办还是民办的培训机构，为了生存和发展，也自然会努力地培养工厂所需求的人才，这样才能使自己的学生比较好地就业，这也是培训学校能够保持可持续生源的主要方法。

但是，作为社会层面规训的重要途径，其技术规训的效果仍然非常有限。目前在培训机构中出现的一个现象就是：培训机构一般都承诺“包分配、包就业”，这样，培训机构承担起了部分“职业中介组织”的功能。很明显，这才是目前培训机构最能吸引农民工的地方，也成了目前培训机构的重要“生存之道”。但是，“包分配”的承诺往往直接降低了培训机构“技术培训”的主要功能。从学习技术的角度来看，机构培训的效果非常有限，缺乏实际效果，如 G19F、G8P 对技校学习技术效果的评价。这种情况与培训机构的专业课程设置脱离工厂的实际需求、相关技术严重滞后等因素有关。与此同时，“包分配、包就业”的承诺也成了部分培训机构诱骗的幌子，G8P 的情况代表了目前存在的较多的现象：培训机构与技术要求较低的企业勾结，给学员安排工资极低的工作，最后学员被迫离开已经“就业”的工厂。

工厂农民工学习技术的途径和方式，与传统社会学习技术的途径相比，不论是方式和类型，还是在效率方面都大相径庭。现在学习技术的途径已经更具有效性、针对性和规模性。无论是从农民工的角度，还是从工厂发展的需要来看，这些使工厂农民工获得技术的途径都是一种适应工业化大生产需要的形式。但不可否认的是，师徒传带学习技术的方式带有明显的传统色彩，这种方式有利于毫无技术功底的工厂农民工学习技术，但同时也显现出了低效率的特征。机构培训被认为是现代社会学习技术的重要组织形式，但现在的一些情况却是，工厂农民工从机构培训中学习到的技术非常有限，相反，培训机构发挥着一种非培训的功能。从目前工厂培训以及工厂农民工个人的学习情况来看，工厂农民工通过自身努力，再加上工厂的推动，正在获得能够适应工厂的技术。他们在获得专业技术的同时，综合素质和综合能力也在不断提高，适应工厂生产的能力也在不断增强。

五、对技术规训的抵触：规避与抗争

对于任何一名工人来说，懂得相应的工业技术是一种理所当然的事情。但是从农村走出来的农民工却并非完全如此。虽然前面的分析指出，市场、社会乃至工厂已经在很大程度上对农民工形成了技术方面的规训压力，但是，农民工对待劳动技术的取得，一方面期望掌握更好的工业技术以获得较好的工作并不断地提高工资收入，另一方面也存在一些对工业劳动技术的抵触行为，主要表现出一些规避技术要求的变通行为，同时技术工人作为较高层次的农民工群体，抗争行为相对明显。

(一) 对简单劳动的选择

获得一定的工业劳动技术并使之逐步提高，这是绝大部分农民工梦寐以求的，不仅因为工厂对工人有相应的技术要求，也为了获得更舒适的岗位或提高工作的收入。一般来说，工厂也希望自己的工人技术熟练，因此对工人的技术规训也会根据工厂生产的需要而不断提高要求。但从现实情况来看，在一些工厂中，仍有相当多的岗位并不需要太高的技术要求，仅仅要求有一定的体力即可。这些岗位也成为很多基本不掌握工业技术的农民工趋之若鹜的地方。

我们农村，烧砖的窑厂是随便进去的，工厂要人，你只要肯干活，就可以去那儿工作。我们那个窑厂还挺大的，在里面干活的有一百多人，都是私人搞的砖机。(G16P)

我以前没有做过纺织，我进厂里来厂就要。我们那里面不要面试。在里面开始的时候有个人带，半天就学会了，好学得很。我当时去是给

那个机器接线头，工厂里派人稍微指点一下就行了，容易得很，好学。(G16P)

以上体现了G16P所经历的两个工厂对工厂技术的要求，无论是第一个厂(C21六安窑厂)还是第二个厂(C22吴江市金吴纺织)，对工人的技术要求都极低，只要有一定的体力即可。而对于G16P来说，虽然已经有很多年工厂工作的经历，但目前仍然基本不掌握任何一项工业技能。因此从某种意义上讲，类似于她这种类型的农民工对简单劳动的选择，实质上是在逃避工厂对工业劳动技术的规训要求。

从中国工业发展的进程来看，从改革开放初期到现在，大量低端的工业生产恰好满足了类似G16P的农民工规避技术的需要。在世界分工的状况下，很长一段时间内，“廉价劳动力”成为中国工业劳动力特别是农民工的一个代名词。这里的“廉价”，既指劳动力成本相对于国外同等条件显得低廉，也指大量的劳动力从事的是产业链的低端，对技术要求低。这些低端产业链上的工厂，只需要一些只拥有一定体力的劳动力即能满足需求。这些工厂，为大量从农村走出来、基本没有文化、对工业劳动技术心存畏惧的农民工规避工业劳动技术规训提供了“庇护所”。

(二)“伪证书”的获取

这里的“伪证书”，主要是指那些在农民工中存在的仅有技术“证书”之名、而无技术之实的情况，当然也包括那些技术方面的“假证书”。这种“伪证书”，既存在于一些正规的教育培训机构，也存在于一些职业技术等级评定机构中。G19F提到的“藁城职业技术教育中心”，虽然是一家正规的职业教育培训机构，但其承担的更多的是“职业中介组织”的功能。培训机构承诺的“包分配、包就业”成为吸引农村没有继续教育学历的青年的重要因素，其在教育培训学生的过程中，绝大部分时间是组织学生实习和就业，也充分说明了这一点。G19F也曾这样说：“学知识的根本用不上，但有一个证书，找工作就有一定的底气。"

目前工厂对工人的技术规训，要求具有上岗资格证书或职业技术等级评定证书是一种手段。G20S是一名"八级电焊工"，他讲述了他获得电焊工八级证书的经过：

我们厂里，发工资的标准，一方面是任务的多少，另一方面就是对技术的要求。怎么评价技术呢？我们电焊工是分级的，从最低的初级到最高的八级。工厂认定的标准就是你所拿的电焊工技术等级证书。当然，我早已有了这个技术，而且工厂安排任务时也会考虑你的技术水平。考八级电焊工的证书的时候，我请教了一些过来人。他们告诉我，找一个中间人，即请负责考试的人吃顿饭就可以了。于是我花了两百多元钱，请中间人、负责考试的人在一起吃了顿饭，一瓶酒就花了一百元多。当然，八级电焊工证书拿到了。我的工资每个月也会加几百元钱。(G20S)

还有就是G8P所拿到的特种设备操作资格证书(G8P的岗位要求操作的是供全厂电焊等使用的乙炔燃气，具有相当的危险性)。

就是交几百元钱，我没有去参加技术培训课，反正也过了，拿到证书了。现在的操作方法要求，培训课上也没讲，都是师傅教的。(G8P)

很显然，G20S拿到的"八级电焊工证书"和G8P拿到的"特种设备操作资格证书"都是"伪证书"。在目前工作的技术规训要求下，他们必须拿到相应的证书。对于农民工来说，他们只有拿到证书才能获得相应的岗位或工资水平。在这种情况下，"伪证书"产生了。一方面"伪证书"的产生，虽然有时是因为一些机构操作不规范产生的，但从另一方面也可以看出，面临工厂技术规训的要求，工厂农民工实质是在采取一些措施与工厂的技术规训进行抗争，但是手段显得负面。

(三) 技术农民工的抗争

技术性的农民工是农民工中的一个特殊群体，因为他们拥有一定技术而成为在工厂中知识、收入、地位层次相对较高的群体。华正新在其硕士论文《“结构力量”与私营企业技术工人的日常抗争》①中，运用田野调查的方法，研究了农民工群体中的“技术工人”在“结构力量”的基础上与企业主的利益博弈和行动逻辑。作者指出，技术性农民工因为自我认同度较高，因此能够形成一种结构性力量，从而能够在抗争方面比非熟练农民工的力量更加强大，抗争结果更为有效，维权要求更加受到企业重视。但是技术工人内部同样存在分化，尽管技术工人拥有其他非熟练农民工所没有的资源和能力与企业主相抗衡，但参与工厂管理的技术工人的角色是多面性的。这种多面性体现在，一是抗争主要是围绕自身的利益展开，二是他们更多的是利用强关系（亲戚、朋友、同学等关系）而非弱关系来达到自己的目的。

华正新的分析，是笔者发现的对农民工群体抗争行为分析最为深入的研究。但笔者发现，技术性的农民工因为拥有一定的技术资源，因此在与工厂的抗争中也具有相对更多的方式和资本，其中运用最多的就是选择离职，也就是离开现有的工厂而另选其他。

> 我离开的原因是老板好说话，带班的人（带班人，相当于领班）不好说话。带班的也是给老板打工，你在干活的时候他没有看见，偶尔休息的时候，被他看见了，他就说你在偷懒。有一次晚上干活，让我们给他加班，于是我们加班到将近 20 点，干了那么多事情，也没有休息一下。看有一段干好了，于是几个人就休息一下，每个人点了一支烟。烟刚点着，刚刚坐下，带班的过来了，他说：“你们在偷懒，在休息！”我们是刚坐下，烟刚点

① 华正新：《“结构力量”与私营企业技术工人的日常抗争》，华东师范大学 2009 届硕士学位论文。

着，于是我们不理他。你想就是老板来了也不会这样啊！我们做了多少活儿他应该能看见。后来这个带班的把这个事讲给老板了，老板说我们了。我们说："我们不能抽烟吗？"老板说："抽烟可以抽，但不能坐在那里抽。"当然老板当着带班的也不好讲，只好这样讲了。以前我们跟着老板干活儿的时候，坐着抽烟老板也没有说过我们，一般都不讲。因为我们活儿都干好了，他来，我们是这样干，不来，我们也会这样干，都是干那么多活儿。这个活儿，我们可以干得快一点，也可以干得慢一点。一个小时的活，我们可能半个小时就干完了，我们不能休息一下吗？因此我们和那个带班的吵起来了。这也成为我离开的一个原因。(G18P)

G18P是一名拥有多年经验的木工。听他的讲述，2008年底离开了上面所说的工厂，主要原因是，自己和同事在劳动过程中休息时，被带班人看见并受到责难。作为一名木工，因为并不太担心自己的工作难找，因此也就毅然离职。第二年年初，又进入了现在的C25南京科尊制造。在与笔者的谈话中，当笔者问到如果老板不能兑现工资或提高工资会怎么办的问题时，从G8P的口中说出这样一句话："此处不留爷，自有留爷处！"而且语气中充满着自信。G8P是C6南京金陵船厂的一名电焊工，在那工作也就一年多的时间，但其已经实现了从学徒工(工资每天30元)到初级(工资每天50元)、又上一级(工资每天70元)的转变。其实，"此处不留爷，自有留爷处"的自信之感，也是笔者接触技术性农民工的一种普遍感觉。G6S最后离开工厂时已经是一名能够带领一帮"小杆子"(G6S语，意指刚上班不久的年轻人)的领班，最后离开工厂时老板已经答应给更高的工资。

本章小结

在目前以工厂政体为主要的生产体制下，对农业劳动技术和工业劳动技术的选择是以可能带来的经济收益为权衡标准的。正是传统农业生产技术的低收益状况促使农民工部分乃至完全放弃了农业生产技术，而工业劳动技术的高收益促使越来越多的农民，特别是那些从学校毕业的农民子女，理性地选择了工业劳动及其工业技术或技能。目前工业化的大背景，正是明显的农业劳动技术与工业劳动技术的效用差异，从整个社会范围内形成了一种“规训”的效果和作用，这也使大量的农民工在进入工厂前就有掌握一定工业技术的强烈愿望，主动地、积极地采取了一些学习工业技术的行动。这些行动包括：在农村区域内学习一些非农技术，参加组织机构的学习培训等。

相对来说，工厂内的技术规训更加直接和有效。这里的直接和有效，不但是指通过工厂内的培训获得的技术在本工厂内能够直接派上用场，更主要是指工厂有更多的规训手段，能够促使进入其中的农民工掌握技术，并不断地刺激其具有熟练的技术，提高技术水平。针对工厂农民工的技术规训手段，除了作为上岗的必须要求之外，职位、职称、身份提升的刺激，是目前工厂内较为普遍的使用方法。应该说，这是技术规训中能够形成长久动力的、具有正面效益的方法。但是这种方法对于工厂农民工来说效用相对有限，主要是因为工厂农民工具有明显的流动性、短暂性，而且工厂体制也在一定程度上限制了他们对职位、职称、身份上的期盼。工资、待遇、岗位的激励对于工厂农民工来说具有较为现实的作用，但也没有技术层面的直接“奖励和惩罚”更为有效。技术水平的高低或熟练程度，往往能够通过产品质量和数量反映出来，因此，对产品合格率或损失率的计算往往成为奖励或惩罚的标准。在目前大量工厂中，集体奖励或处罚，直接以“奖金或罚金”兑现，非常迅速地加以执行，很容易在工厂中形成一种“符号”效应，从而在无形中增强了技术规训的效果。

在获得工业劳动技术方面，农民工具有较高的主动性，因为技术与其工作及工资收入密切相关。因此，在面对工厂的技术规训要求方面，他们的抗争行为相对缓和，主要变现为一种规避技术的要求或获取“伪证书”以满足工厂的要求。应该说，在中国目前工业发展的阶段及世界分工的情况下，具有农民工规避技术要求的空间。但是，技术工人的抗争行为——直接与老板对话或离职——应该说更为直接和有效，因为他们具有技术资本。

第四章 劳动纪律规训：组织纪律性的形成

“没有规矩，不成方圆”，这句谚语说明了纪律存在的必要性。工厂作为组织工业生产的基本单位，劳动纪律也就成为工厂的必需组成部分。因此，对任何进入工厂的新进人员，都要不同程度地进行劳动纪律的规训，对于农民工更是如此。马克思曾经指出，工人阶级是近代大生产的产物，这决定了他们的组织性最高，纪律性最强，是最有前途的阶级。但是，工人的组织性和纪律性也不可能是天生的、与生俱来的，而是与工厂及工业生产的结构、特点、规律密切相关的。相对于劳动方式、劳动技术规训既来自社会大环境，也来自工厂内部的小环境而言，农民工劳动纪律的规训则主要来自工厂内部严密的制度规定及执行。对于农民工而言，他们进入工厂前生活在农村，进入工厂后，需要实现从松散或毫无组织纪律状态转变到受工厂纪律约束的状态；对于工厂来说，“工厂纪律一方面依然是强制工人遵守规章和尊重上级、防止盗窃和其他损失的办法，另一方面也可用于提高各种能力、速度、产量，从而增加利润”。[1] 因此，对工厂农民工进行劳动纪律的规训成为一个不可或缺的重要方面。

一、两种组织管理的形式

对于任何一个组织而言，都必定有其相应的组织结构。组织结构是组织内部各部分排列顺序、空间位置、聚散状态、联系方式以及各要素之间相互关系的一种模式。为了实现相应的组织目标，在组织管理中往往需要分成若干个小组织（小集体），进行分工协作，并规定小组织或个人相应的职务范围、责任、权利以及行动的规则，这就是劳动纪律。

（一）两个典型个案

个案1：G11P目前所在的C12石家庄裕兴泵钻是一家小型的制造工厂，是一家私营企业，企业20多人，由四名亲属负责管理，主要承接泵钻的制造加工。据说这家加工企业的存在，是因为这家工厂的老板能够通过关系承接一家需要大量泵钻的大型企业。无论是从其经营要求还是生产规模、人员规模，都属于一家简单组织的工厂。

> 这完全是一个个人老板的工厂。给这个个人老板干活的，一共就我们二十多个人。这里面有他的亲戚，他的一个弟弟、一个妹妹，还有他妈妈，这四个人负责管理。这四个人的分工是：老板管接活儿，他妹妹跑业务，他弟弟管弄活儿（负责生产），他妈妈管管刀之类的工具、图纸等。平时就是这几个人负责管理，别的就没有人了，我们工人中间就没有一个“头”之类的人了，人少，就不需要了。（G11P）

① ［法］米歇尔·福柯著，刘北成、杨远婴译：《规训与惩罚》，生活·读书·新知三联书店，2003年第2版，第236页。

个案 2：G19F 目前所在的 C28 北京 LG 器材的全称是乐金化学显示器材料(北京)有限公司，是 LG 化学信息电子材料事业本部在北京成立的生产法人。承接韩国三大集团之一 LG 集团的组织形式、管理模式与管理理念，具备完备的组织形式与完整的管理体制，属于一家典型的复杂组织的工厂。

> 我们组长上面是班长，班长上面是室长，室长上面是工程师。班长管四个组长，一个班长管近 100 人了。室长上面是工程师，因为是韩企，他们分科长和次长，科长和次长是韩国人。工程师是从大学生中出来的，是中国人。我们以前请假的流程是，先向组长请假，再依次向班长、室长、工程师请假。现在人多了，工程师他们也忙不过来，精力也不够，就直接向组长、班长请假就行了。(G19F)

我们可以从组织的多个方面来对 C12 石家庄裕兴泵钻与 C28 北京 LG 器材进行对比。从性质上来看，C12 石家庄裕兴泵钻属于一家小型私有企业，C28 北京 LG 器材属于大型外资企业 LG 公司的一个相对独立的分公司；从规模上来看，C12 石家庄裕兴泵钻是一个仅有 20 多人的小厂，C28 北京 LG 器材员工超过 300 人。从组织形式来看，在 C12 石家庄裕兴泵钻中，老板管接活儿，其妹妹跑业务，其弟弟负责生产、管理工人，其妈妈管工具等，是一个简单的家族企业形式的工厂；C28 北京 LG 器材则具有专门的人事、财务、生产、销售等部门。从管理形式来看，C12 石家庄裕兴泵钻只有一人负责管理(老板的弟弟)，直接对工人的生产进行安排，C28 北京 LG 器材具有多层级的管理系统。从组织关系上来看，C12 石家庄裕兴泵钻的工人只需要和有限的几个人即老板、老板的弟弟、老板的母亲发生简单的联系，C28 北京 LG 器材的工人需要与各层次的管理人员以及人事、财务、监督等部门发生联系。

(二) 两种形式的分类

在目前农民工进入的工厂中，存在着大量的类似 C12 石家庄裕兴泵钻的小型工厂，也就是数十人至数百人的规模。相当部分的这类小型工厂，不仅工人数量少，而且其组织管理的方式也相对简单，笔者在这里将它们称为简单组织管理的工厂。这种简单的组织管理方式主要体现在，工厂的老板（或老板家庭人员或委托人，一般是1人）直接参与工厂的组织、生产和管理。如表4-1所示。

表4-1 访谈中的简单组织管理工厂

工　厂	规　模	组　织　管　理
C1 藁城金鑫焦化	300人左右	属于有十多人的电工班，直接领导是电工班主任，而主任直接听命于厂长。
C9 太原电梯安装	60人～70人	直接受雇于老板，有8个班，每个班有8个人，设一个带班的组长。
C12 石家庄裕兴泵钻	20多人	直接受雇于老板。老板管接活儿，其妹妹跑业务，其弟弟管弄活儿（负责生产，管理工人），其母亲管工具等。
C16 吴江金翔服饰	100多人	现在是小组长，管10多名工人（其职责就是分配活儿），其后依次是主任（基本上管与工人有关的所有事情）。
C25 南京科尊制造	30人左右	厂长即老板，直接负责拉业务及人员的管理，其爱人负责日常的生产和后勤管理，车间主任对老板负责，组织工人干活。

以上几个案例基本属于简单组织管理的类型。在以上的案例中，G1P的直接领导者是直接听命于厂长的电工班主任；G9P直接受雇于老板，在业务上归组长管；G11P直接受雇于老板；G13P所在的C16吴江金翔服饰，工人有关的所有事情可以向主任反映，主任直接对老板负责；G18P直接受雇于厂长即老板。可以看出，绝大部分属于简单组织的工厂，都是规模偏小的工厂，也就是一些私有或民营的中小型企业。在这种简单的组织管理中，工厂农民工的行为基本上处于管理者的直接监视之下。当然，直接的管理者有事离开的时候，他也会指定一名代理人。

与C12石家庄裕兴泵钻在组织管理形式方面形成鲜明对比的是C28北

京LG器材，笔者将类似C28北京LG器材的工厂称为复杂组织管理的工厂，见表4-2。复杂与简单只是一个相对的概念。相对于简单的组织管理形式，复杂的组织管理形式，往往有较为复杂的组织系统，其中不仅有相应的横向组织部门，还有从上到下的多层管理部门，与此同时，组织内形成了较为完善的、健全的规章制度。

表4-2　访谈中的复杂组织管理工厂

工　厂	规　模	组　织　特　征
C6南京金陵船厂	约1万人	在液压监测组（4人，有1组长），属机修车间（设主任、副主任），以上是主管、区长、书记等。
C10石家庄冀雅电子	1 000多人	管理层级由低到高依次为：工人、小组长、班长、大班长、主管、经理、总经理，被访者现在是大班长。
C11河北翼辰实业	500多人	工人、班长、主任，董事长；人事、业务由主任管。
C13吴江松上电子	1 000多人	管理层级由低到高依次为：工人、领班（生产线20多人）、组长（管5个领班）、科长（管整个车间）、经理。
C22吴江市金吴纺织	200人～300人	管理层级由低到高依次为：工人、组长（管四五十人，安排任务）、教练（技术指导是任务之一）。
C26常熟达富电脑	数百人	管理层级由低到高依次为：工人、指导员（管40多人，技术指导），组长（管两个指导员）、主任等。
C28北京LG器材	300多人	管理层级由低到高依次为：工人、组长（管20人左右）、班长（管4或5个组长）、室长、工程师、科长、次长等。请假程序由低至高到工程师。

以上案例中的工厂，从其多层次的管理形式就可以看出，其属于复杂组织。目前存在的复杂组织管理主要存在于两种类型的工厂之中：一种是拥有大量农民工的劳动密集型的工厂，为了形成对数量众多的工人的管理，必须进行多方面、多层次的管理；另一种是具有完备管理制度的一些外资工厂，本身已经发展比较成熟，管理手段、管理方法、管理制度比较成熟。

二、组织形式与组织性形成的关联性

所谓组织性，是指作为组织中的一员，融入组织的各项活动并对组织产生认同感的状况。对于工厂农民工而言，工厂是个大组织，与其相关的还有工会组织、宗教组织以及帮会组织等。这里主要讨论工厂农民工作为工厂组织的一员的组织性。在中国，家庭联产承包责任制将农民生产、生活的单位分成了一个个家庭。随着家庭规模的缩小以及核心家庭的增多，农村的农业生产一般都是少数几个人的活动，毫无组织可言。与农村的家庭相比，工厂的组织性非常明显。无论规模大小，工厂一旦存在，它都会具有作为一个组织的特征。工厂农民工的组织性特征受到工厂的影响最大，初次进入工厂的农民工更是这样。设想一下，生活在农村的农民，其农业生产活动完全由自己支配，只要不错过种植节气，其每天是否干活、什么时间干活、干多长时间，不受到任何的约束。而作为工厂的一员之后，工厂农民工就处在一个组织系统之中，不仅其工作内容要听从安排，其吃饭、休息等也可能处于组织系统之中。在农村，农民属于仅有几个人的家庭的一员，而在工厂，农民工往往是几十人、几百人甚至成千上万人的组织中的一员。从毫无组织可言的农村环境进入组织性较强的工厂，其组织性必然会得到相应的增强。

前面根据工厂农民工所在工厂的组织状况，将其大致分为简单组织管理与复杂组织管理两种类型，这主要是基于工厂对工厂农民工的管理形式以及与工厂农民工相关的管理体制。工厂农民工在进入工厂前，在组织性方面几乎是一张“白纸”，那么，工厂的组织化程度与身在其中的农民工能够获得的组织性是相辅相成的吗？

C12 石家庄裕兴泵钻对工人的管理非常简单，管理人员只需要规定好轮流早班、晚班的人员安排，并对制造加工的泵钻类型、价格、数量记清楚就可以了。工厂基本不负责工人工作以外的任何事情。其中的工人只需要解决好吃饭睡觉的问题后，按时去工厂干活。在计件工资的形式与压力下，工厂基本不需要对工人的工作量进行硬性安排，而工人自然也会加班加点以制造出更多的产品来增加自己的收入。与C12石家庄裕兴泵钻形成鲜明对比的是，C28北京LG器材在招收新的员工后，都会经过长时间的培训，从技术上培养合格的员工。在工人上岗后，工人的生活、兴趣、爱好以及休闲娱乐，由公司专门的部门来组织相关的活动，员工在其中具有一定程度的组织归属感。

> （在C28北京LG器材中）我们刚从学校里出来，谁也吃不了这个苦，还想家，也不好好学，组长们是一样过来的，也都知道这事儿。先安慰安慰你，教你怎么学。就跟在学校学习一样，跟班主任似的，班主任到时候先给一个下马威，让你知道厉害了，相处久了，就跟朋友似的了，天天开玩笑。我们和他们岁数也就相差两三岁。天天跟朋友似的，随便玩。公司还搞了运动会，组织旅游、摄影。就是公司有这个部门给你找地点，去的话到时候就报名。有游泳协会，旅游的，摄影的，登山的。反正有专门管这个的，应该是人事部门吧。（G19F）

从组织性的多方面来将C12石家庄裕兴泵钻与C28北京LG器材进行对比，也能看出它们组织性的明显差别：分别属于弱组织性与强组织性的组织。从招聘人员的程序来看，G11P是经过亲戚介绍进入的C12石家庄裕兴泵钻，过程中并没有严格的面试；G19F是通过所在的技校介绍，经过C28北京LG器材人事部门的严格的差额面试进去的。从工资待遇的构成来看，C12石家庄裕兴泵钻实行的计件工资，属于典型的“多劳多得”，除了“包住”外，再没有其他的待遇；C28北京LG器材对员工工资具有统一的规定，转正前后的工资具有差别，员工的工资构成分为底薪、特殊补贴、加班费、奖金等，同时公司统一扣除“五险”。从工人的作息安排来看，C12石家庄裕兴泵钻对工人的作息时间要求就是早晚班轮流倒，在计件工资的压力下，没有严格的迟到、早退的规定，相反促成了工人自愿（实际上是一种经济压力和刺激）加班，这种加班是不存在加班费的，工人没有专门的周末及休假，上班成为每天的事情，休假就需要请假；C28 北京 LG 器材有严格的上下班、加班作息时间，加班按照法律规定给予加班费，按照国家法律规定有周末、节假日。从工人的日常活动来看，C12 石家庄裕兴泵钻中的工人上班以外的时间及活动与工厂没有关系，工厂只负责管理生产，而工人与工厂的关系就是在工厂干活、拿钱；C28 北京 LG 器材对工人工作时间以外的休闲、娱乐业进行有效的组织，以帮助工人减轻工作的压力与枯燥，工人能从中得到工作以外的关心。

在简单组织管理的其他案例中，G1P 的直接领导者直接听命于厂长的电工班主任；G9P 直接受雇于老板，在业务上归组长管；G11P 直接受雇于老板；G13P 所在的 C16 吴江金翔服饰，工人有关的所有事情都可以向主任反映，主任直接对老板负责；G18P 直接受雇于厂长即老板。可以看出，绝大部分属于简单组织的工厂，都是规模偏小的工厂，也就是一些私有或民营的中小型企业。在这种简单的组织管理中，工厂农民工的行为基本上处于管理者的直接监视之下。当然，直接的管理者有事离开的时候，他也会指定一名代理人。在这种情况下，进入工厂的农民工直接听从老板或代理人的安排，直接对老板负责。在这里，老板的指令能够得到最直接、最迅速的传递，从而达到非常高的生产效率。从劳动纪律的角度来看，老板或老板的委派人起到直接的监督作用，从而能够将监督贯穿于工作的全过程之中。慑于可能被老板直接发现而产生的后果（包括扣钱甚至被解聘），在这种简单的组织管理中，劳动规律规训能起到比较好的直接效果。

在复杂组织管理中，一般形成了多层级的组织体系，对不同层次职位的职责都有明确的规定，并对下一层级岗位的组织纪律进行直接管理。从规章制度方面来看，一般都有比较完备的规章制度。笔者拿到了其中一家工厂的员工手册，其中对公司的经营理念、人事政策、考勤制度、薪资及福利、安全卫生、保密规定、行为规范等均进行了详尽的规定。以组织中的考勤制度为例，在简单的组织管理中，关于工人上下班时间的规定并不是特别的严格，早退或晚到几分钟甚至十几分钟没有严格的规定和追究，请假事宜只需要老板或委派人许可就行，请假时间的长短完全根据老板的意愿（当然老板一般会考虑是否会对生产产生影响）。这与复杂的组织管理形成鲜明的对比。

可以看出，在简单的组织管理之中，工厂的弱组织性就体现在工厂农民工主要与工厂的所有者（老板）或委派者发生的各种组织关系，其中只有技术业务关系可能需要工厂农民工与另外专门的人员发生联系。而工厂农民工的弱组织性就体现在，工厂农民工的组织活动仅限于生产活动。工厂农民工每天进入工厂就是按照老板或老板的委派人的安排干活儿，干完自己的工作任务也就结束了在工厂的活动。弱组织性的后果就是，工厂组织对工厂农民工的影响力非常弱，工厂农民工表现出无组织归属感，与工厂仅有“我给你干活儿，你给我钱”的关系。

一般来说，规模较大的工厂均有较为复杂的组织系统，因为人数众多时，必须有较为系统的管理来维持基本的秩序。当然，如果具有较强的组织观念和科学的组织管理形式，即使是较小规模的工厂，也可以成为复杂组织。[①] 在这样的复杂组织中，工厂农民工由于受到多重组织系统的强有力管理，其组织性必然增强，并表现出强组织性的特征。这种强组织性主要表现在：在组织关系方面，工厂农民工需要与多个部门发生关系，如人事部门、财务部门、技术部门等；在组织程序方面，工厂农民工的行为受多层上级部门的管理，最直接的体现是在“请假”的程序方面，在复杂的工厂组织中，行为的审批由上级部门来执行；在工资待遇方面，并非完全由“老板”的意志决定，有制度化的工资待遇标准；在职务的变动方面，作为工厂的一员，工厂农民工具有从下向上提升的空间与可能。

由此我们可以看出，工厂农民工所在工厂的组织状况以及他们的组织

① 这里对工厂组织进行“简单”与“复杂”的划分，主要是基于组织形式与管理层级，不考虑组织可能产生的官僚性。

性状况，形成了两种基本的对应关系，即简单组织管理的工厂，形成了具有弱组织性的工厂农民工，复杂组织管理的工厂，形成了具有强组织性的工厂农民工。但仍然有特例，比如表4-3所列的三个个案的情况。

表4-3　复杂组织—弱组织性的案例

	工　厂	规　模	组　织　特　征
G4P	C2 日照钢铁	1.2万人	所在岗仅数人，受班长及其他工厂人员的监管。
G8P	C6 南京金陵船厂	1万人左右	直接受雇于承包老板（手下有数十人），由领班安排活，领班直接对老板负责（G8P属于外用工）。
G5P	C5 上海三菱光纤安装	不详	由小主管招聘进来，一切业务活动由小主管安排。

前面的分析已经指出，大型的工厂企业一般都属于复杂组织，对于一些超大型的工厂企业更是如此。G4P所在的C2日照钢铁（日照钢铁有限公司）是一家集制氧、烧结、炼铁、炼钢、轧钢为一体的大型钢铁联合企业。G8P外用工所在的金陵船厂是中国长江航运集团所属大型造船骨干企业，国家大型工业企业。G5P所在的C5上海三菱光纤安装属于大型外资企业三菱公司的一个子公司。正是在这样的大型企业中，聚集着大规模的工厂农民工，仅以南京金陵船厂为例，在1万名左右的员工中，农民工达7 000人左右，占总员工人数的80%。这些大型的工厂企业对农民工的使用形式，大多是这样的：将工厂一线的工作任务划分为若干个子任务，然后将这些子任务分包给相对独立的公司（一般规模都很小，十几人或几十人）或承包人；总厂只负责指定承包子任务的公司或承包人并确定子任务的承包费用；子公司或承包人对于总厂相对独立，其人员的聘用、工资的确定与总厂没有关系，但也遵守总厂的一些纪律。很显然，这是大型企业为了自身便于管理的一种组织形式，当然其中也滋生了总厂部分人员的"腐败"与子公司或承包人的"盘剥"行为。

(在C6南京金陵船厂)我们老板是不干活的,他只是来看看。假如你是老板,你肯定也不干活,是吧?老板下面有班长,这个人平时(的任务)就是看图纸,把活儿给分配好了就行了。还有就是把材料分配好。这个班长的工资肯定比我们高了,他做的事情比较多一点,他要多费一点脑筋,操一些心。(G8P,外用工)

(在C6南京金陵船厂)在金陵船厂最苦的就是外用工,他们有老板,老板上面有领导,不是造船吗,分段,一个分段派给你老板了,然后你老板把它干好,这个分段从厂里派下来,是多少钱一吨发钱,然后老板拿着这些钱再发工资。(G7S)

在这种组织形式下,作为复杂组织的大型企业中的工厂农民工主要是与子公司或承包人有关系,从而形成了一种"复杂组织—弱组织性"的情况。

分工与协作是工业劳动的一个重要特征,由于机器大工业的特性决定了工厂的工人必须进行具体而微的分工并在此基础上进行必要的协作。机器的发展、社会化以及专业化的推进更是需要进行分工与合作。工厂农民工作为处于一线的操作工人,他们目前大多处在层层分工之后的顶端,就如同不断生长,拥有重重分枝的茂密大树的树枝末梢,分工的特征在他们身上得到充分的体现。但协作却成为工厂老板或管理者的任务,绝大部分工厂农民工只需要埋头于自己的岗位并完成指定的任务或者不断完成自己的计件产品,不需要过多地考虑与他人的协作,而只要注意与"机器"良好的协作即可。这是不是工厂农民工难于形成马克思所说的"组织性"的原因呢?有组织的劳动,是相对于传统农业劳动而言的。工业生产需要有大规模的工人,也需要生产成批量的产品,当这些聚集到一个空间之后,就需要形成劳动过程的时间组织和空间组织。这种时间组织和空间组织是从工业劳动的特性而言的,对于工厂农民工来说处于完全被动的、被支配的角色。相反,工厂老板或管理者在最大化地发挥机器效用的同时,也在最大限度地利用工厂的组织性加强工厂农民工的劳动强度。

三、控制与奖惩：纪律性的形成与认同

在笔者的所有访谈中，几乎都反映了工厂农民工强纪律性的一面。具体表现为：严格遵守工厂的作息时间（不迟到、不早退），严格遵守工厂的各项规章制度，在日常的行为中谨言慎行，尽量不越雷池。

（在C13吴江松上电子中）如果出现了“大过对违纪处罚的一种”的话，就是在厂里闹事，或者说是在不让吸烟的地方吸烟，让主管逮住了，就要记大过一次。这种情况基本上没有的。普通员工，如果违反了厂纪厂规，或你在厂里面影响不好，就会被开除。一般就是在厂里面打架闹事之类的，在我上班期间出现过这种情况，打架出现过一两次，比如在厂里面吸烟，被保安抓住了，然后开除了。但是这（种情况）是很少的。（G12F）

（在C11河北翼辰实业中）第一年的时候没有什么特别的要求，在分班组之后开始有上班时间之类的要求，比如迟到一次罚五元钱。像我没有被罚过，都能准时到，没有迟到过。叫歇的时候请假就行了。（G11P）

（在C22吴江市金吴纺织中）我没有迟到过，一般都去得早，八点上班，一般都是七点半、七点四十就去了。一般都是这样的。去打扫打扫卫生，我上班，她下班，我来帮忙打扫，她说她上班了帮忙我打扫。（去早了）就是打扫打扫卫生。（G16P）

上面三个被访者对自己或工厂员工遵守纪律的讲述，在一定程度上反映了他们的强纪律性。目前，绝大部分的工厂企业特别是私营企业主都有一种共识，那就是农民工能吃苦，比较有纪律性，服从安排，便于管理。一些

学者也提出了“农民工这一群体已经开始成为一个有组织、有纪律的先进阶级”①的观点。这也印证了工厂农民工的强纪律性。那么，工厂农民工的这种强纪律性是怎么形成的呢？

(一) 控制方式：专制型与制度型

布洛维将历史上出现过的工厂政体做了类型学的划分，他不仅区分了资本主义的市场专制体制、霸权体制和霸权专制体制，还将工厂政体的概念扩展到对国家社会主义和殖民主义的分析中，提出了“官僚专制体制”“官僚霸权体制”和“殖民专制体制”等理想类型。李静君对于生产政治理论的超越主要表现在其构筑“工厂政体”时的性别与文化视角。在对深圳与香港两地工厂“生产政治”的研究中，李静君进一步细化了布洛维提出的“专制”与“控制”这样两种“工厂政体”，提出了“老乡专制”与“家庭控制”两种崭新的“生产政治”模式。

农民工从乡村地带的家乡中流动出来，分流到各个不同的工厂政体并受到锤炼以后，他们也就依照这些工厂政体本身的特点而被锻造成不同的工人阶级片段。沈原指出，中国的劳动过程不仅仅是工厂专制主义，还有霸权主义的一面，也就是说，在国内存在“专制”形态和“霸权”形态的工厂政体。早在 20 世纪 90 年代后半期，沈原就分析了改革时期的新工厂政体，当时作者认为，在部分国企里，新传统主义已经成历史，一个称为失序专制主义的工厂政体出现了。这里的专制型工厂政体，指的是在改革政策失去整合的情况下，国家的权威由厂长和管理层总揽，而出现专制管理。现在，众多出口加工区内的工厂即是一种专制的工厂政体，在那里，存在着资本主义“返祖现象”——“血汗工厂”，单靠自动化的生产线实现对劳工最大限度地压榨。在一些难以实现对劳动过程的精密控制的行业，如建筑业，往往是一种“霸权”工厂政体。在建筑工地上运作的“霸权”统治，并非如布洛维笔下

① 程继山：《论农民工是当代中国工人阶级的一部分》，《湖北行政学院学报》2008 年第 6 期。

的“赶工游戏”那样，依靠的不是制度，而是靠农民工身上所具有的各种先赋性关系，这种特殊类型的霸权称为“关系霸权”①。

前面提到的两种组织管理的类型：第一类，简单组织管理的工厂，工厂或子工厂由老板全面负责（招聘、解雇员工，确定工资，安排工厂业务乃至生产等），一般委托一人直接管理工作或生产，体现了专制的控制方式；第二类，复杂组织管理的工厂，依靠规范的管理制度对工厂进行全面的管理，体现的是制度化的控制方式。

专制型与制度型控制方式的一个显著区别就是工厂组织的规模与结构。专制型控制的工厂往往是小型组织，结构相对简单，而且很多具有“家族管理”的特征，而制度性工厂往往是一个大型组织，结构相对复杂，是一些系统的、分工明细的组织。对于工厂来说，都需要通过一定的手段使工人能够较好地遵守工厂的纪律。对比专制型和制度型的工厂可以发现，专制型工厂主要依靠老板的“权威”来使工厂农民工具有良好的纪律性，从某种意义上来说，“老板”的话就是纪律，而制度性工厂则主要依靠一系列的制度来维护工厂的纪律。

制度型控制的工厂或企业一般有严密的组织结构，有明确的奖惩机制。为了保持工厂能够正常运作，对于一个人数众多的公司来说，一般都有详细的制度来对员工的日常行为和工作标准加以统一规范。在目前工厂农民工比较集中的一些工厂中，这种制度化的管理比较普遍，并在此基础上形成了一个比较有组织的工厂形态。从表 4－2 复杂组织管理的特征中可以看出，为了达到有效控制的目的，一般有以下几个方面的措施：

一是对员工的职责和任务进行比较严格的分工。在 C28 北京 LG 器材中，工人的分工比较明确，G19F 的工作就是“检测板子”，具体来说就是：“咱家里扎（做）衣服是一样的，流水线儿。一个位置接一个位置，到时候就是给

① 在中国，建筑业工厂体制的基本要素和布洛维讲的过程有区别，布洛维讲的都是制度，比如内部劳动力市场制度、工业公民制度、内部国家制度，而中国的劳动力市场跟美国不一样，中国的工人不是单个地去找工作，而是靠关系找工作，是靠工头带一批工人去工作，由包工头带着工人进入工作。

你发一样的东西，让你看，分出不良的板子来。”(G19F 语)在 C22 吴江市金吴纺织中，G16P、G17P 的工作也相当单纯，就是“接线头”。也就是说，G19F、G16P、G17P 的工作仅仅是流水线上的一环，是经过严格分工之后形成的。在细化的分工之后，很容易形成生产的流水线，组装流水线最需要的就是守纪律的产业工人。产品在流水线上生产，需要对生产过程进行有效控制，因此对工人的纪律性有特别的要求。例如，富士康就是通过对流水线的严密规划，实现对他们的纪律规训：工厂被严格地限定在生产位置上，不允许走动，工作期间工人之间也不允许交流。① 这虽然是一种纪律规定，其实就是流水线生产的体现，违反纪律，可能对流水线的生产产生影响。

二是工厂的制度比较健全，一般包括作息制度、工作行为制度以及奖惩制度等。比如，按照 G19F 所述，C28 北京 LG 器材中的制度就包括合同制度、培训制度、日常行为制度、工资制度、岗位责任制度、请假制度、作息制度等，也就是说，作为一名员工在工厂中方方面面的行为都有制度的约束。不仅如此，工厂在进行培训的时候，要求新进员工牢记这些制度。

三是实行层级化的管理。层级化的管理，一是从下至上形成负责制，二是从上至下形成管理。比如在 C28 北京 LG 器材中，G19F 有所接触的层级包括组长、班长、室长、室长、工程师。C10 石家庄冀雅电子的科层体制非常清晰，包括小组长、班长、大班长、主管、经理、副总经理、总经理。也正是这种层级式的管理方式，促进了工人、管理方、所有者之间新型关系的形成。

在这两种类型的工厂中，绝大部分工厂农民工都表现出了很强的纪律性，比如在工厂的作息时间方面，大多采取“宁愿早到也不迟到”的做法。不仅如此，大多数工厂农民工在纪律方面更是力求小心谨慎，不违反任何纪律，以致出现在老板或领导面前“唯唯诺诺”的(特别是在专制型工厂中)情况。这种“超纪律性”的情况，一方面可能是因为他们来自农村与农业，在工厂胆小怕事，生怕违反工厂的纪律或得罪老板；另一方面可能是因为对他们

---

① 参阅“两岸三地”高校富士康调研组：《富士康调研总报告》之系列二：《富士康生产体制——规训与惩罚的劳动集中营》，网易科技报道，2010-10-09。

来说，寻找合适的工作并非易事，担心违反纪律或得罪老板而失去工作。在这里暂时不能说明：专制型工厂或制度型工厂中农民工对纪律的遵守是处在被动“遵从”还是处在主动“认同”的层次。但无论是在专制型工厂中，还是在制度型工厂中，都存在工厂农民工因某种原因违反纪律或者说钻纪律空子的行为。如G4P在专制型工厂C2日照钢铁(使用农民工的部门)时，虽查岗很严，但因感觉岗位枯燥难熬而违反纪律玩手机；G10S在制度型工厂C10石家庄冀雅电子中，也往往利用自己的职务之便在上班时间离开工厂去办自己的私事。

(二) 强力刺激：严厉的处罚与有限的奖励

纪律是通过连续不断的奖惩，在人的头脑中刻下痕迹而被遵守的。一般来说，一切规训系统的核心都有一个小型的惩罚机制，纪律确立了一种“内部处罚”，它规定和压制着那些不符合相应标准或造成生产不能顺利进行的许多行为。纪律一般都会“通过对被惩罚者不断地施加经常的强制，造成一种必须整齐划一的压力，使他们学会服从、驯顺，正确地履行职责和遵守各种纪律”。[①] 作为公司的规章制度，在员工违反纪律的时候就要进行相应的处罚，这是维护公司规章制度的有效性、权威性的重要方面。但G4P在C2日照钢铁时“违纪一次罚款50元”，而工厂工人当时每天的工资也就是80元。显然，这种高额“罚款”的形式，对于这些工资不算太高的工厂农民工来说，是非常具有威慑作用的，这也成为促进工厂农民工“强纪律性”形成的主要原因之一。

《富士康调研总报告》中就专门提到了富士康“整套森严的纪律”。富士康对工人的改造主要是通过强制方式实现的：通过严格的车间纪律、门禁制度、安保制度和军事化管理。在《富士康科技集团员工手册》(以下简称《员工手册》)里，仅仅惩处的规定就有127条之多，惩处的方式包括警告、记过、

① 张艳、张帅：《福柯眼中的圆形监狱——对〈规训与惩罚〉中全景敞视主义的解读》，《河北法学》2004年第11期。

开除等。工人反映了如下被惩罚的经历：上厕所超过 10 分钟会被口头警告；工作时聊天会被书面警告；消极怠工和罢工将会被开除……惩罚的内容除了形式上的，还包括扣绩效奖、一段时间内不允许晋升，甚至是《员工手册》允许之外的责骂、罚站、罚抄郭台铭语录、当众做检讨等方式。进入杭州富士康工厂打工的大学生记录了工友被罚的情况："我的一名工友负责给手机锁螺丝。有一次他漏锁了螺丝，被品管抓到……线长知道后，上来说了两句，然后这名工友被罚抄总裁语录 300 遍。"统计数据显示，38.1%的工人表示曾有过被管理人员或保安限制自由的经历；54.6%的工人在不同程度上对工厂制度和管理感到愤怒；16.4%的工人表示曾有过被管理人员和保安体罚的经历。

也就是说，任何违反生产纪律的行为都会受到严厉的惩罚。G4P 的一段话也显示出了同样严厉处罚的效果。

> （在 C2 日照钢铁）（违反纪律的情况）让人碰着了会罚 50（元），逮着看书、玩手机、打盹，都属于"机风"不正，就罚 50 元。……就是班长，还有其他职务的人，反正里面查岗的人很多，反正是一直有人，说不准是什么时候去的。（G4P）

在这里，工厂对工人的纪律控制，采取的是严格的监视和严厉的处罚。这种严格的监视和严厉的处罚，体现了一种高压的控制措施，也就是让相应的对象始终保持一种高度警觉的状态，因为他随时面临着被抽查并可能被高额处罚的状态。在很多人将"农民工"定位为"自由、散漫"的群体之后，很多拥有农民工的工厂便将严厉的管理措施作为其维护公司纪律的重要"法宝"。在笔者的访谈中，较多的公司采取了严格的监督措施和严厉的处罚措施以维护公司的纪律。

但是，并不是所有的工厂都采取严厉处罚的措施。我们来看 C13 吴江松上电子的情况：

(C13 吴江松上电子)在厂子里的惩罚性措施是,如果我们生产线上出现重大不良,影响到下一个产品的生产的时候,不过没有流入仓库,没有流到客户那里,一般都是口头批评,然后让他写个检讨……要是流出去了,就要警告一次,扣 20 元钱,也算是罚款,也就是给我们开个单子,从工资中扣。这是我们领班开,然后一层一层都要批的,一直批准到主管。……另外还有一个奖励,就是评比奖,就是一个车间,有十几条线,通过评出哪一条线做得最好,然后就有奖励。奖励的话,比如说,奖励有嘉奖,20 元;小功、大功,小功 50 元,大功 100 元。它跟惩罚是一样的,一般的处罚是 20 元,小过 50 元,大过 100 元。这种 100 元的惩罚几乎是没有的。除非一般大过的话,就是在厂里闹事啊,或者说是在不让吸烟的地方吸烟,让主管他们逮住了,就要记大过一次。(G12F)

在访谈涉及的工厂中,与 C13 吴江松上电子的情况相类似的还有 G19F 所在的 C28 北京 LG 器材、G14F 所在的 C17 吴江依工化工等。从 G12F 的话可以看出,这些工厂最大的特点是具有规范的关于遵守和违反纪律进行奖惩的详尽的规章制度。其规章制度有两个特点:一是处罚是分层次的,根据违反纪律从轻到重的程度,从提醒、点名批评到罚款;二是同时具有处罚和奖励,也就是遵守纪律能得到相应的奖励,而违反纪律要受到相应的处罚。分层次的处罚措施,不仅达到了纪律效果,又使违反纪律者认识到了问题所在,因此其良好效果是明显的,而且不容易造成员工的抵触情绪。对于非常具有规范性的公司而言,一般是奖励和惩罚并重的,只有这样才能有效地发挥相应规章制度的作用,并最大限度地维护公司的组织性和纪律性,同时最充分地激发工厂农民工的积极性。

很显然,在严厉的处罚与有限的奖励刺激下,最容易达到对工人在纪律方面的"威慑作用",从而使工人在行为上严格地遵守纪律。但是,行动上遵守纪律行为并不意味着工人能够形成对纪律的认同。严厉的管理措施毫无疑问能强制性使工人严格遵守纪律,但往往容易形成一种压制。在这种情况下，工厂农民工对纪律的遵守往往是一种外在行为的被迫执行，并不能转化为真正的内在纪律。作为员工，在这种情况下往往会最大限度地利用纪律的漏洞违反纪律，如G4P在C2日照钢铁的严管措施下，仍然有不断违反岗位纪律的行为，同时促成了“套关系”行为的产生，更是一种促成管理人员违反纪律的行为。

（三）对纪律的反应：遵从与低度的认同

显然，以奖惩作为强力刺激的纪律规训，达到了较好的实际效果。但这并不是最佳效果，最佳效果应该是对工厂纪律的深度认同。目前部分工厂农民工已经对工厂纪律显现出一定程度的认同。

> （在C6南京金陵船厂）每一个老板都有要求，无规矩不成方圆。每一个老板都有自己的管理模式。比如说上班时间的规定，上班不能迟到，下班不能早早就走了。上班的时候，在这个地方的工作量，这个电焊工你能烧完，但你在那里玩不烧，把这活儿给推（迟）了，落在那里了，你不干，如果让带班的人看见了，肯定要说你。他肯定要找你的麻烦。人家老板给你发工资了，你不可能坐在那里歇着。这是一个规定。（G8P）
>
> （C16吴江金翔服饰）平时不是太忙的时候，还好请假；但要没什么大的事情也不好请假，如果说因为太累而请假，就不好意思说。如果有什么事情的话，也可以说的。（G13P）

对于上面两位工厂农民工来说，对于纪律的认同来源于一种质朴的理解，认为“你拿了我的钱，必须安安稳稳地给我干活”是理所当然的。在这种对纪律的理解和认识下，工厂农民工认为，即使自己的某些权益会受到损害或需要自己付出较大的代价，也必须严格遵守老板的各种要求（也就是纪律）。很显然，这部分工厂农民工质朴的理解体现了他们身上仍然带有的淳朴农民的传统品质。

另一种对纪律的认同，主要是对劳动安全纪律的认同，因为大家清楚地认识到，这与自身的安全密切相关。但是在遵守方面，仍然容易出现“控制不住”自身行为的情况。根据G20S的讲述，在C6南京金陵船厂就出现过两名电焊工人违纪进入建造中的船舱抽烟被闷死的惨剧①。工厂农民工对纪律的遵从，很大程度上是因为工厂纪律的无处不在和无时不在，使得工厂农民工们发现自己陷入一个严密的监视体系和动辄得咎的惩罚罗网。就目前的现代化工厂特别是人员规模较大的工厂而言，已经基本拥有“弥漫”工厂的每一个角落的纪律，其相应的规章制度几乎是无处不在，也无时不在的。最典型的就是拥有上万名农民工的“富士康”，从工厂到宿舍，差不多二十四小时对身在其中的员工都有相应的纪律规定。就业的压力也是工厂农民工对工厂纪律严格遵从的重要因素。即使现在也出现了“民工荒”这种貌似农村劳动力供大于求局面的转变，但在仍然存在大量农村剩余劳动力的情况下，对于绝大多数已经正在就业的工厂农民工来说，丢掉眼前觉得基本满意的工作即意味着自己需要付出较大的代价，而且在技能相对有限的情况下，找到一份自己能够基本满意的工作并非易事。

四、对劳动纪律的抗争：违反纪律与组织依靠

劳动纪律实际上就是工厂制订的工人必须遵守的一系列行动准则。因为工厂的劳动纪律往往是工厂制订的，其在制订的过程中当然会以最大限度地提高工厂的效益为目的，因此工厂也希望制订的劳动纪律能够最大限度地控制工人。在劳动纪律由工厂制订并最大化考虑工厂利益的情况下，

---

① 基于安全考虑，工厂规定工人严禁在建造中的船舱内吸烟，特别是工作时间。这两名工人在上班时间偷偷溜入一个建造中的船舱，躲在里面抽烟。到下班时间，其他人员将封闭船舱的门关上。因为船舱完全封闭而且隔音，最终在里面抽烟的两名工人被闷死在船舱中。

工人的利益必然会受到一定程度的损害，因此，工人在纪律方面的抗争行为就不可避免。

（一）违反纪律与抗争行为的体现

我们先看一起因被访者严重违反纪律造成较大事故的案例：

> G7S在C6南京金陵船厂因失职而造成事故[①]：G7S所在岗位的另一个重要职责就是负责开关全厂工业供水的水泵。水泵需要在早上6点开，晚上10点关，中间进行一定次数的巡查，因为无限制的上水，可能使蓄水箱漫溢。该水泵及蓄水箱放在靠岸的一条小船上，有一名值班工人（其职责并非监看水泵）夜间在小船上住宿。由于G7S在前一天晚10点以前去网吧上网，忘了关掉应在晚10点关掉的水泵，水泵工作一夜，到第二天凌晨5点左右，蓄水池的水溢出到船舱，致使小船超重侧翻，船中住宿的值班工人险些被船压入水中。在工厂得到事故报告后，因为G7S手机关机，工厂无法与他取得联系，一直到第二天上午10点多才联系上G7S。最初工厂决定开除G7S，在G7S的父亲多次找船厂领导疏通的情况下，最后的处理结果是，G7S写检查一份，留职查看。

一般来说，违反纪律的原因有两个：一是个人本身纪律意识薄弱；二是工厂的纪律太严并近乎苛刻。对于上面案例中的G7S，其纪律观念薄弱、纪律涣散是客观存在的。正如他自己所讲，他经常利用上班难以被监督的“空子”去网吧玩游戏。发生事故的那一天，也是因为在网吧玩游戏，忘了晚上10点关阀门的工作，而且在手机没电的情况下也毫不知晓，最终使事故发生

① 笔者与G7S的谈话持续了几天的时间，每天只能进行一小段时间。该事故就发生在与他谈话的这几天中，但G7S大概是碍于面子，当时并没有给笔者谈起这件事。后来，工厂要求G7S写一份检查书，G7S找到笔者帮助他写，因此笔者能够从中了解到事情的详细经过。

后，长时间难以找到他本人。这种情况也充分说明G7S存在严重的纪律涣散的行为。其实，纪律观念淡薄、纪律涣散在工厂农民工的日常工作行为中还是经常出现的。比如按照G20S的讲述，在C6南京金陵船厂上班的同事们，经常会因为晚上玩游戏、打牌或其他事情（比如下雨或天气太冷等），在早晨临时决定"今天不去上班了"，在这些农民工看来，不去上班也只不过是不能拿到今天的工资。其实，"个别的人不去上班，会直接影响领班的工作安排，有些工作类似流水线（作业）的，前面的工作会影响后面工作（的进展）。他们不去，老板其实很着急，但是也没有办法：如果辞掉他，再找一个成本会更大。如果情节不是特别严重，老板一般不会辞掉他"（G20S语）。这也从另一个侧面说明部分工厂农民工纪律涣散的行为。

撇开第一个因素，我们可以认为，违反纪律是对纪律进行的最直接的抗争行为。我们来看看G7S所在岗位的部分纪律规定：采取轮班制，节假日除外，没有任何的休息时间；G7S的一项主要工作是在全厂巡查燃气乙炔罐的运行状态，因此要求他接到电话，必须十分钟内赶到。针对自己的休息权利得不到保障的纪律规定以及自己巡查工作难以被监督的空子，G7S工作中有很多的时间是在附近的网吧中玩游戏。发生在G7S身上的因违反纪律而造成事故的行为，也是与相关的纪律规定过于严厉并近乎苛刻有关。G4P的工作岗位由于非常枯燥单调，而且对与其岗位相关的纪律规定也显现出了近乎苛刻的特征，因此他也会频频违反纪律。

一般来说，工厂总会根据生产和管理的需要来制订相应的纪律规定，并且会以最大限度地提高效率（也是为了最大限度地获得剩余劳动价值）为最终目的，因此也就会倾向于通过严格的纪律规定来约束工人的行为。正是因为工厂的纪律规定主要是基于工厂利益考虑，因此工人针对劳动纪律的抗争行为也就会持续不断。下面有两个被访谈个案违反纪律的案例，在一定程度上也反映了工厂农民工对劳动纪律的抗争行为。

（在C2日照钢铁）一晚上12个小时，你困吧，还不能睡，困了不能睡，也不能玩手机，什么都不能干。我困了就来回走一下，最多5米之内，超过5米让人逮着就是违规。可恼的是，喝口水还需要一路小跑。(G4P)

但是在现有的制度框架下，这种抗争行为往往会导致严厉的处罚。如果将G7S的违反纪律看成是一种抗争行为的话，这种行为也相应地给他带来了严厉的处罚——开除。当然，最终的处理结果是“写检查一份，留职查看”。这里又可以看出工厂农民工的另一种针对纪律规定的抗争行为——“拉关系”。G7S的父亲凭借多年来和船厂领导建立的关系，最终使G7S能够保住现有的工作。这虽然是违纪之后的一种善后处理方法，但也可以看出，工厂农民工在没有别的有效的抗争手段的情况下，“拉关系”的手段是有效的。

下面是G4P对自己工作的讲述，也反映了利用“拉关系”的手段对纪律的抗争行为。

上班不让玩(手机)，就偷着玩呗。又没人看着你。大半夜里也有人来查，但是看你怎么和人搞关系，如果和检查的人搞好关系的话，就不会有什么问题。(G4P)

因此我们可以作出这样的判断，虽然工厂农民工也存在一定的纪律涣散的情况，但他们的抗争行为，也是与工厂严厉并近乎苛刻的纪律规定密切相关的。在日常工作中，还存在“钻空子”或“拉关系”式的对抗行为。

(二) 抗争意识与组织功能的体现

我们再来看一个被访者擅离工作岗位后在学校出面下得以解决的案例：

在C26常熟达富电脑干了两个星期吧，就调到另外部门了。因为我嫌电子厂天天安装锡，那个锡使我那几天皮肤长痘，后来我就调到二楼了。（调动的事情）除非你是把这边辞了，才会调你到另外一个部门，一个部门不归另外一个部门管，一个部门有一个部门的主管。后来我去另外一个部门干了两个月。我干维修的时候，旷了几天工，就是干到要歇的地步就不愿意上班了。不上班公司不同意，后来又去找了公司负责人希望安排别的岗位，找的是二楼的车间。我实在是待不了了，讲的就是不愿在这儿上班，干不了了要回家，因为想家。后来（老师）说不能回家，老师认识负责人，后来又把我们调到二楼了。（G19F）

G19F因为觉得开始的那个岗位造成了自己的皮肤过敏，在几次反映问题并申请换岗未果的情况下，自己擅自离岗几天（在厂外玩、逛），此情况被厂里相关负责人反映到了被访者带队的老师那里。后来在老师与工厂相关部门负责人的多次斡旋下，G19F被调到另外一个岗位并被要求严格遵守工厂纪律。

很显然，G19F擅自离开工作岗位，并且有几天的时间属于旷工行为（未经请假程序就不到岗），是一种严重违反纪律的行为。但从另一个角度来看，其擅离岗位是因为她所在的岗位存在劳动安全的问题——容易造成皮肤过敏。G19F在多次反映问题并申请换岗未果的情况下才发生擅自离岗的行为，与G19F“年少不知事”或“初生牛犊不怕虎”的情况有关（G19F刚刚参加工作，而且属于实习期，年龄偏小）。从一般情况来看，任何一名有一定工作经验的工人都知道，擅离岗位并旷工属于比较严重的违反纪律的行为，其后果往往是工资被扣或被开除。

但是，发生在G19F身上的行为也可以看作是工厂农民工抗争意识的体现。整个事件是在“相应的岗位存在劳动安全的问题，而且多次反映问题并申请换岗未果”的情况下发生的。也就是说，G19F已经按照正常的组织程序反映了问题，但是工厂或相应的负责人并没有很好地回应工人反映的问题，最终导致了 G19F“严重违反纪律”事件的发生。从另一个角度也能看出，G19F 擅离岗位并旷工是有意为之，她希望通过这种相对极端的行为引起工厂的注意，因为她知道：作为工厂来说，一般是“不能把你随便乱调，有哪个地带儿就把你安排在哪个地带儿，工厂反映问题的人多，如果都要求换岗，工厂不好分配，你想换也不是成心(闹事)”(G19F 语)。

从结果来看，事件的处理满足了 G19F 的要求。但是我们也可以看出，最终 G19F 能够换岗并不完全是其抗争的结果。这个中间有“学校带队老师”的出面协调。① 在这里，学校带队老师实际上是代表学校这个组织的，而学校组织在与工厂交涉的过程中，总体上应该是代表学生利益的。因此，学校老师出面与工厂的相关负责人进行沟通协调，最终促成了满足 G19F 要求的处理结果。可以想象一下，如果没有学校组织出面，G19F 作为一名普通的工厂农民工，其擅离岗位并旷工的违纪行为，其处理结果一般就是工资被扣或被工厂开除。由此也体现了“利益代言组织”在工厂农民工抗争行为中的作用。

本章小结

总体来看，无论是在简单组织的工厂，还是在复杂组织的工厂，工厂农民工的组织性是偏弱的。最主要的体现就是工厂组织归属感的缺失，即使在表现出强组织性特征的工厂之中，如 C6 南京金陵船厂、C13 吴江松上电子、C17 吴江依工化工、C22 吴江市金吴纺织、C28 北京 LG 器材，身在其中的工厂农民工都感到目前的工厂组织很可能只是自己暂时工作的地方，乐观一点来看，也只能是多在此工作一些时间，而不能像公务员、事业单位人员以及国有企业正式员工那样，将目前自己所在的工厂组织看成自己的归

① 因为 G19F 等几十名工人，实际上是技校的学生，是以学校带领学生实习的名义进入工厂的。

宿，因此也难以形成强烈的自己是组织一员的认同感。在现代社会的工厂里，至少是十多人、数十人、数百人、甚至是数千人在一起工作，有多种分工与合作，这就必须要求所有人遵守劳动时间、操作规程等各种制度，服从统一的指挥，而不能像家庭组织的农业生产和手工作坊式的劳动。从农村环境中走进工厂的农民工，依靠严格的规章制度和农民的淳朴品质形成强纪律性，非常有利于工厂组织起来进行高效率的生产，而且随着生产越现代化，生产规模越来越大，工人之间的联系、协作的范围越广泛，强纪律性的作用将更加明显。但是目前在工厂农民工身上体现出的弱组织性与强纪律性是不对称的。从长远来考虑，没有强组织性支撑的强纪律性是被动的、脆弱的，工厂始终需要出较大的管理成本。

虽然我国已经进入工业化时代并已处于现代社会发展的大环境之中，但作为工业化的基本组织——工厂，仍然存在相当部分属于前面讲到的简单组织。即使在一些具有复杂组织的较大规模的工厂中，针对工厂农民工的组织也相对独立，也表现出相当的弱组织性。对工厂农民工进行管理的组织形式，有两类简单的组织形式比较突出：一类是简单的家族式组织形式。在这种类型中，老板及其家人构成了公司的第一层级组织，工人农民工构成第二层级；另一种类型是，“老板＋领班”的组织形式。这两种组织形式，管理形式单一，基本上由老板一个人发号施令，无所谓组织系统，无所谓部门划分，更无所谓职责规定。这些简单组织所形成的弱组织性体现出了一定传统的作坊式的特征。在这种弱组织的形态之下，工厂组织的发展受到相当的限制，不仅工厂组织存在严重依赖一定的“关系”“后台”支撑，而且身处其中的工厂农民工难以从这样的组织中获得组织性。相反，他们可能受到专断管理所带来的自由限制和权益损害。

总体来看，在我国，目前工厂组织的发展是参差不齐的，既有现代化的大型工厂，也有作坊式的小型工厂。一般来说，大型工厂是制度化的规范工厂，是一种复杂的组织管理形式，而小型工厂大多是专制型的家族式工厂，是一种简单的组织管理形式。大量的工厂农民工就分散在这些参差不齐的工厂之中，因此也获得了具有差异性的组织性和纪律性。以规章制度为主的纪律是工厂控制管理的一种重要手段。目前主要有两种纪律类型：一种采取严格的管理措施，也就是以严厉处罚为主；另一种往往采取规范的管理措施，而且奖罚并重。无论是在哪一种纪律类型的工厂中，工厂农民工都形成了强纪律性的特征，但其纪律认同都属于低层次的，是一种被动遵守的状态。即便如此，工厂农民工针对纪律的抗争行为也有一定的体现。工厂中频频出现的一些工厂农民工违反纪律的情况，虽然有工厂农民工纪律观念淡薄、纪律性差的因素，但深入分析目前工厂中一些针对农民工的严厉并近乎苛刻的纪律规定就可以看出，工厂农民工违反纪律的抗争行为具有不可避免性。同时，发生在工厂农民工身上的违纪行为，已经反映出工厂农民工初级的抗争意识，但是他们的抗争行为必须有一定的组织依靠才能达到积极的效果。否则，在目前的体制框架下，工厂农民工消极的抗争行为往往带来的是自身利益的损害。

第五章　生活方式规训：有组织生活的形成

简单地说，生活方式是人们社会生活各方面的具体表现形式，它包括人们的衣食住行、工作、社会交往、休闲、娱乐和消费等。[①] 生产方式对生活方式的影响具有决定性作用。马克思曾经在《德意志意识形态》中指出，人们用以生产自己必需的生活资料的方式，首先取决于他们得到的现成的和需要再生产的生活资料本身的特性。这种生产方式不仅应当从它是个人肉体存在的再生产这方面来加以考察，它在更大程度上是这些个人的一定的活动方式，表现他们生活的一定形式以及一定的生活方式。恩格斯指出："当18世纪的农民和手工工厂工人被吸引到大工业中以后，他们改变了自己的整个生活方式而完全成为另一种人。"[②]农村生活方式与农业的生产方式有着密切的联系，工人的生活方式也受制于工业生产方式。一般来说，工业会将许多人聚集在同一时间和同一空间从事劳动活动，这与分散的孤立（家庭

① 刘畅：《农村社会学》，华中科技大学出版社，2008年7月第1版，第96页。
② 马克思、恩格斯：《马克思恩格斯选集》，第4卷，人民出版社，1972年版，第222页。

联产承包责任制之后的主要形态)的农民劳动活动方式形成鲜明的对比，工人劳动活动方式具有集中性，因为只有这样，劳动者才能通过机器大生产的联结发生有机的联系并通过分工协作产生更大的生产效率。由此就形成了在第二章的分析中指出的生产过程的时间组织和空间组织。工厂生产过程的时间组织，主要是工厂工人按照统一的时间规定进行的生产活动和休息，而不能像从事农业生产那样“按照季节、农作物的生产周期自主地安排自己的劳动时间”。在土地承包之后，具体的劳作时间上更是完全由农民自己支配。农民工从农村的生活空间进入工厂的生活空间，生活方式在发生显著的改变。关于这种转变，任焰、潘毅(2006)从宿舍这样一个具体的生产和生活的空间探讨了一种特殊的劳动机制，即宿舍劳动体制。他们认为，宿舍劳动体制是工作生活一体化的制度，工厂宿舍作为独特的空间形式，在整个国际的劳动分工中，扮演着重要的角色，尤其在劳动控制和劳动抗争中意义重大。宿舍劳动体制是农民向产业工人转变过程中形成的一种新的生活方式，但并不是形式的全部。

一、基于生产形式的生活特征

关于农民工生活的特征，大多数的农民工研究都有所涉及，但是基于工厂或工业生产的农民工的生活特征，到目前为止，任焰、潘毅关于“宿舍劳动体制”的提出，最能体现工厂农民工的生活特征。但笔者认为，宿舍劳动体制是部分工厂农民工生活方式特征的概括，基于生产，工厂农民工的生活还有一些其他方面的特征。

(一) 两种受制于生产的生活安排形式

在影响生活方式的因素中，生产方式具有决定性作用。这首先是因为生产方式是人类社会存在的基础，自然也是整个生活方式存在的基础。其次是因为生产方式的性质决定着生活方式的性质、面貌，有什么性质的生产方式就会有什么性质的生活方式。再次是因为生产方式的变迁决定生活方式的变迁。生活方式的巨大变迁是生产方式更替的结果。工厂生产的时间性在工厂中有非常明显的体现，从笔者接触到的制造业的工厂中可以发现，受制于生产的需要，工厂农民工的生活安排主要有两种形式：一种是基于“早上晚下”的上班安排；另一种是基于轮班制的安排。

1. 基于“早上晚下”的生活安排

表 5 - 1 是作为一个规范性的工厂最典型的上班时间的要求。

表 5 - 1　标准合法的上班时间规定

统一实行每周五天工作制(星期六、日休息)		
作息时间：		
夏季(5/1—9/30)	早：8:00—12:00	下：14:00—18:00
冬季(10/1—4/30)	早：8:30—12:00	下：13:00—17:30

以上时间表是一种标准、合法的劳动时间规定。福柯指出，时间表是一项古老的遗产，其蕴含的是一种严格的模式——规定节奏、安排活动、调节重复周期。[①] 以下就是两个被访者的典型上班时间要求。

> 我们在那儿(C28 北京 LG 器材)就是(上午)八点半至下午八点半，不加班的话就是下午五点半下班。我们就是八点半到十点半，休息半个小时到十一点，十一点到十二点再吃饭，吃饭休息共一个小时，一点到三点休息半个小时，再到五点半。(G19F)
>
> 这里(C16 吴江金翔服饰)是早上七点半上班，晚上五点半下班，你也可以来早一点，七点多就可以开始上班了。不过七点钟来的人少，一般是七点半来的。这里人少，就十几个人，晚上再加一会儿班，有时工期来不及的话，做到晚上五六点钟。今年因为人多一点，有的人跟不上，所以统一规定上到五点半。早上愿意早一点的话也可以。(G13P)

① ［法］米歇尔·福柯著，刘北成、杨远婴译：《规训与惩罚》，生活·读书·新知三联书店，2003 年第 2 版。

以上两个个案的工作时间具有典型性。在每天上班时间固定化、节奏化之后，工厂农民工的生活方式需要根据上班时间来安排。具体来说，他们的生活部分也就是通常上班族"八小时之外"的时间。正如 G19F 所说："每一天的生活非常有规律，也就是下班之后的时间。很多时候下班吃完饭就睡觉，或者在附近的街上转转。每天的时间就那么多！"G13P 也这样表达了每天下班之后有限的生活的时间："买菜、洗衣等活儿也只能安排在下班后，所以下班之后时间紧张，买菜、做饭、洗衣，再有点空的话就看看电视，或者和老乡聊聊天，时间也就过去了。其他一些事儿，比如买衣服、取钱等，都要安排到周末去了。"

2. 基于"轮班制"的生活安排

在部分制造业当中，为了提高机器的使用效率，或者因为机器本身不能停止运转（停止之后再启动会造成较大的损失），工厂往往会采取轮班制的工作方式。在本书分析的个案中，有多人所在的工厂或岗位采用的是轮班制。比如 G1P 所在的工厂，G4P、G16P 所在的岗位。

G1P 所在的 C1 藁城金鑫焦化厂，主要是为钢厂生产能进行高温冶炼的焦炭，所有的人员都是围绕工厂提炼焦炭的大锅炉进行工作。而提炼焦炭的大锅炉从启动之后就必须保持充足的运转，如果停止运转一次，从停止到重新启动，需要有几十万元的额外付出。[①] 在这种情况下，工人就必须实行轮班制，具体到 G1P 所在的岗位（电工岗位），就是"上一天、歇一天"，也就是工作 24 小时、休息 24 小时，保持工厂全天候任何时间都有在岗的电工，在电力方面以保证锅炉的运转。G1P 所在的 C1 藁城金鑫焦化厂，距离他居住的村庄仅 10 公里左右，他是一名就近上班的工厂农民工。在实行轮班制的情

① 焦化厂的煤炉不能够停炉，短时间的停炉会给工厂带来非常大的损失。也就是说，即使生产的焦炭没有买家，按照经济损失的程度来看，维持一个煤炉的运转要好于关停煤炉。这种状况直接导致了笔者所了解到的两种情况的出现：一是在焦化厂受到经济危机的较大冲击，市场需求大大降低的情况下，虽然该厂关停了几个煤炉，但仍然在维持着几个煤炉的运转，这是一种迫不得已的做法，按照旁观者的说法，就是"关停多亏本，维持少亏本"，在市场需求得不到好转的情况下，该厂亏本是不可避免的。二是即使在过年期间，也就是春节最重要的两天时间（腊月三十、正月初一）里，也必须有大批的工人在工厂里。

况下，G1P 的生活，也就是"一天的时间在工厂，一天的时间在家里"。在工厂中，除了吃饭的时间去食堂买菜买饭外，吃饭以及其他的时间均在电工的值班室中(因为吃饭的时间也在上班的时间中)。下班回家之后，G1P 除了维持充足的休息时间外，其生活就与没有工作的农民的生活方式一样了。

G16P 在 C22 吴江市金吴纺织中的岗位也是轮班制。

> 我们一个月是三班制，两个早班，两个夜班，休息两天，在休息的两天中，去上班的话算加班(加班按两倍的工资计算)。我们上班的作息时间是：要是上早班的话，早上 8 点上班，晚上 8 点下班；要是上夜班的话，晚上 8 点到第二天早上 8 点，工作 12 个小时。(G16P)

在这种轮班制的情况下，G16P 的休息时间主要有三个方面的内容：一是睡觉，因为必须保证工作时的体力；二是加班，因为加班按双倍的工资计算[①]，对于他们来说具有相当大的吸引力；三是做一些日常的家务活，如洗衣服、做饭之类。

(二) 常态化的加班成为生活的一部分

除去按照法律规定的劳动时间，其他时间应该就属于工人的生活休息时间。《中华人民共和国劳动法》(以下简称"《劳动法》")第 36 条规定：国家实行劳动者每日工作时间不超过 8 小时，平均每周工作时间不超过 44 小时的工时制度。《劳动法》实施之后，国务院制定的《国务院关于职工工作时间的规定》中有明确规定："职工每日工作 8 小时，每周工作 40 小时。"但是目前的农民工所在的工厂大多在实际中并没有完全执行这一时间安排，工厂农民工的工作时间都超过法定的每周工作 40 小时。也就是说，加班对于工厂农民工来说就是一种常态，也被绝大部分工厂农民工"自愿"接受。但细细

① G16P 所在的岗位是计件工资制，在加班时间里，每件成品的工钱计价是上班时间的两倍。这是符合《劳动法》规定的。

分析工厂对加班的制度型规定和安排，就可以发现工厂隐蔽性的剥夺行为。其表现形式有以下三种：

一是将加班作为一种强制性的规定。

还有就是加班，分平日的加班和假日的加班，假日的加班就是周六、周日，平日的加班就是每天五点半之后的。加班有时是必需的，有时是自愿的。(G19F)

根据 G19F 的叙述，在不加班的情况下，其每天上班时间为 7 个小时，比法定的 8 个小时还少一个小时。[①] 但是，对他们来说，其加班并不是完全自愿的，有时是一种必须遵守的行为。应该说，这种必需的规定作为一种强制的行为，无形中剥夺了工人自愿合法的休息时间。这种“无形的剥夺”在“轮班制”中有更明显的体现。

二是通过双倍的加班工资形成吸引力。

你愿意加班就加班，不愿意加班就休息。周末如果干活了就算加班了。周末加班，是双倍工资，贵了一倍。(G16P)

这是 G16P 对加班的叙述。从其语气中可以感受到其对加班的喜悦，因为加班能拿到相对于平时上班时间的双倍工资。因此，对于 G16P 及其工友来说，利用休息时间加班也成为一种“非常情愿”的行为，虽然工厂对加班实行“完全自愿”的规定，但绝大部分工厂农民工对加班差不多都是“趋之若鹜”。其实，这种加班的吸引力主要是因为工厂在制订“平时工资”标准时，已经压得很低。在 G16P 所在的 C22 吴江市金吴纺织中，如果工人仅按照法

① 在关于每天 8 小时工作制的规定中，是否包含上班中间的正常调节休息的时间并没有严格的规定，利用这一法律空白，工厂往往在计算每天工作时间上除去调节休息时间后来计算上班时间。这里也采用这一做法。

定时间上班，能够拿到的工资基本上也就是当地政府规定的最低工资标准或略高一点。这种情况恰好能够解释“很多的工厂农民工”愿意加班的原因，即使在周末以及节假日（节假日能拿到三倍于正常工作时间的工资）中都愿意去加班。

三是通过轮班制无形中增加了上班时间。

在C1藁城金鑫焦化厂，G1P在一年的时间里全部实行“两班倒”，也就是“上一天班，歇一天”，工作24小时，歇息24小时。计算一下其上班的时间，平均每周上班的时间为84小时，超过法定时间的40小时一倍以上。通过这种计算的方法，我们也可以发现，在绝大部分工厂的轮班制中，工厂农民工的工作时间都是超过法定的工作时间的。但是，迫于“工作难找”，或者是相关法律意识的缺乏，他们对这种轮班制，都持一种“认同”的态度。

在这种情况下，加班对于工厂农民工来说就成为一种常态，无声息地剥夺了工厂农民工的部分休息时间，也成为其生活的一部分。

二、生产的时间性：生活的有计划安排

某工厂的作息时间规定细则

3-3　全体员工不得迟到、早退、旷工。

3-4　每月迟到不得超过两次，每次不得超过10分钟，凡超过10分钟，每分钟罚款两元，依此类推，第三次起凡超过半小时，按旷工半天论处，早退与迟到处罚相同。

3-5　旷工一天倒扣三天基本工资，旷工三天以上者，从第四天起，视作自动离职，不予结算任何工资福利。

3-6　全月按规定之工作日上班，无迟到、早退、旷工及加班缺勤者为全勤，全勤奖金为100元。

3-7　未转正员工不享受全勤奖。

3-8　如因工作需要，公司要求员工于正常工作时间外超时工作时，各员工皆不得找借口推搪，应以工作为主，发扬良好服务精神。

3-9　对经各部门经理批准安排超时工作的员工，均给予调休或发加班费。

3-10　职员请假须由本人填写假条，经主管批准后方可离开，无特殊原因不可电话、捎话请假。

3-11　职员请假三天之内由部门经理批准，三天以上由总经理批准，各部门经理请假，一律由总经理批准。

3-12　公司设考勤员，员工上班须自觉到考勤员处签到，如不签到视作旷工处理。

3-13　月末财务部根据考勤记录核发工资。

正是这种严格的时间规定，达到了"时间规训"的效果：工人必须严格按照工厂的作息时间工作，否则就会受到相应的处罚，扣工资、奖金乃至被辞退。比如G19F所在的C28北京LG器材的规定就非常的严格。

(平时)违反规章制度就是被开除，没别的了。(被开除的情况有)旷工，不上班，你要是一天不来，就算旷工，三天不来就算自动离职了。签了自动离职书，这个月的工资就没有了。(G19F)

为了达到确保工厂有足够的工人及时间维持运转、提高生产的效率及最大限度地发挥机器的效能，工厂一般都有严格的"请假"制度。比如G19F所在的C28北京LG器材，最初的请假制度是这样规定的："我们以前请假是，请了组长请室长，请了室长再请工程师。"(G19F语)这种严格的工作时间规定使身在其中的工厂农民工的生活时间，相对于在农村时期的生活安排已经在形式上发生了根本的变化。

农村的生活在一定程度上受农业生产的影响，但是动植物的生长发育本身缓慢并直接受到自然因素的影响，再加上有限的土地面积，因此，对于很多农民来说，农业生产之外有大量可支配的时间。特别是在土地承包到户后，每天干农活的时间与生产的时间并没有隔开，不仅在时间上完全可以自主安排，可早可晚，而且从某种程度上来说，其很多的农业劳动（比如自家菜地的耕种），往往成为其生活的一部分。比如在农村经常会出现这样的情景：在农闲时节，即使没有多少农活，一些农民也会在吃过饭之后，扛上锄头去农田转上一圈，去菜地看看，锄几锄头。

进入工厂之后，因为保持固定的工作时间，所以工厂农民工按照生产时间安排其生活时间也成为一种必然。工人有专门的上班时间，在没有加班时间的情况下，那么上班时间以外的时间就成为其生活的时间。除了上面提到的一天的上班作息时间外，每周、每年及节假日都有固定的规定，一般是按照法律的规定执行。当然，很多工厂存在着以变相的手段剥夺工人法定休息及节假日的情况（这里不做专门论述）。下面我们从工厂农民工一天、一周乃至一年的时间安排，来看他们以工厂上班时间的规定为基础的生活时间安排。

从一天的生活时间来看，“8 小时”[①] 之外属于休息的时间，可以分为上班前与下班后两个时间段。对于工厂农民工来说，虽然上班时间也有短暂的休息，但因为只能在工作区域，因此也只能成为其工作期间暂时“调节”的时间。在这种情况下，他必须按照上班前的时间和下班后的时间来安排其一天的生活。如 G13P 所言，“这里倒是有亲戚，但是白天没空，去也是晚上”。也就是说，在一天的时间中，下班之后才有生活时间。对于农民来说，“日出而作，日落而息”往往是他们一天的生活安排，而在农闲时节，他们的生活几乎失去了安排。

从一周的生活时间来看，周末是工厂农民工的休息时间，一般来说至少有一天的时间，而且一直处于固定的状态。除非特殊的行业，几乎所有的工

① 其实，对于绝大部分工厂农民工来说，在工厂上班的时间远超过 8 小时，这里代指在工厂上班的时间。

厂都会将一天的休息安排在周末。

G19F 在 C28 北京 LG 器材的生活：我们有周末，一个星期要么是星期六，要么是星期日，有一天不上班，一个星期要上六天班。工厂吃饭就跟学校的食堂一样。我们一上就是整整一天班，一周一天休息。周末，一睡醒了就快十点了。洗洗自己的衣裳，吃顿饭，下午自己逛一下，买一件衣裳什么的，看看电视，一天就过去了。(G19F)

也就是说，对于工厂农民工来说，周末的一天或两天就成为其完成生活事务的固定时间，需要一定时间的家务、休闲、会友、办事等生活活动，必须安排在这一天来完成，而不可能利用周一至周五的上班时间来做这些生活方面的事情。当然，绝大部分生活上的事务也不可能成为请假的理由。应该说，一周又一周，在没有带薪休假的制度下，是所有上班族周而复始的循环生活，不会有太大的差别。这也是上班生活与农村生活的显著区别之一。在农村，农民是没有“周末”概念的①，他们会根据农作物的生长来改变其劳动形式与时间，因此农民往往会按照节气形成一种有规律的生活。

从一年的生活时间来看，法定的节假日成为工厂农民工较长的生活时间。节假日特别是春节的生活安排对于包括工厂农民工的所有工人来说都是非常重要的。回老家、看孩子成为农民工春节假日的最重要的安排。对于他们来说，这才是他们真正能够全家团聚、享受天伦之乐、走亲访友的时间。

2008 年 8 月 9 日到这里来上班，上半年我在外面打零工。过年回老家了一趟，一般回家二十来天，年前十来天，年后十来天。(G13P)

① 农民“周末”的概念主要是来自上学的子女。

表面上来看，生活时间的有计划安排只是时间上的一种变化，但它是劳动方式变化的一种反映。一般来说，农业生产都需要“因时制宜”，也就是农业生产活动要按季节，不违农时。如果按一年的时间来看，是以农作物生长的季节规律来安排播种、灌溉、施肥、收割等生产活动。而工业生产几乎不受季节和天气的影响，对气候条件的依赖性小。因此，工业可以规定相对固定的时间来从事生产活动，人们的生活也由此变得有计划、有规律。从农业生产向工业生产转变过程中的这种时间变化，反映了人类活动“自由”①的一种进步，逐步摆脱自然的制约而按照自身的意愿进行生活。

三、生产的空间性：生活与生产的分割

传统的农业生产除了要求“因时制宜”外，也强调“因地制宜”，也就是要求地域性的特征，“宜农则农、宜林则林、宜牧则牧”。农业生产的这一特征充分说明了其受自然条件的约束和对空间地域的依赖。相对于农业生产而言，工业生产对地域空间的依赖程度大不相同，自然条件只是为工业生产提供必要的物质基础。决定工业生产和布局的决定性因素，是社会生产关系和生产力发展水平。这是从工业生产的属性来看其对空间的要求。对于工业生产中的主体——工人而言，其行为的空间可以分为两个：生产空间与生活空间。但对于绝大部分工厂农民工而言，他们的行为绝大部分局限在这两个基本的空间，即专门上班从事生产的生产空间和日常生活的生活空间（主要是居住房间，一般是工厂宿舍或租住房）。

（一）生产空间

下面是笔者观察两个工厂生产区间的描述：

① 这里的“自由”主要是指人类活动减少了自然的约束并大大提高了生产效率，但按照后现代理论的解释，在利润的驱使下，人类其实受到了更大的约束。

踏进船厂的工作区间(有大片的露天区域，也有大量的工人在船舱干活)，可以看到每一个人都穿着工作服。工作区间除了非常显眼的几艘已经成形的大船、几座大型的移动钢梁之外，到处是摆放的钢材、转动的机器、来回的小货车以及刺耳的切割钢材的声音、机器轰鸣的声音、工人高声交谈的声音。(笔者在 G7S 的带领下，进入 C6 南京金陵船厂所观察到的情况描述)

该车间分为东西两个部分，东面部分，进门(靠北)堆放着各类物品，包括一台机器(据介绍，这是一台数控机床，是比他们目前使用的更为先进的一台机器)，一些产品，还有一些工具之类。靠南用红砖砌了两间小屋，其中一间是老板的办公室，另一间可能是堆放重要工具之类。西面部分是主要的工作地方，摆放着 8 台车床，有 7 台是正在使用的，有 1 台好像已经停止使用了。(笔者在 G11P 的带领下，进入 C12 石家庄裕兴泵钻厂观察到的厂房描述)

从工厂生产区域(车间)的布局可以看出，狭义的生产空间，在制造业中所指的工作场所，也就是生产操作发生的位置。按照专业生产布局的概念，生产空间的大小“需求决定于个别工作场所的延伸，且与工作场所数目的多寡成正比例关系，通常加入一些裕度以作为通道及非生产性的、琐碎的、太小的难以计算的空间”。从广义上来说，生产的空间是指整个工厂(公司)的区域。工厂之所以需要专门的生产空间，主要是因为生产过程是由众多环节组成的，生产的顺利进行需要各个环节有机联系并协调运行，就必须将这些生产环节及其相应的机器放在相对集中的空间，并提供统一的动力源(比如机器大生产中的蒸汽机)。相应地，各个生产环节的工人也都集中到了一个相对集中的空间，从而形成了专门的生产空间。

踏进工厂的大门，也就意味着工人进入了生产的区域。为了保证生产顺利、高效、安全地进行，几乎所有的工厂都对生产空间中工人的行为做了详细的规定。如下是 C10 石家庄冀雅电子厂生产车间对工人制定的部分规章制度：

第十一条　积极配合公司各项管理工作，出入车间大门和仓库等公共区域都必须自觉规范佩戴工作证（厂牌），要自觉维护公共区域的环境卫生，不乱吐痰、乱扔垃圾，并服从执勤保安人员的检查、监督，自觉维护公共区域整洁环境。

第十二条　按时上下班，不迟到早退，不无故缺勤，自觉遵守签到制度。未经主管同意不得擅自外出或接待亲友和外宾。

第十三条　工作时间内，员工严禁看报纸杂志、闲谈、串岗、打闹、大声喧哗，不得接听私人电话，有事应长话短说，以免扰乱工作秩序。

第十四条　每天生产操作之前先检查机器是否正常。操作之后或下班后收好各种文件、资料、工具、零件、产品，关好门窗、水、电、气源。按规定位置摆放工具及物品。每个星期三、五、日为清洁日，搞好个人及集体卫生，经主管检查合格后方可下班。

第十五条　按质、按量、按时完成任务，不得借故拖延、敷衍、推诿，严格按照安全规格操作，严禁违章操作，一旦发现，严肃处理。

第十六条　在厂员工必须服从主管人员的合理指挥和调动，如有异议应及时与领导商议，无理由不服从主管调动者按情节轻重给予处理。

在以上规章制度中，属于生活行为的"接待亲友和外宾（这里应该是私人的客人）""看报纸杂志、闲谈、串岗、打闹、大声喧哗"及"接听私人电话"等生活行为被严格禁止在生产空间中发生。应该说，这些规章制度的制定，是为了保证工厂生产所需设备都能正常运行，满足生产产品要求，降低生产成本，提高产品产量，延长设备的使用寿命，也是为了创造更高的生产效益。

（二）生活空间

对工人来说，广义的生活空间，是包括生产空间的。这里主要是指狭义的生活空间，是与生产空间相对应的一个概念，可以说是工厂以外的所有空间。对于工厂农民工来说，离开工厂的“大门”，就进入了自己的生活空间。这里可以以工厂的“大门”为分界线：工厂的大门内，是生产空间，身在其中的个人必须遵守相应的规定；工厂的大门外，则是工人的生活空间。对于现在的工厂农民工来说，生活空间的重点区域是其居住的地方，除了极少数人有属于自己（有产权）的住房外，绝大部分工厂农民工居住的是租住房或工人宿舍。

我们先看看工厂农民工在生活空间的部分行为：

休息的时候，就是搞搞家务事，做做饭。我们平时休息的时候，没事了也来厂里逛逛。（G16P）

很显然，工厂农民工的生活空间是相对自由的，已经没有关于在生产空间的种种规章制度的约束，人们可以完全自由地支配自己的生活行为。这也成为生产空间和生活空间最显著的差别。

但是，作为工厂农民工的生活空间，仍然存在租住房与工人宿舍的差别。在租住房的生活空间里，工厂农民工认为最大的好处就是“自由”，下班之后一旦进入这个自己的生活空间，可以“想玩就玩，想睡就睡，想吃就吃”，也就是想干什么就干什么，不仅有行动上的自由，而且在心理上能够得到放松。但住出租房的弊端也非常明显，那就是要支付一笔不小的开支，即使和人合伙租一间房，也需要几百元钱的支付费用。从费用上来说，工人集体宿舍就便宜多了。工人的集体宿舍一般不收费用或只收取较少的费用，再加上集体宿舍离工厂上班的地方不远，因此成为很多工厂农民工的一种选择。

但无论是哪一种选择，对于工厂农民工来说，生产空间和生活空间已经实现了分割。而且这种空间的分割，已经超出了地域空间的概念，成为一种社会领域、心理领域。传统的农业生产使农民的劳作与生活几乎是在同一空间里完成的，因而使农民缺少流动而相对于静止，这就使他们的消费、休闲、娱乐以及人际交往等都处于一种相对的封闭状态。机器大工业生产使工人的生产活动与日常生活从空间上隔开了，工人的劳动场所和生活居住场所处于不同空间。随之而来的是“消费生活的商品性和日常生活结构的复杂化”[①]，使人们要在不同空间里完成各种日常生活活动。在交往方面，局限于单一的生产和生活空间，传统农民的人际交往主要是地缘血缘联系，限于本乡本土，人际交往相对有限；而工厂的生活，除了地缘血缘以外，还有源于生产组织的业缘交往(同事、上下级等)，交往面扩大，交往对象增多，交往活动方式多样化。也就是说，生产空间与生活空间的分割，使工厂农民工有了可供选择的广阔生活空间，日常生活呈开放状态。

在工厂农民工获得开放的生活空间的同时，部分工厂却在工人居住工厂集体宿舍的过程中形成了一种“宿舍劳动体制”。工厂农民工住工厂的集体宿舍，很容易形成任焰、潘毅(2004)提到的宿舍劳动体制。富士康的宿舍劳动体制成为很多工厂农民工居住集体宿舍之后的一种生活写照。宿舍劳动体制的“最大特点在于宿舍与车间管理的同构性，甚至宿舍往往成为车间的延续，于是这个本应该是自由的空间因为采用车间式的管理而变成一个难以忍受的集中营”。[②]

在富士康的宿舍劳动体制中，工厂的初衷是为了工人上班(进行工业生产)的方便，同时减少工人的开支(也能够为自己节约一定的成本，因为这可以成为减少工资而又能招到工人的一个条件)，但为什么这种劳动体制会演变成一种极端的束缚体制呢？富士康调研组认为，原因就在于这里的“严格的车间纪律、门禁制度、安保制度和军事化管理，使得工人适应富士康劳动体制的生产和生活”。“工人在车间里有线长、组长的控制，在工厂里有保安和义警的监视，回到宿舍还要受到宿管的管理，全方位的电子眼更是实现了对工人的实时监控。任何对工厂制度的违反和反抗，都会遭到富士康严厉

① 徐勇：《走向现代文明：大变革中的中国社会生活方式》，华夏出版社，1987年版，第59页。
② 参阅“两岸三地”高校富士康调研组：《富士康调研总报告》之系列二：《富士康生产体制——规训与惩罚的劳动集中营》，网易科技报道，2010年10月9日。

的惩罚。”也就是说，根本原因在于没有实现生产空间与生活空间的分割——一种本来是劳动方式转变、生活方式进步的方面——从而造成了对工人“人性”的巨大压抑，这是与社会进步以及新生代农民工的期盼相违背的。

在传统的农业社会中，家庭曾经是生产单位和生活单位的统一体。在实行了社会化大生产之后，家庭的职能发生了变化，由生产单位向单一的生活、消费单位发生了转变。很多的农民走出家庭，进入工厂去劳动就业，通过雇佣劳动获得工资性收入。多数家庭不再是生产资料占有单位，也不再是生产劳动的组织单位，只保留了生活的职能。其实，直到今天，中国仍然有相当一部分的农村家庭具有生产功能。1949 年中华人民共和国成立之后的一段时间里，在农村，农民不再以一家一户为单位占有土地，也就不再以家庭为单位去参加生产队的劳动。这样，家庭不再是生产资料占有单位，也不是生产劳动的组织单位，只是消费单位。但改革开放以来，农村实行了家庭联产承包责任制，又开始以家庭为单位组织生产劳动。因此，一直到现在，对于这些工厂农民工所在的农民家庭，在他们进入城市或工厂务工之前，家庭仍然是生产单位与生活单位的统一体。从空间上来说，就是农村家庭在生产空间和生活空间上是一致的。也就是说，“以家庭为主的、分散的生产方式使农民的居住建筑既是生活空间，又是活动空间，更必须是生产空间”。[①] 就目前存在的工厂农民工而言，仍然有部分人员没有脱离以家庭为单位组织的生产，主要是那些离土不离乡的农民工，如本书分析的被访者 G1P、G2P、G3P，另外还有一些在农忙时节会赶回家帮忙播种或收割的农民工。但是，就外出的工厂农民工个体而言，其生产活动与生活活动已经在空间上实现了彻底的分割。这种分割，既是从农业生产到工业生产的发展使然，又代表了一种生活方式的改变。人们可以在生产以外的空间相对自由地进行休闲、交往、娱乐等生活活动。

---

① 周若祁，等：《绿色建筑体系与黄土高原基本聚居模式》，中国建筑工业出版社，2007 年版，第 164 页。

四、生活消费：劳动力的生产与再生产

对于生活方式的理解，有一种观点认为，它是指“人们享用物质的劳务的消费品（消费方式）和使用由他个人支配闲暇时间的方式”①。这种观点把生活方式等同于消费形式或消费方式，体现了消费在生活方式中的地位。我们知道，传统农村的生活方式是建立在小农自然经济的基础上，集生产消费一体化。“自给自足”是小农经济的主要特征，也使“自我生产与自我消费”成为传统农民生活方式的重要特点。

很明显的是，离开农村进入工厂的农民工，已经不再是“自给自足”地进行生产和消费，他们的消费主要是先通过工厂劳动获得工资性的收入，然后再利用工资进行相应的消费。

G19F 在 C28 北京 LG 器材的生活：

因为我们到那儿是租房子的，什么东西都需要自己弄，那时候租房子的就是给你一张床一张桌子，其他什么也没有。我们是三个人共租一间房子，我们本来是两个人合租的，后来有一个人愿意和我们一块儿做伴儿。房东就按房间收费，这个屋多少钱儿，住多少人都不管。一个月掏房租（一间房）200 元，因为我们的房租是 180 元，加上个人卫生费，水不要钱儿，剩下的就是电费了，看你自己有多少了。你如果有电视的话，要的钱就多，一度电 6 毛，有的是 7 毛。（G19F）

我们在那里吃得挺好的，一个荤菜，两个热菜，一个凉菜，我们食堂都是公司的，都是免费的，我们公司就像是管吃管住的。不管吃不管住的就扣钱，我们管吃管住的就不扣钱，就算工作餐。拿着卡一刷就行

① 陈章亮、石国强、蒋士逵：《新编历史唯物主义》，上海人民出版社，1987 年版，第 278 页。

了，刷一次卡就表示在这里吃了一顿饭，也不扣你钱，吃不吃都是你的。你加班就有三顿饭，不加班就有两顿饭。要是你这个时候加班的话，就按人做(饭)，厨师都是按人做饭的。(G19F)

我们不上班的话，就睡觉，睡眠都补不过来。有时候没衣服穿了，买件衣服。因为我们那儿离商业街、卖水果的地方很近，那条街什么都有，到时候缺了什么买什么。我们平时也去市里转转，动物园，哪里有衣服就去哪里，去西单，那里卖衣服的也多。去那里远，但都有车，有车就可以到想要去的地方了。(G19F)

G16P 在 C22 吴江市金吴纺织的生活：

休息的时候，就是搞搞家务事，做做饭。我和我老公在这里租的房子，就是那个小房子，是本地人盖的小房子。仅房租一个月就一百六七元。离这里(吴江吴都饭店)远！我们坐三轮车过来的，差不多要半个小时。我们平时休息的时候，没事了也过来逛逛。(G16P)

我们在这里开销肯定大，房租、水电费，饭、菜，都得要钱，我们一家七口人在这里，一个月得花两千多元钱。这七口人包括：我两个儿子，我(大儿)媳妇生三个女儿，我老公，一共七口人。我们需要租两间房子，吃饭都在一块儿。上班吃饭的时候，我儿子在电子厂吃。我上早班的时候就在厂里吃，中午吃一顿饭，厂里给饭票。上夜班的时候，回来在家吃。(G16P)

我老公每个月挣钱多少也不一定，给别人造房子，也就是小别墅那样的房子，是个木工，一百二十元钱一天，下雨不能做，这样的话，每个月挣钱就说不准。今年的话，有两个月是满勤，平时也没有满工过。我们在这里租房子是 200 元钱一个月，水费 20 元钱，10 元钱一个人，电费是一元钱一度。(G13P)

我们先综合 G19F、G8P、G13P 等工厂农民工的花费来看看“用于工厂农民工身上”[①]有哪些方面的消费。归纳起来，他们的消费主要包括：房租（包括水、电费），餐费（工作餐自己付部分费用，自己做饭必需的厨具、米、菜等费用），日用生活品费用、通信费、交通费、衣服费、子女上学费、寄（带）给老家父母的费用、朋友聚会费、上网休闲费用、看病支出、上技校培训费等。当前作为“纯从事农业生产的农民”[②]消费支出，在上面列举的类型中，除了房租、米、菜以及培训费用外，其他支出都具有。

但是作为农民有一项重要的消费支出，即生产性的支出（也可以说是生产消费）是工厂农民工没有的。其实，农民的消费包括生产性消费和生活性消费两大类，工人的消费除了生活消费一类外，还有另外一种消费，即用于满足劳动力生产和再生产的消费，包括工人的培训消费以及子女教育消费，这是农民与工人的一个显著区别。这种差别，实际上就是生活方式的本质差异：前者通过自身生产的投入满足自身（部分）的需要，而后者完全依靠工资性的收入来满足自己所有方面的需要。在商品经济日益发达的现代社会中，农村地区及农民的多样化需求，已经不可能是完全自给自足的了，但是，在有些方面仍然具有“自给自足”的成分，比如生活必需的米、菜之类，这些作为生活必需的农作物，正是通过生产性的投入获得的。其实，即使在工厂农民工当中，农村“自我生产和自我消费”的形态与心理仍然存在。

> 在家消费少一点，吃喝，父母种的有，住也不用花钱租房子。在老家，像我们养鸡有鸡蛋，每天消费七元钱，差不多，在城里根本就不行。(G13P)

作为农民，一般不会出现为提高自己农业劳动技能的培训而支付费用

① 这里并不全指工厂农民工工资性收入的消费支出，也包括其父母用于其身上的消费支出。比如用于这些工厂农民工上技校受教育培训的支出，这些支出的目的与结果都是为了创造非农劳动力，实质上是工业劳动力的一种再生产。

② 指完全从事农业生产而不从事第二、第三产业的农民，在传统的农业社会中，农民只从事农作物的种植，目前这样的农民已经很少，一般都会或多或少地从事一些非农活动以获得一定的收入。

的情形，传统的农业生产技术大多是通过父母传承而来的。因此，教育培训成为工厂农民工身上的一项具有与农民有差别而又有特殊意义的消费支出。无论是 G19F 在初中毕业之后就读了本县的技校（每年 1 000 元的学费）学习“电子”，还是 G8P 在打工一段时间后上了半年的技校（5 000 元费用）学习“数控机床”，他们均付出了一笔不小的费用接受教育培训，其目的显然是为了获得从事工厂生产的技能。

在工厂农民工身上出现的“教育培训”，其实是作为商品的劳动力进行再生产的一个显著体现。劳动力的生产和再生产包括三个方面的内容：1. 劳动者劳动能力的恢复和保持；2. 劳动力数量的补充和增加；3. 劳动力素质的提高。工厂农民工通过技校培训既是为了获得工业劳动技能，也是劳动力素质提高的一种表现，在客观上完成了劳动力再生产的一个方面。由此我们还可以看出，工厂农民工其他方面的一些消费，包括租房、吃饭、穿衣、休闲等，都是为了“劳动能力的恢复与保持”；而其子女教育费用的支付，既是为了子女获得基本的文化知识，客观上是在进行劳动力的生产，因为他们的目的绝不会是“让子女去从事农业生产”，客观上也是在培养工业劳动力。

由此我们可以看出，工厂农民工消费的目的已经和传统农民消费的目的发生了根本性的变化：前者完全是为了“劳动力的生产和再生产”，而后者的消费既有维持生存、生活的目的，也有投入生产的目的。当农民离开农村进入工厂成为农民工时，他们的劳动力开始成为商品，他们通过出卖自己的劳动力获得工资性的收入。与农村的生活方式不同，工人的劳动生活方式完全是建立在商品经济基础上的。在社会化大生产和商品经济条件下，单独的劳动者不可能像传统农民那样独自完成生产全过程。工人只有通过向社会提供自己的劳动，然后根据社会分配原则，才能获取满足自己需要的生活资料。在这种情况下，工人只能通过生产商品获得收入，再用获得的收入来进行自己需要的消费。工人向社会提供一定的劳动，社会则根据一定的分配原则，以工资等形式分配给工人一定数量的货币。然后，工人持一定数量的货币向社会换取满足自己生活需要的消费品和劳务。从一定意义上来说，进入工厂的农民工的消费活动，基本上只用考虑自身作为劳动力的“生产和再生产”方面的问题，而不用考虑“生产或扩大再生产”方面的事情。

只有通过消费，劳动力的生产和再生产得到实现，才能保证社会再生产的顺利进行。但在现实条件下，工厂农民工的收入是否能够维持其劳动力的生产和再生产还存在疑问。据《中国青年报》在全国八省十个地区的调查，农民工生活方式最大的特点是节俭，奉行“能省则省”的原则，农民工的主要收入除用于必要的生活开销外，每月用于其他消费的开支极少，基本上都寄回了家，收入越低的地区，寄回家的收入比重占得越大。大多数农民工除了留下用于生活必须消费的钱之外，几乎不花费什么钱。在城市生活中，农民工的消费行为基本限制在“必需消费”上，对生活的要求较低，他们的生活参照系不是城市市民而是家乡的农民，这种较低的经济参照系的选择有利于进城农民工的经济适应，可以说，农民工只要找到了工作，有了基本的收入，在经济上能够维持城市生活的最低消费，就有了立足之本。[①] 不仅如此，“作为城市中的临时性劳动力，城市的住房、教育、健康医疗、福利以及其他环境设施等集体性消费资料与这个劳动力大军无关”。[②] 在这种情况下，农民工要维持劳动力的生产和再生产是很困难的，长此以往，劳动力的生产和再生产将难以为继，工业的生产和再生产也会受到影响。近些年出现的“用工荒”问题，在一定程度上就是工业劳动力无法维持其生产和再生产的一种现象的反映，应该与工厂农民工的消费水平和消费方式有一定的关系。

五、对生活方式规训的抗争：远离工厂

工业生产对人们生活方式的影响可以说是全方位的。对于工厂农民工

① 魏晨：《城市的分化——以徐州市为个案的社会分层与底层状况研究》，吉林人民出版社，2006 年版，第 224—225 页。

② 任焰、潘毅：《农民工劳动力再生产中的国家缺位》，载于方向新主编：《和谐社会与社会建设——中国社会学会学术年会获奖论文集》(2007 · 长沙)，社会科学文献出版社，2008 年版。

来说，进入工厂之后，生活方式更是一种彻底的改变。生活方式的这种转变，总体上来说是一种被迫的，因为生产方式的变化而发生了根本性的改变。但是，生活习惯的改变并非易事，以工业劳动为主的农民工，面对生活方式的规训，虽然也能忍受，但也表现出了不适应、不习惯。任焰、潘毅提出的“宿舍劳动体制”，与其说是一种特殊的生产方式，倒不如说是一种工厂生活方式的特殊形态。“宿舍劳动体制”产生，既是农民工难以在城市或打工地支付高额的以居住为主的消费的选择，也是工厂为了更方便地获得相对稳定而又廉价的劳动力，同时又是便于监视管理并由此提高劳动力生产效率的一种手段。应该说，“宿舍劳动体制”是到目前为止所提出的最为典型的一种工厂农民工的生活形态，也是工厂农民工受到生活方式规训的一种典型体现。但综合访谈情况来看，笔者发现了工厂农民工并不是完全接受以工厂宿舍为主的生活方式规训，除了在工厂宿舍中进行一定的抗争外，一些工厂农民工通过远离工厂的方式来进行生活方式规训的抗争。具体来说有两种类型：一种是仍然回归农村的生活方式；另一种是离开工厂宿舍的生活。这两者均有“远离工厂、避免工业生产对生活产生影响”的特征。

(一) 仍然回归农村

毫无疑问，很多的农民工走出农村，部分是为了离开农村这个相对贫困的地方，部分是为了逃避农村的生活方式。但是，农村的生活形态以及恋家、恋土的心理作用，回到农村进行生活仍然是一种重要的选择。比如对于在C1藁城金鑫焦化上班的G1P(其爱人也在就近的一家工厂上班)，当时在老家农村盖新房时，就曾考虑是否选择在县级的藁城市买房安家，因为在老家盖新房和在县城买一套相对较小的房产的支付费用相差不大。但G1P一家最终仍然选择了在老家盖新房，其主要理由是老家还有地，并且亲戚朋友都在农村。由此可以看出，G1P一家的这种选择，实质是选择了一种农村的生活方式。虽然G1P及其爱人已经长时间地在工厂上班，并且在未来的很长时间里仍然将维持这种状态，但除了上班时间在工厂外，由于仍然居住生活在农村，因此其生活方式主体仍然是农村形态的：兼顾着自己土地耕种，人情往来的方式没有任何的改变。

其实，目前在城郊或经济较为发达的地区，仍存在大量的与 G1P 相类似的“离土不离乡”的农民工。虽然这种农民工有部分已经选择了进城或进镇居住，过上了所谓的城市的生活方式，但仍然有相当一部分的人仍然选择了农村的生活方式。他们的这种选择，实际上就是与工业生活方式的抗争：在接受工厂工作方式的同时，最大限度地保留农村的生活方式。

仍然期望回到农村生活的工厂农民工还有另外一种类型，远离农村老家，到其他城市打工的农民工。他们中的部分人在最终生活方式的选择上，也表现出了对老家农村生活方式的向往。

> 我的计划以后都是要回老家的。把这边当作一个工作的地方，只要有住的、吃的就行了。你说在这里买三室一厅，买楼房，咱也没有钱，我也不买。我就算当了老板，也不会在这边买房子。也就是稍微租个房子，做老板当然事多了，但是过年还是要回家，毕竟家是个落脚点。我出门就一个目的，就是为了挣钱，别的就没什么了。市里面好玩的地方，想去就去一次，别的就不想啥了。(G8P)
>
> 我老公准备学驾驶员，做木工太累了，在工地上太累了，不想再做了。学驾驶，自己买个车，我也不知道他想买什么车。可能是想买一辆面包车，送送客吧。他说，今年如果有可能的话，明年就不想过来了，想回家。在外面东奔西跑的，总归没家里好。我们肯定打算以后还是回老家，总归在外面也不能太长时间。(G13P)

从 G8P、G13P 当时的心态和打算来看，他们是期望过“农村式”的生活的。在 G8P 的言语中，虽然似乎带有“吃不到葡萄说葡萄酸”的意味，但也在一定程度上显示出他愿意居住在老家农村的心情。G13P 和老公打算最终回到老家农村生活，主要原因是因为在外打工挣钱太累，而且找不到归属感。这也是目前绝大部分农民工的一种心态：将在外打工仅仅作为一种挣钱的临时行为。这是农民工在外打工能够并愿意吃苦受累、过一种简单生活(包括宿舍生活)的重要原因。从这些工厂农民工不愿意接受城市(或者说是工业)生活方式、最终打算回归农村生活的选择来看，他们的这种选择就是一种对工业生活方式的抗争的行为。

(二) 逃离"宿舍制"

应该说，工厂宿舍的广泛使用代表的是一种带有强制性的劳动与居住方式(任焰、潘毅，2006)。对于绝大部分工厂农民工来说，选择工厂宿舍是一种被迫的行为：在城市，居住消费是他们的一项难以支付的高额消费。因此，在很长的一段时间里(即便是现在)，"包吃包住"都是工厂招收农民工的一项很有吸引力的条件。其实，正如任焰、潘毅在分析"宿舍劳动体制"时指出的那样，如果工人可以选择，他们更愿意选择离厂而居，只要有可能，工人们就绝不会选择住在宿舍。因为工厂宿舍差不多是一个"封闭的社区"，在这里，虽然工厂能够提供各种基本上是免费的生活设施，但是往往会进行严密的控制。我们从富士康工人宿舍的管理制度可以看出这种严密的控制形式：

> 进出宿舍刷卡是一项严格的管理制度，忘记带卡或者用别人的卡都不可以进入宿舍。一位在天津厂区工作的工友介绍，有一个工友忘记带工牌，回宿舍的时候用的是别人的工牌，被保安发现后，他被狠狠地训了一顿，最后还是别的工友帮他把工牌拿出来之后重新刷卡才进宿舍的。如果不刷卡，则要被取消住宿舍的资格。如果想要进入别的宿舍楼，则要登记工卡，而即使登记也有可能带来处罚，因为宿舍楼不同区域之间不能走动。富士康在宿舍区配备了保安和稽查对工人进行管理和控制。宿舍里不准打牌、喝酒、抽烟，有人会不定时稽查。宿舍每一层都有保安。有一次快十二点了稽查还来敲门。

——摘自联合课题组：《富士康的宿舍管理》，属于《富士康调研总报告系列二：富士康生产体制》，中国网2010年10月10日。

富士康对工人生活宿舍的管理看似极端，但从一个侧面反映出宿舍管理体制的严厉和严格。现代的工厂宿舍体制不仅拥有一套严格的纪律体系，同时也包含着某种福柯式的全景敞视的空间与日常生活的自我形塑技术（Foucault，1977；Mckinlay Starkey，1998）[①]。应该说，正是通过严厉的对生活宿舍的管理，工厂改变着这些农民工的日常生活习惯，执行着对工厂农民工最严格的生活方式的规训，以最大限度地为工厂提供最有效率的最廉价的劳动力。任焰、潘毅（2006）进一步指出，在这种宿舍的生活空间中，宿舍聚居为工人们强化和扩展这些非正式网络提供了必要的空间，为工人建立共识、发展策略以及采取集体性行动创造了条件，从而为工人展开集体抗争行动提供了一个重要的空间与社会基础，有助于动员工人向工厂管理者发动集体性挑战。

应该说，严格的宿舍控制为工厂农民工逃离“宿舍制”埋下了伏笔。虽然宿舍是工厂农民工的一种“福利”，而且能够给工厂农民工的生活和工作带来一定的便利，但是逃离“宿舍制”是绝大多数人的一种向往，如果稍有条件，他们均会选择离开工厂的宿舍居住。

虽然集体宿舍有空调，离上班的地方近，但好几个人住在一起不是很方便。至少上网不方便吧！我上班的时间经常是晚班，就是从下午4点到晚11点。其他的时间，睡觉或者上网，就不太方便。别人要休息，而且在集体宿舍中，不方便做饭，差不多都要在外面吃，想什么时候煮点东西吃都不行。不让用电炉子或电磁炉之类，很不方便。自己很不自由！（G20S）

① 任焰、潘毅：《宿舍工厂体制：劳动控制与抗争的另类空间》，《开放时代》2006年第3期。

G20S在其离开工厂宿舍选择租房住的原因中，讲得最多的词便是“不方便、不自由”。在笔者居住的社区中，因为靠近C6金陵船厂，有大量出租房住的农民工。他们居住的房子，虽然也有单元房（一般是合住一套房子，一人租住一间），但绝大部分住的是本地居民违章建的简易房，比如铁皮房，小的仅有七八平方米，大的也就十六七平方米。虽然房间非常简单，而且“冬冷夏热”，而C6南京金陵船厂也提供条件相对较好的宿舍，但这一区域的简单房间的出租仍然显得供不应求。也就是说，希望“逃离”“宿舍制”的工厂农民工不在少数。这里之所以用“逃离”一词，主要是因为工厂往往会有意无意地通过一些措施，让工厂农民工尽可能地居住宿舍。“逃离”“宿舍制”工厂是目前农民工对“宿舍制”进行抗争的有效行为和体现。然而，在现实中，能够逃离宿舍制的工厂农民工并不占多数。河北总工会2010年的一项调查显示，河北的农民工中，住单位集体宿舍的占42.8%；每天回农村家中居住的占24.4%；租住民房或经营性集体宿舍的占23.6%；在城镇拥有自购住房的占4.6%；在亲友家借住等形式的占4.6%。[①] 从这一数据可以看出，接近一半的农民工主要是住集体宿舍（而住集体宿舍的农民工一般也是工厂农民工），而租住房的农民工仅接近四分之一。这主要是因为租住房间是一笔不小的开支，在目前房价偏高的情况下，租金也跟着上涨，直接影响着工厂农民工离开宿舍生活的决策。

进入工厂之后的农民工，其生活方式必须按照工业生产的需要进行调整和适应，这是不可抗拒的。同时，在一定时间内从事工业生产的农民工还会怀恋并向往农村的生活也是正常的。但现实中工厂农民工的生活方式远未进入一种正常的工业生活方式，当其工资收入还无法满足正常劳动力的生产和再生产，其基本的生活生理需要、起码的自由空间等都不能满足时，作为目前盛行的“宿舍制”工业生活方式不可避免地会引起工厂农民工的抗争。除了“宿舍制”内的抗争外，无论是回归农村，还是逃离“宿舍制”，都在

---

① 《省总工会对农民工安居情况调查：自购住房者不到5%》，《燕赵都市报》2011年6月27日。

一定程度上反映了工厂农民工对生活方式规训的一种抗争行为。

本章小结

马克思在分析资本的生产过程时指出，“‘机械发明’引起‘生产方式上的改变’，并且由此引起生产关系上的改变，因而引起社会关系上的改变，‘并且归根到底’引起‘工人的生活方式上’的改变”。[①] 传统农业的生产方式与自然融为一体，而且基本上是自给自足，也就是自我生产、自我消费，将其生活完全融入生产之中。工业生产方式已经基本脱离自然条件的限制，随之而来的是生活方式的改变。

农民生活方式的改变并不是一朝一夕的事情。传统的习俗有很强的惯性，改变它就像生物进化一样需要有一个选择和适应的过程。只有农民能自发地意识到这种习俗很不好，对他们的生存和发展带来了很大的不便时，才会试图去改变它。但是从工厂农民工生活方式的转变可以看出，所谓的“难以改变”，主要是因为决定其生活方式的生产方式没有发生改变。在工业生产方式之下，生产的时间性使农民工的生活实现了时间安排上的有计划性，农民工不能再像农民的生活那样可以“自由”地安排；同时，工厂农民工的生活实现了在空间上与生产上的分割。应该说，是劳动方式发生了根本的改变使生活方式的改变成为自然的事情，也就“水到渠成”了。从生活消费来看，与传统农民的消费相比，工厂农民工消费的目的发生了根本性的变化：消费的目的在很大程度上是为了“劳动力的生产和再生产”。但是，现实中很多条件的限制，使工厂农民工的收入难以维持其劳动力的生产和再生产。农民工的消费行为基本限制在“必需消费”上，而与劳动力生产和再生产密切相关的住房、教育、健康医疗、福利等，基本成为农民工难以消费的

① ［德］马克思、恩格斯：《马克思恩格斯全集》第47卷，人民出版社，2004年版，第501页。

资源。应该说，这种情况影响了农民工维持劳动力的生产和再生产。

面对生活方式的规训，工厂农民工的抗争行为，既包括现有的“宿舍制”内的抗争，还包括尽量使自己的生活远离工厂的抗争行为。目前离土不离乡的生活方式，既是工厂农民工依恋农村生活方式的表现，也是一种抗拒纯粹工业生活方式的体现。而“逃离”宿舍制生活的行为，却是一种直面严厉宿舍管制的终极抗争行为。虽然离开集体宿舍要增加生活的成本，但逃离的期望在工厂农民工这里始终存在并在不断地付诸实施，这既是对工厂管制的抗争，更是一种对体面生活的追求。

第六章　微观方面：全景敞视的工厂规训

米歇尔·福柯创造了全景敞视主义这样一个词来形容现代监视体系。全景敞视主义是古典时代刑训权力的一种现象，它的一个重要特点便是“犯人是可见的，而权力又是不可知的”。[①] 全景敞视建筑在使用上具有多种价值，是“一种在空间中安置肉体、根据相互关系分布人员、按等级体系组织人员、安排权力的中心点和渠道，确定权力干预的手段与方式的样板”。工厂的生产行为作为一种“与一群人打交道而又要给每个人规定一项任务或一种特殊的行为方式”[②]，全景敞视模式无疑可以用于工厂，全景敞视主义可以用于“监督工人”。按照福柯的说法，全景敞视监狱除了做必要的修改外，它适用于“建筑物占用的空间不太大，又需要对一定数量的人进行监督的任何机构”。而英国功利主义哲学家边沁是把罪犯教养所当作

---

① [法] 米歇尔·福柯著，刘北成、杨远婴译：《规训与惩罚》，生活·读书·新知三联书店，2003 年第 2 版，第 234 页。

② 同注释①，第 138、139 页。

首要的例证，这是因为它需要实现许多不同的功能——安全监护、禁闭、隔离、强制劳动和教育。从前面章节的分析大致可以看出，工厂体制已经作为一种实现从农民向工人进行规训的社会机体，本章将具体而微到工厂结构及其生产运行模式，来分析福柯所分析的一种典型机构之一——工厂——在现代社会中如何有意无意地用全景敞视主义来实现对农民工的规训。

一、全景敞视的结构

福柯提出“全景敞视主义”这个词的主要灵感来自边沁所设计的“全景敞视监狱”。这种监狱的基本结构是：监狱的四周是个环形建筑，监狱中心是座眺望塔，所有囚室对着中央监视塔。眺望塔的塔墙上安有一圈对着环形建筑的大窗户，环形建筑则被分成许多小囚室，每个囚室都贯穿建筑物的横切面。每个囚室都有两扇窗户：一扇对着中心眺望塔，与狱墙上的窗户相对；另一扇对着外面，能使光亮从囚室的一端照到另端。这样在圆形监狱中，监视塔里的看守对囚徒的活动一览无遗，中心控制塔只需安排极少数的监督人，甚至可以只安排一个人。在圆形监狱的环形边缘，被监视者是彻底地被观看的，但他不能反观到监视者；同理，在中心眺望塔，监视者能观看，但是不会被观看到。这样，监狱内的囚犯时时感觉到自己被监督，从而在心里形成自我监督。福柯认为，这种监督体系只需付出很小的代价。监狱的这种结构往往被认为是一种全景敞视模式，被认为是“规训机制最典型、最精细的微观形式”。没有必要发展军备、增加暴力和进行有形的控制。在全景敞视的物理结构中，最主要有两个特点：一是有能够对“囚徒”一览无遗，也就是能够使监视者处在一个“中央监视塔”的位置；二是被监视者被隔离、被分割，“每一个人都被一种不可见的权力组织到被隔离、被分割的空间之中”。福柯在其著作《规训与惩罚》中指出，“监狱很像是一个纪律严明的兵营、一所严格的学校、一个阴暗的工厂。监狱与它们没有实质上的差别”。[①] 只不过“学校、工厂和军队都只涉及某些方面的专业化，而监狱远远超过它们，是一种‘全面规训’的机构”。[②] 显然，工厂也具有“全景敞视”结构，正如福柯所指出的那样：“对于监狱与工厂、学校、兵营和医院彼此相像，难道值得大惊小怪吗？”[③]下面从工厂及其车间的建筑结构来诠释全景敞视主义的特征。

(一) 一览无遗的车间

福柯在《规训与惩罚》中描述了杜桑·巴雷(Toussaint Barre)于1791年建成的最大厂房的结构及其空间布局：“有110米长，是一座三层楼。第一层主要用于刻版印刷。整个车间分两行排列着132个工作台，有88个窗户。每个工作台有一名印刷工和一名调制、涂抹颜料的助手，共有264个人。工作台的一端是一个架子，刚刚印好的布料搭在上面晾干(Saint-Maur)。监视者在车间的中央通道巡视……”[④]用平面图来看杜桑·巴雷的厂房空间布局(见图6-1)，可以看出，车间的中央通道，是处在整个车间的一个最佳的观察位置，巡视员站在中央通道的任何一个位置，只需要做个一周转身的动

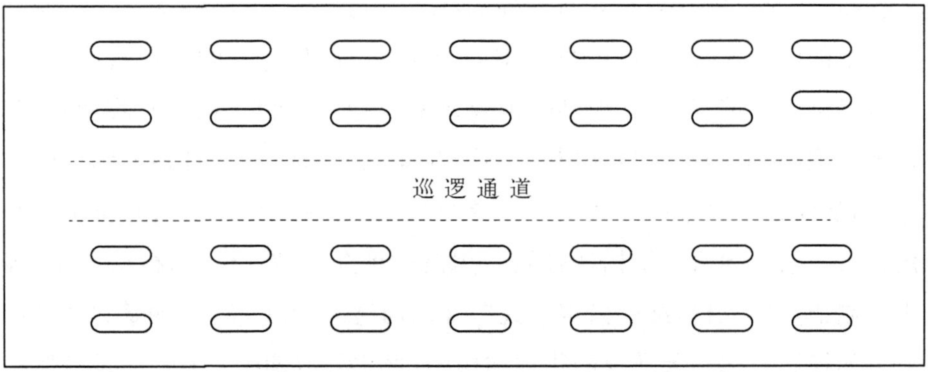

图6-1 杜桑·巴雷的厂房空间布局平面示意图

① [法]米歇尔·福柯著，刘北成、杨远婴译：《规训与惩罚》，生活·读书·新知三联书店，2003年第2版，第261页。
② 同注释①，第264页。
③ 同注释①，第255页。
④ 同注释①，第164—165页。

作，就可以观察到每个工作台及每个工人的工作状况。在这里，工厂厂房的结构充分显示其“一览无遗”的特征。

再来看看笔者观察到的两个工厂车间的布置格局。

一是G13P所在的C16吴江金翔服饰厂。在工厂的门口有一个门卫岗，左边是一个三层楼的建筑。据后面介绍，这是职工宿舍，目前只有很少的员工居住。右侧分别有两幢并排的建筑，一大一小，从外墙来看，较小的建筑显然装修得好，据介绍这是老总等人的办公楼，靠里的较大的那幢建筑便是生产厂房。一楼没有动静，我们径直进入二楼。楼梯在楼房的正中间，二楼以楼梯口为界，大致分为两个部分：其一是生产车间，有四五十个工人正在操作缝纫机；其二是设计、仓储间。在正对着楼梯的位置有一张桌子，坐着一位显然是负责管理的人员。下面用图6－2来显示这里的基本格局。

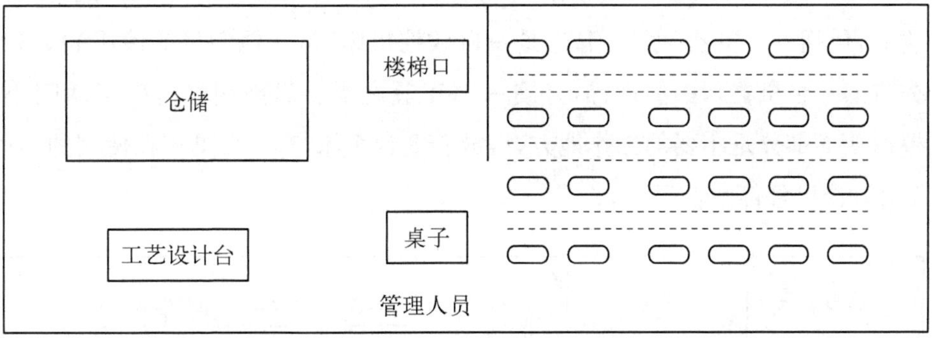

注：▭指一台缝纫机，一般对应一名工人。----指每排缝纫机之间的走廊。

图6－2 C16吴江金翔服饰有限公司的生产车间示意图

如图6－2所示，在车间的右边是生产车间，摆放着工人的工具——缝纫机。一般一台缝纫机对应一名工人，同时还有负责递送原材料及验收成品的工人，他们穿梭于机器之间的走廊。在这个生产车间里，管理人员处在整个车间的位置，也能够对车间的所有活动“一览无遗”：一是观看到楼梯口，这也是车间的唯一楼梯口，任何人进出车间（上下楼梯）都能够被管理人员看到；二是管理人员的右边与生产工人及机器隔开，他所在的中间靠下的位置，能够使所有的生产工人及机器处在自己的视野之下；三是管理人员左边的工艺设计台，时常也有设计工人（相当于一定程度的技术工人），管理人员几乎就在其旁边；四是仓储也在管理人员的视野之中，任何生产工具、生产资料及成品的回收入库，管理人员都能够进行有效的监视。与此同时，机器之间的走廊也为管理人员的巡视提供了通道。这样，在这里的主要管理人员除了能够在他所处的位置（如图 6－3 所示“桌子”的地方）对整个车间监视之外，还能够通过定时不定时的巡逻监视工人及机器的运行状况。这种生产车间的结构及布局，使整个楼层的车间只需要一个管理人员就能够实现有效的监视和管理。

二是 G11P 所在的 C12 石家庄裕兴泵钻厂。如图 6－3 是一个小型制造厂的布局，主要是加工制造泵钻。该工厂最多的时候有 30 名工人，访谈时就十多名工人。该车间分为东西两个部分：东面部分，进门（靠北）堆放着各类物品，包括一台机器（据介绍，这是一台数控机床，是比他们目前使用的更为先进的一台机器），一些产品，还有一些工具之类。靠南用红砖砌了两间小屋。西面部分是主要的工作地方，摆放着 8 台车床，有 7 台是正在使用的，有 1 台好像已经停止使用了。

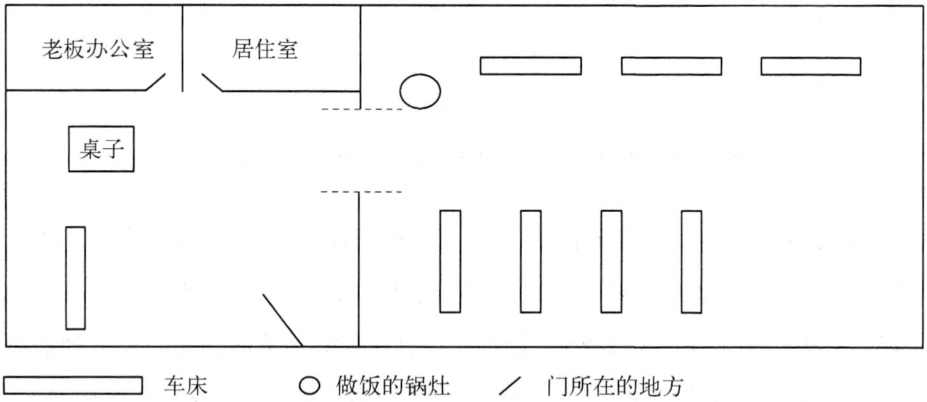

图 6－3　C12 石家庄裕兴泵钻厂的生产车间示意图

在这个小型的车间里，为了有效地利用空间，老板的设计集生产、管理、办公、就餐于一体。整个厂房分左右两大间，左边靠里又分成了两个房间，其一是老板的办公室，其二是一间起居室（主要是老板使用）。也就是说，这里成为老板的一个常住地。在左边的车间里，有一张桌子，桌子主要供管理人员使用（我们进入车间的时候，工人和老板正围着该桌打麻将），是管理人员[①]经常所在的地方。在左边的车间里，还有一台车床和一些工具。在厂房右边的车间里，摆放着车床。除此之外，还有一个做饭的简易灶和锅，是给工人准备午餐或晚餐所用的。虽然整个车间有左右之分，但区隔的中间并没有设门（虚线之间的位置）。从这种布局中我们可以看出，管理人员所在的位置既能够观察工人的进出，又能够对工具实行有效的监管。同时，管理人员可以随机地进入虚线所在的位置，就能随时全景观察到整个车间里工人及其机器的运行状况。

以上是两个典型的车间布局情况，也具有福柯所描述的全景敞视主义的明显特征。当然这并不能由此判断在现代的工厂中是否普遍地采用了全景敞视的建筑结构。但可以从绝大部分被访者的描述中看出，让尽可能多的工人集中于某一个大厅式的、能够一览无遗的空间中从事生产，是绝大部分工厂采用的建筑结构及布局。

（二）以分工形成分割

无论什么类型的工厂，特别是大工业生产之后，分工协作成为工厂内部、工人之间的重要组织形式，因此工厂需要考虑将工人"分配在一个既能隔离又能组合的空间中，而且还涉及如何根据具有独特要求的生产机制进行这种分配。必须把人员的分配、生产机制的空间安排以及'岗位'分配中的各种活动结合在一起"。[②] 因此，工业革命以来的 200 多年中，大部分时间都是按照专业化分工的原则来设计职位。职位设计与劳动分工、工作专业

① 这里的管理人员，主要是指老板、老板娘，或者是老板的母亲。老板的母亲主要负责管理工人使用的车床刀具之类，老板和老板娘不在工厂的时候，由她负责给工人安排任务。

② 李三虎：《技术、空间和权力——米歇尔・福柯的技术政治哲学》，《公共管理学报》2006 年第 3 期。

化意义相同，组织中的工作被设计得尽可能简单、单纯、易做。从技术的角度，专业化的分工可以使劳动者专精一业，极大地提高熟练程度，挖掘最大效率，可以避免因改换工作和操作而带来的时间和精力损耗，可以使既定技术水平的操作变得大为简便易行从而极大地提高企业的管理效率。正因为如此，几个世纪以来，从社会分工到行业分工，从岗位分工到产品分工，乃至操作的每一个环节、每一个步骤、每一个动作的分工，日益明确化、细密化。在福柯之前，几乎所有的学者都是从组织化生产、提高生产效率的角度来评价工厂在空间和时间方面的分工协作。

福柯在阐述全景敞视主义的时候，首先描述了城市出现瘟疫时的隔离措施："实行严格的空间隔离：封闭城市及其郊区，严禁离开城市，违者处死，捕杀一切乱窜的动物；将城市分成若干区，各区由一名区长负责。"①显然，区隔、分割就成为全景敞视结构的重要特征。在边沁的全景敞视监狱中，"环形建筑被分成很多小囚室，每个囚室都贯穿建筑物的横切面"②。无论是城市出现瘟疫时的隔离，还是全景敞视的监狱，分割、隔离成为一个重要的空间特征。由此，福柯的分析延伸到了工厂，从一个全新的角度来分析工厂的"分工"行为。福柯指出，"在18世纪末出现的工厂里，个人化分割原则变得更加复杂"。工厂往往"根据生产的阶段或基本运作，将各个进行生产的人员和生产过程分割开。这样，由于劳动能力以一种完全可见的方式分散在一系列个人身上，所以它可以被分解为独立单位"。③

对于工人的分工而言，已经不再仅仅囿于一种空间的分割和隔离，而是一种空间上的相对分开。工厂之中并没有太多的隔离，相反，工厂会让产品的某一个环节在某一个车间完成，或者使某一个流水线在一个车间完成，在其中一个较大的空间里会集中较多的工人进行生产。正是因为日益精细化的分工，使得每一个工人的工作行为成为一个相对独立的动作。这个动作

① ［法］米歇尔·福柯著，刘北成、杨远婴译：《规训与惩罚》，生活·读书·新知三联书店，2003年第2版，第219页。
② 同注释①，第224页。
③ 同注释①，第164、165页。

简单、单一，而且独立性很强，基本上不需要别人的合作就能完成。我们来看两个例子：

(在C28北京LG器材)检测就是测试那个触摸屏，看一下就行了，一看就会了，简单得不行。其实没上学的也可以学(做)，……测那个机子，用电脑，点一下鼠标，就起(行)了。流水线，看你手快，你手快点就行。……上班也是坐着，你一坐着就不能站起来，就是坐在那里看着。(G19F)

(在C2日照钢铁)一天12小时，就坐在那里看着。……你看着，一个人，750米的一个皮带，周围没人，就你一个人在那里待着，……困了来回走一下，最多5米之内，你不要动，超过5米让人逮着你就是违规。(G4P)

显然，工厂中已经没有监狱式隔离。G19F所在的岗位经过分工之后，处在一个相对固定的岗位，在这个岗位上，现代化的工具(检测仪器连接到电脑)使其工作任务简单化，只需要几个简单的动作即可。但是由于可能影响生产效率，或者是流水线的需要，也可能就是一种工厂控制的需要，她已经只能在"她的座位"所在的空间之中行动，因此就出现了"你一坐着就不能站起来，就是坐在那里看着"(G19F语)的情况。G4P的情况更是说明了这种分割与隔离。他的岗位相对独立，是看护一个机器(主要是)皮带的运转。按照规定，他在上班的12个小时中，只能在距离机器5米的范围内行动，否则就会受到严厉的处罚。虽然对于G4P来说，岗位处在一个敞开的大空间之中，但岗位的规定已经将他限定在一个狭小的空间内，不得越雷池半步。也就是说，细化的分工以及流水线的安排会使每一个工人只能处在某一个相对固定的岗位空间之中，任何离开这个岗位空间的行为都是禁止的、不允许的。这种禁止和不允许既是纪律的规定，也是岗位的必需，因为任何离开岗位空间的行为都可能影响整体的流水线作业或者生产的进程。

显然，如同监狱中的小囚室造成的封闭空间一样，工厂也通过分工造就了新的工业空间控制。我们还可以看到，工厂中通过精细的分工，使权力作用于身体的规模变得日益细化。这种细化主要体现在：某项任务被分解成若干个小步骤，并从时间上和空间上加以限制。从这个意义上来说，“工业社会之所以取得巨大成功，其关键在于对大工厂的技术空间设计，即把生产阶段划分和个人化分割整合成为一种肉体—机器系统，以发挥整体生产力功效”。①

由此可以看出，工厂中的全景敞视主义已经超越了物理的建筑设计，它按照个人化分割原则，也就是通过工业生产的细化分工实现对每一个工人的“分割与隔离”，根据特定生产机制把工人分配在一个既能隔离又能组合的空间中，使工人岗位分配、生产机制空间安排以及岗位活动结合成一个整体。这种有意无意精心设计的全景敞视建筑，使不同层次的管理者可以一眼观看到车间中的所有工人。正是这种一览无遗的车间结构以及明确细致的分工，使身在其中的每一个工人会产生一种被强迫的感觉，从而使“权力到达了人们的心中”。从而实现了“一个完整的‘空间—身体’之‘分割—置入’的雏形和权力运作流程。先分割固定的封闭空间，再置入肉体，然后进行监视观察，随之记录、书写”②。从工厂出现时的手工作坊，到现代化的工厂结构与布局，其实都无时无刻不包含着这种全景敞视主义的理念。在现代的权力所有者的心中是要把所有人放在一个以“全景敞视的主义”建立起来的监狱中。

福柯也指出，大工厂这种空间设计的目的在于增大其生产功能，即适应生产力日益集中的趋势，“获取最大利益和消除各种不利因素如偷盗、怠工、骚乱和‘密谋’，保护生产资料和工具，驾驭劳动力”③。如果考虑到 19 世纪末期产生并在 20 世纪初发挥重要作用的泰勒制度(如福特汽车生产管理的

① 李三虎：《技术、空间和权力——米歇尔·福柯的技术政治哲学》,《公共管理学报》2006 年第 3 期。

② [法] 米歇尔·福柯著，刘北成、杨远婴译：《规训与惩罚》,生活·读书·新知三联书店，2003 年第 2 版，第 22 页。

③ 同注释②,第 162 页。

效率技术），那么福柯的这种描述就更有意义。

二、多种形式的监视

全景敞视建筑进行设计和建设的初衷与目的都是为了实现有效的监视。边沁所设计的全景敞视建筑，不仅仅是“一些石头外形”“一些物质装配和性质组合”，最重要的是通过空间的分割和使用，把应规训的身体放置于目光的监视之下。从某种意义上来说，“全景敞视主义”的要义在于权力加技术，边沁的“环形监狱”首先是一种建筑技术，然后才可以实现权力“监视”的功能。福柯指出，全景敞视建筑“这种封闭的、被割裂的空间，处处受到监视。在这一空间中，每个人都被镶嵌在一个固定的位置上，任何微小的活动都受到监视，任何情况都被记录下来……”[①]但是，信息、网络、电脑等技术的广泛应用，改变了人们活动的空间结构概念，一些现代化的工厂通过现代技术的应用，监视的形式已经不再囿于传统的全景敞视的建筑结构，监视的形式更加多样化。

（一）直接监视

所谓直接监视，主要是指通过管理者的视野直接实施的观察、监督与控制。在边沁的全景敞视建筑中，瞭望塔有一圈大窗户，对着环形建筑，所需要做的就是在中心瞭望塔安排一名监督者，通过逆光效果，人们可以从瞭望塔与光源恰好相反的角度，观察四周囚室里被囚禁者的人影。也就是说，直接的监视，主要是依靠敞视建筑，通过空间单位的安排，监视者可以对被监视者进行直接的随时观看和一眼辨认。

在前面提到的 G13P 所在的 C16 吴江金翔服饰厂和 G11P 所在的 C12

① ［法］米歇尔·福柯著，刘北成、杨远婴译：《规训与惩罚》，生活·读书·新知三联书店，2003 年第 2 版，第 221 页。

石家庄裕兴泵钻厂中，典型的全景敞视布局使管理者能够实施对工人的直接监视。工人被分工分割并被放在“一览无遗”的生产车间之中，管理者“既可以看到全局，又可以监督每一个人”。[①] 直接监视最显著的特征就是管理者能够直接观察到工人的各种行为，包括工人违反纪律的、不规范的、影响生产过程和产品质量的行为，以及工人的能力表现，甚至还可以对其劳动技术进行指导。福柯指出，直接的监视“可以看到人的出勤和表现以及工作质量，可以对工人进行比较，根据其技能和速度加以分类，可以监督生产过程的各个阶段。……劳动能力的各种变量——体力、敏捷性、熟练性、持久性——都能被观察到，从而受到评估、计算，并且与每一个工人联系起来”。[②]

应该说，全景敞视的建筑结构及布局为工厂管理者对工人的直接监视创造了最好的条件。工厂管理者或者老板可以利用处在生产车间的最佳位置，采取时刻观察、来回巡视或者随机检查的方式，监视工人的一举一动。直接监视给工人造成了一种最为直接的压力，因为专职的监督者在工厂中出现后，他通过巡视、检查，使监视成为工厂中的一种强化的连续的监视。这主要是“由于生产机制日益扩大和日益复杂，工人数量增多，劳动分工细密，监视就变得更加必要，也更加困难。它变成了一项专门职能，成为生产过程的一部分，与整个生产过程并行。经常在场但又不同于工人的专门人员成为不可缺少的要素”。[③] 在工厂中，监督者的职责就是“监督工人，巡视各工作地点，向经理报告各种情况”。传统的或者频见报道的“监工”，往往都被描述成“凶神恶煞”的模样，他们一般是工人的直接管理者、监督者以及惩罚者，因此，这些所谓的基层管理者很容易站在工人的对立面，从而容易形成直接的冲突。但是现在在工厂中实施直接监视的人员，绝大部分已经不仅仅是“监督者”的角色，他们往往同时也担任“技术指导者”“基层管理

① [法]米歇尔·福柯著，刘北成、杨远婴译：《规训与惩罚》，生活·读书·新知三联书店，2003年第2版，第164页。

② 同注释①，第164、165页。

③ 同注释①，第198页。

者”等角色。

> （在C22吴江市金吴纺织中）负责管我们的，有组长，有教练，组长管我们一个班里的人。一个班里，像我们倒纱的、落纱的、出纱的都不一样，光我们班就有四五十人。小组长上面是教练，像班长一样，他们叫他教练，来学员了由他教我们，教练的技术差不多是最好的，来的新员工都是他教的。我们的组长是本地人，教练也是本地的。平时安排任务等都是组长负责的。（G16P）
>
> （在C6南京金陵船厂中）我们老板是不干活的，他只是来看看。老板下面有班长，这个人平时的任务就是看图纸，把活儿给分配好了，就行了。无规矩不成方圆，每一个老板都有要求，都有自己的管理模式。比如说上班时间的规定，上班不能迟到，下班不能早早就走了。上班的时候，你在这个地方的工作量要完成，这个电焊工本来能烧完，但你在那里玩不烧，把这活儿给推迟了，落在那里了，如果让带班的看见了，带班的肯定要说你，要找你的麻烦。管理时也会出现一些老板需要注意的，但工人不怎么注意的事情，比如上班注意安全，有带班的提醒，这种事老板就不用操心了。（G8P）

由此可以看出，直接监视的结构与设计，除了具有监视的功能外，还具有质量控制、测评结算工资、直接的指导技术以及进行一些基本的管理的功能。这样，在工厂全景敞视建筑中的这种直接监视，因应了福柯的说法，“全景敞视建筑还是一个实验室。可以同时教不同的工人学会不同的技术，以确定最佳技术……”[①]因此，直接监视所完成的，不仅仅只有纪律方面的规训，同时也对工人的技术规训提供了一定的帮助，而且直接的监视者能够与工人在一定程度上实现面对面的交流与沟通，这种交流与沟通能够使直接

① ［法］米歇尔·福柯著，刘北成、杨远婴译：《规训与惩罚》，生活·读书·新知三联书店，2003年第2版，第228、229页。

监视者与工人能够“熟悉”并减缓一定“被监视”的压力。监视功能的扩展，往往使“监视就变成一个决定性的经济活动因素，既是生产机构中的一个组成部分，又是规训权力的一个特殊机制”。① 这和马克思在《资本论》中的观点相近，也就是说，“一旦受到资本控制的劳动成为协作劳动，管理、监督和调节的工作就变成资本的一个职能。一旦成为资本的职能，它就获得了特殊的性质”。②

(二) 层级监视

福柯指出：“规训监视其实是需要中转站的。因为金字塔形能够比环形更有效地满足两个要求：一是能够完整地形成一个不间断的网络，从而能够增加层次，并把各层次散布在需要监视的整个平面上；二是结构合理，不会将一种惰性力量压在需要规训的活动上，不会成为这种活动的制动器或障碍。”③这里的中转站，也就是监狱、医院、工厂等机构中的层级。工厂中的监视需要增加层级，还有一个很重要的原因是，工厂生产的分工往往也需要通过逐层的细化，也就是说必须分解成较小的因素，才能够最大限度地增大其生产功能。在这种情况下，监视就需要逐层落实并具体化，从而增大监视的效力。正因为“金字塔形监视”较之全景建筑的环形监视更为有效，所以福柯把大工厂纳入规训机构。

在现代化的大工厂之中，层层监视直接体现在层级管理之中。我们来看下面三个工厂的层级状况：

> (C28 北京 LG 器材)我们组长上面是班长，班长上面是室长，室长上面是工程师。班长管四五个组长，不，应该是 10 个组长了，一个班长管快 100 人了。室长上面是工程师，因为它是韩企，分科长和次长，科长

① [法]米歇尔·福柯著，刘北成、杨远婴译：《规训与惩罚》，生活·读书·新知三联书店，2003 年第 2 版，第 198、199 页。

② 马克思：《资本论》第 1 卷，人民出版社，2004 年版，第 313 页。

③ 同注释①，第 197 页。

和次长是韩国人。工程师是大学毕业，是中国人。我们以前请假是，请了组长请班长，请了班长请室长，请了室长再请工程师。现在不是人多了嘛，工程师他们也忙不过来，精力也不够。现在就是请了组长请班长，就行了，班长知道这事儿就行了。(G19F)

(C10 石家庄冀雅电子)原来是在底下，后来提升为小组长，后来提升为班长，现在提升为大班长。我下面分成两个小组，每个小组五个人，我现在是大班长，管着裁片、运输、中转，前面有三个辅助的，也就是说，我现在下面有两个班长。……我早上来了，开车间会，布置车间的任务，中班六点，白班是从早上八点到晚上六点，中班六点过来接班，我再过来安排一下。我现在就不用管了，只管着几个班长就行了，安排、协调一下就行了。我现在周一到周五上班，如果没事的话(家里或私人的事)我就来厂里，基本上就是来转一圈。对我们来说，没有太严格的规定。(G10S)

(C13 吴江松上电子)现在厂子里大概有一千多人。我现在是领班，管理生产线，我领的人，一个生产线上是23个人。管我们(领班的)的是组长，一般组长管5个领班，组长上面是副科，还有科长，是管整个车间的。(G12F)

层级管理往往呈“金字塔”形状，体现出一种立体监视的状况。管理层级可以抽象地分为三个层次，即高层管理者、中层管理者、基层管理者。对于工厂来说，高层管理者是指处于最高层次的管理者，如工厂的厂长、副厂长，公司的总经理、副总经理等；中层管理者指组织中各个部门(包括职能管理部门和直接管理部门)的管理者；基层管理者(如车间主任)是指把中层管理者的计划更加具体化地分配给组织中的业务活动者，并对业务活动者的活动进行协调的管理人员。上面分别是三个基层工人对所在工厂层级管理的叙述，叙述中并没有提到高层管理者，这也符合他们的基层境况，也在一定程度上说明高层管理者在管理监视方面对基层工人明显直接的影响有限，具体的管理监视是由中层特别是基层管理者来实施的。由层级管理形成监视，由上到下，由塔尖到塔基，形成一层一层的权力制约关系，福柯称其为“层级监视”。由董事长—董事—总经理—经理—车间主任—班长—组长—工人，自上而下，层层负责，形成层级监视。层级管理往往依靠从上到下的管理程序形成一种稳定的组织结构，这就使层级监视形成一种单向由上往下的监视。从理论上来讲，董事长既可以对董事、总经理、经理形成监视，也可以对车间主任、班长、组长乃至最基层的员工（工人）形成监视，也就是说，上级能够对所有下级形成监视，这种单向性的监视有利于保证组织秩序的稳定。

分层的、持续的、切实的监督在较大的组织形成之初就已出现，最典型的体现就是一些君王的统治，科层制的官僚机构更是层级监视的完美体现。福柯指出，层级监视是一种自上而下的关系网络，“这个网络‘控制’着整体，完全覆盖着整体，并从监督者和被不断监督者之间获得权力效应”①。通过监督，“规训权力变成一种‘内在’体系”②。因此，福柯进一步指出，由于有了这种监督技术，权力“物理学”对肉体的控制遵循着光学和力学法则而运作，即玩弄一整套空间、线条、格网、波段、程度的游戏，绝不在原则上不诉诸滥施淫威和暴力。这是一种更微妙的“物理”权力，因此似乎是不那么“肉体性”的权力。③

（三）电子监视

电子监视，主要是指通过摄像头和传输线路，将现场情景集中反映到集中监视室的终端的一种现代监视体系。在没有出现现代的监视体系之前，工厂中监视的实施主要是依靠直接监视和层级监视，在现代监视技术出现之后，考虑到现场情景、投入成本、规模大小等因素，直接监视、层级监视以及电子监视均成为一种选择。从近年来的诸多新闻报道可以看出，电子监

①②③ [法]米歇尔·福柯著，刘北成、杨远婴译：《规训与惩罚》，生活·读书·新知三联书店，2003年第2版，第200页。

视系统受到很多工厂的青睐。电子监视器、针孔式探头安装进工厂的绝大部分空间，360度全景监视器可以拍摄到工厂的每个角落，监视者只要掀动鼠标，工厂的每个办公室、每个车间，所有中、下层管理者以及员工(工人)的表现尽收眼底。在笔者的访谈中，其中有一人专门谈到了工厂的电子监视。

(在C17吴江依工化工中)，这里是装有摄像头的。首先是进门的地方，还有工厂的四周，只要稍微在四周转转，就能发现一些非常明显的摄像头。而且在门卫那里有显示屏，工厂门口、工厂围墙里面和外面的情况，通过摄像头都能看见。我们进出工厂都能被看见的。其实，在工厂里面肯定是有摄像头的，我曾经看见过一个，很小，很隐蔽，一般人看不见。我想，领导肯定能够看见我们。(G14F)

对比一下前面提到的C16吴江金翔服饰厂和C12石家庄裕兴泵钻厂与C17吴江依工化工厂，可以发现是否选择电子监视的工厂布局有一个重大区别：对于具有典型全景敞视结构与布局的工厂来说，车间是不使用电子监视的；而使用的工人较少，大多是现代化机器的工厂，就装了监控摄像机。前者因为有“一览无遗”的车间，全景敞视的布局使工厂在一个车间只需要安排一位监督者就能实施有效的监视；后者属于高科技设备较多，需要的操作工少，或者工作环境相对恶劣①的工厂。

从技术的角度看，高科技的车间使用的都是现代化机器，工作都由机器自己操作，技术员只控制机器就行了。有了监控摄像机，技术员可以在调控室看到每一台机器工作的情况。如果有一台机器出了问题，调度室里的技术员就可以通过监控摄像机知道哪台机器出了问题，及时维修，减少损失，

① G14F所在的依工聚合工业(吴江)有限公司主要从事研发、生产、销售工业用胶粘剂、修补剂、灌封材料、清洁剂、润滑油等产品。生产车间有较多的化工原料，工厂要求对很多原料进行密封处理。G14F提到曾经在工厂出现过一次突然恶心、呕吐后晕厥的经历，他认为原因就是工厂中的化工中毒。

减少人力。另外比如炼钢车间，工作环境恶劣，车间工人少，而且工人工作时间短，监控摄像机可以时刻监控车间机器运行的状况。这也成为工厂安装摄像头的理由之一。工厂安装摄像头的另一个重要理由就是为了工厂的“安全”，这里的安全，主要是指工厂物品方面的安全，比如防盗或防止工人夹带工厂禁止带出的物品出厂。

(在C17吴江依工化工中)公司装摄像头的主要理由说是为了安全。说要保证治安方面的安全，因此在公司大门、围墙一带以及公司里面都有摄像头。我们也知道这是公司怕我们把公司的东西带走。但是我们是不会那样做的，因此也就无所谓(是否装摄像头)。另外，有些化工产品的制造环节可能有毒，需要装摄像头进行监视。我们觉得这也正常。(G14F)

正是因为工厂有了“冠冕堂皇”的理由，因此在工厂中安装摄像头，尽管使工人产生了一定程度的“不安”“被监视”的感觉，但对于绝大部分工人来说，说不出太充足的反对公司电子监视的理由，再加上为了保住工作，也就没有把工厂中的很多空间中装有摄像头当回事儿，慢慢地也就习以为常了。

(在C17吴江依工化工中)(工厂中)有了摄像头，确实有被监视的感觉，有些不自在。但是感觉也没什么。这里的工资水平还可以，而且又不是特别累，对这点小事提出意见，可能会影响到自己的工作吧。(G15F)

在这里，工厂中的摄像头似乎对工人并没有产生太大的影响。但是电子监视的负面影响已经开始在一些媒体有所描述，而且认为摄像头的安装对其中的工人产生了相当大的压力。比如2004年4月20日《信息时报》有一篇报道，题目为“工厂装满摄像头，二百工人因神经紧张而头痛”。报道中说，有工人反映说，“那黑色的摄像头就像一把利剑，看后让人恐怖”。而工厂方面则认为，装摄像头是为了“防止人在加班的时候打盹，保证安全，防止工人乱偷东西”。

在车间安装摄像头的行为是否合法，是否侵犯隐私权，还没有定论。但是在目前的状况下，工厂借“安全”或“技术”之名在车间安装摄像头的行为，肯定会发挥摄像头的“监视”作用。在这种情况下，可以进一步减少“监视者”的数量，电子监视的一端直接能显示工人的工作状态，另一个终端就是数量极少的监督者。这里的监督者一般是保安，但不同层级的管理者显然可以利用这个电子监视系统，了解自己所管理车间的运行状况，也能了解管理对象的工作状态。监督者、管理者可以在一个终端集中的地方，仅仅依靠鼠标或几个按钮，就能了解到不同基层单位的运行状态及工人的工作状态。在这里，电子监视系统的反馈终端，就如同全景敞视监狱中的“中心瞭望塔”，敞开的或分割的各个车间的机器状况、工人状况，都能通过电子监视系统“尽收眼底”。可以这样说，电子监视系统使“监督者”的眼光通过摄像头得到了无限的延伸，因此监视者的眼光“无处不在”，这无疑十分符合“全景敞视”的原则，并将其发挥到了极致，从而使福柯所说的“无法确知的”（是指被囚禁者在任何时候都不知自己是否被监视）的效果更加明显。

无论手段或方式发生怎样的变化，监视都达到了这样的效果：监视无差别，对工厂中的每一个工人的任何微小活动都能进行观察；监视是可见但无法确知的，正如“全景敞视建筑中的被囚禁者可以目睹窥视他的中心瞭望塔的高大轮廓，但却不知道自己什么时候会被监视”一样，工厂中的工人都会被造成一种有意识的和持续的监视状态，在这种状态下，不论监视是否在进行，它都能使身在其中的工人总能感到监视的存在；仅需付出较小的监视成本，全景敞视工厂可以用较少的人同时控制较多的人，体现出了监督的高效性。监视是一种管理手段，也是一种权力体现，它构成了规训制度的重要组成部分。一般来说，为了行使相应的权力关系，任何组织机构特别是相应层级的管理者总是希望具备一种持久的、洞察一切的、无所不在的监视手段。因此，电子监视系统的出现并被应用到工厂也就成为一种必然。因此，有人指出，如果说边沁监狱还带有机械化时代的粗糙感，而无法完全规训潜藏在躯壳内的思想和意志，那么，随着科技的进步——卫星上天、网络互联乃至读脑技术的潜在应用——可见的空间分割逐渐褪去了强暴的色彩，让位于更加隐蔽的监视技术。在全景敞视结构与布局的车间中，“一名巡视员出其不意地来到全景敞视建筑的中心，一眼就能判断整个机构是如何运作的，任何情况都瞒不过他”。[①] 在现代的工厂中，层级管理与电子技术的应用，全景敞视建筑所延续的监视功能不但没有消失，反而得到了进一步的加强。正是通过各种监视，使劳动过程显示出来，使劳动能力（如体力、敏捷性、熟练性和持久性）被观察并受到评估和计算。这样就可以监视工人的出勤、表现和工作质量，可以对工人进行比较并按其技能和速度加以分类，就可以监督生产过程各个阶段。也就是说，通过工厂的监视，老板或管理者“能不断地评定他们，改变他们的行为，要求他们使用他认为最好的方法”。[②]正因为全景敞视建筑中的受监视者不是从外在的仪式和物质力量中感受到权力，而是从内在的精神上意识到这种力量的无所不在。在全景敞视的工厂中，已经不需要太多的手段和形式就能够对工人的行为发挥作用，并且能够在精神上对工人形成一种压力。

三、全景敞视主义与规训

福柯在其《规训与惩罚》中描述了18世纪后半期形成的大工厂的监狱式管理方式：

①② ［法］米歇尔·福柯著，刘北成、杨远婴译：《规训与惩罚》，生活·读书·新知三联书店，2003年第2版，第229页。

随着工厂的发展，也形成了大面积单纯而明确的工业空间：首先是综合制造厂，到了18世纪后半期，形成严格意义上的大工厂（肖萨德铁厂几乎占据了涅夫勒河和卢瓦尔河之间的整个梅丹半岛；1777年，为了建安德列工厂，威尔金森用堤坝在卢瓦尔河上建了一个小岛。枉法伊在夏波追尔山谷经过改造建成勒克勒佐工厂，并在工厂内建立了工人宿舍）。这不仅是规模上的变化，而且是一种新的控制方式。工厂明显地类似于修道院、要塞和城堡。警卫人员"只在工人返回工厂时，在宣告工作重新开始的钟声响了以后才打开大门"。一刻钟之后，任何人不得进入。白天结束时，车间领班把钥匙交回给工厂的瑞士卫兵，后者才打开大门（Amboise，国家档案，12，1301）。其目的在于，随着生产力的日益集中，用上述方式获取最大利益和消除各种不利因素（如偷盗、怠工、骚乱和"密谋"），保护生产资料和工具，驾驭劳动力："为了维持秩序和便于监督，所有的工人都必须集中在同一个地方。这样，受托管理工厂的合伙人就能防止和纠正工人中可能出现的弊病，将这些弊病消灭在萌芽状态中。（Dau Phin，199）①

"海峡两岸和香港"高校富士康调研组这样描述了大量使用农民工的富士康工厂：

在富士康所有的工区，都实行全面的封闭式管理和监视：工厂被围墙所封闭，有的围墙上甚至装有铁丝网；每个厂门都有保安把守，工人需要工卡才能进出工厂，没有工卡的人只有经过特批，在内部人员的带领下才能进入。工人被要求接受各级门岗、警卫的监督。此外，工厂几乎所有的公共和工作区域都设有摄像头监控。80多万工人就这样被"囚"在一座座"集中营"中。一名工人形容自己在富士康中的状态："你

① ［法］米歇尔·福柯著，刘北成、杨远婴译：《规训与惩罚》，生活·读书·新知三联书店，2003年第2版，《规训与惩罚》，第95页。

看，上班和下班加起来是什么，上加个下字，就是个卡字。这样就把你卡住了，没有自由了。你再看，这富士康厂周围都有墙，里面的人成什么了？就是个囚字，人在墙里面就成囚了。”工厂内部也严格区分，每一处厂区也都设有门禁。即使是在同一栋厂房，不同的事务处之间的工人也不准相互往来。在龙华富士康的 IDPBG 事业群，工人进了园区后，还要通过两道安检才能进入车间。电脑、笔记本电脑、光碟、磁碟、移动式存储设备、多媒体拍摄设备、可拍照手机、智能手机等，都是严格禁止带入的设备。因此，工人在车间里基本处于与外界隔绝的状态。①

可以发现，无论是18世纪形成的大工厂，还是处于当前的工厂，都带有“监狱式”的特点。这种监狱式的设计和管理特征，实质上就是为了建构“全景敞视主义”。从全景敞视模式的结构可以看出，全景敞视主义具有三个方面的特征：一是机构中的被监视者处在一个“被隔离、被分割的空间之中”；二是某一个人能够形成对机构中所有人的监视，基本上能做到“一览无遗”；三是被监视者能够感知到自己时刻处于一种被监视之中，从而形成一种遵守的压力。从上面的分析大致可以看出，无论是传统管理类型的工厂，还是具有现代管理手段的工厂，以“分工”为基础形成了对工人在时间上和空间上的有效分割，以“协调”为借口，借助现代技术形成了对工人持续有效的监视，从而使全景敞视主义在工厂之中得到了充分的体现。在全景敞视的监狱中，囚犯处在边沁所认为的“持续不断地处于监察者的睽睽目光之下”，从而使囚犯逐步“摆脱做坏事的力量乃至于做坏事的想法”。福柯指出：“只要有注视的目光就行了。一种监视的目光，每一个人在这种目光的压力下，都会逐渐自觉地变成自己的监视者，这样就可以实现自我监禁。这个办法真是妙极了，权力可以如水泻般得到具体而微妙的控制，而又只需花费最小的

① “海峡两岸和香港”高校富士康调研组：《富士康调研总报告》之系列二：《富士康生产体制——规训与惩罚的劳动集中营》，网易科技报道，2010年10月9日。

代价。”[①]

也就是说，“全景敞视主义”就是通过技术来实现对人的控制。这种技术是无形的、不易察觉的，但正是这种技术却达到了一种最好的控制人的效果，也就是使“一种虚构的关系自动地产生出一种真实的征服”。[②] 有了这种技术之后，原始的赤裸裸的暴力手段，比如“强制犯人改邪归正，强制疯人安静下来，强制工人埋头干活，强制学生专心学问，强制病人遵守制度”[③] 等基本消失了，逐渐被所谓的文明手段所取代。这样，在这个时代的工厂中，工厂也不再有铁栅、铁镣、大锁以及单独的分割房间。但是，工厂仍然能够轻便地实行有效的监视和规训。因为，工厂仍然在设计全景敞视的结构布局或应用现代的技术手段延伸全景敞视主义。正是有了这种全景敞视主义的技术，无论是在监狱，还是在医院、工厂，都确保了“一种确保不对称、不平衡和差异的机制。因此，由谁来行使权力就无所谓了。随便挑选出的任何人几乎都能操作这个机器，而且总管不在的时候，他的亲属、朋友、客人甚至仆人都能顶替”。[④] 因为这种机制的应用往往会使权力的行使变得完善。它是通过几种途径做到这一点的。它能减少行使权力的人数，同时增加受权力支配的人数。它能使权力在任何时刻进行干预，甚至在过失、错误或罪行发生之前不断地施加压力。在上述条件下，全景敞视主义的力量就表现在：它从不干预，它是自动施展的，但形成了一种能产生连锁效果的机制。

监视是规训机制的核心内容，每一个人都被一种不可见的权力组织到被隔离、被分割的空间之中。在边沁所设计的“全景敞视监狱”中，封闭的割裂的空间结构暗示了一种每个人都被嵌入其中的无微不至的监视机制，它是规训机制最典型、最精细的微观形式。全景敞视监狱最神奇的效果就在于，被囚禁者会知道自己正在受到观察，由此给自己造成一种有意识的自我监督机制，从而确保权力不断地自动发挥作用，将权力关系铭刻在每个人的

① ［法］福柯：《权力的眼睛——福柯访谈录》，严峰译，上海人民出版社，1997 年版，第 158 页。

②③ ［法］米歇尔·福柯著，刘北成、杨远婴译：《规训与惩罚》，生活·读书·新知三联书店，2003 年第 2 版，第 227 页。

④ ［法］福柯：《权力的眼睛——福柯访谈录》，严峰译，上海人民出版社，1997 年版，第 158 页。

肉身之上，在其物理躯体中生产出整个权力机制。应该说，正是工厂中全景敞视主义的具体体现，使工厂“构成了规训机制的一种微缩模式”①。

在工厂中，对生产过程的技术分解，在时间上和空间上使劳动过程形成一个又一个简单的动作；同时，工厂采用全景敞视的结构，将分散的个人力量结合为一个整体，从而能够生产出相应的产品。全景敞视主义在工厂中的体现，使工厂中被动的监视无处不在：工人都被置于一种持续被监控的状态，即使监视是断断续续的，被监视者也无法确知什么时候监视器是开着的，什么时候是关着的，他们只能以一种始终被监视、随时被监视的心态接受监视；同时，被监视成为一种有意识的行为，工厂的监视机制正是通过作用于被监视者的意识状态，建立起监视与被监视之间的条件反射，最终达到被监视者自我监视的效果。这就是边沁提出的“权力的可见但又无法确知”原则。所谓“可见”，就是工厂中监督者所处的“瞭望塔”，或者监视器、摄像头始终处在一个能被观察到的位置。所谓“无法确知”，因为“瞭望塔”中监视行为或监视器的控制权掌控在他人手里，被监视者没有操纵它的自由，只有被它操纵的自由。

福柯指出，“规训（纪律）是一种能够用最小的代价把肉体简化为一种‘政治’力量同时又成为最大限度有效的力量的统一技巧”。② 在工厂中，这种技巧得到了最为充分的发挥，与此同时，“规训”在工厂中的体现还不仅仅是一种监视和管理，更是一种权力的体现。福柯指出：“它是一种权力类型，一种行使权力的轨道。它包括一系列手段、技术、程序、应用层次、目标。它是一种权力‘物理学’或权力‘解剖学’，一种技术学。它可以被各种机构或体制接过来使用，如‘专门’机构（19 世纪的罪犯教养院或‘改造所’），或者是把它作为达到某种特殊目的的基本手段的机构。”③工厂之中的层级监视便是这种权力的最好体现。层级监视是和金字塔式的管理联系在一起的。金

① ［法］米歇尔·福柯著，刘北成、杨远婴译：《规训与惩罚》，生活·读书·新知三联书店，2003 年第 2 版，第 221 页。

② 同注释①，第 248 页。

③ 同注释①，第 242 页。

字塔式的管理结构，权利自下而上逐步集中，又从上至下逐步分解。在工厂监视的过程中，权力关系会得到充分的体现，也使管理职能得到最充分的发挥。

本章小结

无论是"一览无遗"的车间布局，还是金字塔式的管理体制，或者借助摄像头形成的无处不在的电子系统，相对于全景敞视监狱来说，不仅体现了简单经济的特点，而且更加"人道、文明、有效"。因此，从某种意义上来说，全景敞视工厂更像是作用于农民工的权力实验室，它是对农民工进行分析、实验并改造的优良场所，是规训权力运作的完美典范，也是现代政治技术的一个象征。从这个意义上来讲，全景敞视机制就体现在了工厂之中，用于监督并改造农民工使之更加迅速地成为工人。可以这样说，工厂也是一种在空间中安置肉体、根据相互关系分布人员、按等级体系组织人员、安排权力的中心点和渠道，确定权力干预的手段与方式的样板。全景敞视机制在工厂中的应用，减少了工厂中行使权力的人数，同时增加了受权力支配的人数；监督者可以在任何时刻进行权力干预，但它的力量却表现为从不干预。这样，工厂中的规训机制基本上可以自动运作，不需要使用任何物质手段却能直接对个人发生作用，依靠一种无形的监视和压力就能产生强大的作用。因此，全景敞视机制被巧妙地纳入工厂体制之后，权力得到了强化而且更为经济有效。

第七章　宏观方面：国家政策的规训效用

布洛维在《生产的政治》一书中指出，重建了不同社会的生产政体，并将它看作“国家干预、工作现场的关系以及市场力量共同作用的产物”。①这里的“生产的政体”概念意味着，生产不仅仅是一个经济学的投入产出问题，微观车间必须同时放在宏观经济和政治条件下才能得到深刻理解，即将工作现场与更大范围的政治经济制度及其变迁连接起来（闻翔、周潇，2007）。从这个意义上来看，工厂政体是与经济、政治制度及国家意志紧密相连的。在劳动力（现阶段主要是工业劳动力）生产方面，国家的意志就体现为工厂政体的稳定运转获得足够的劳动力，具体就是要通过具有解释力的合法政策，有利于农业劳动力的流出、工业劳动力的形成以及社会的整体稳定。

① ［美］迈克尔·布若威（布洛维）著，李荣荣译：《制造同意——垄断资本主义劳动过程的变迁》，商务印书馆，2008年版，第17页。

一、控制性的户籍政策造成了工农身份的强化

在很长的一段时间里，工人、农民是一种职业的划分，即从事工业生产的劳动者和从事农业生产的劳动者，又是一种阶级的划分，即工人阶级和农民阶级。中华人民共和国成立后对工人、农民的划分，主要是以20世纪50年代开始执行的户籍政策为标准，一般来说，工人拥有城镇户籍，而农民则属于农村户籍。

应该说，将城乡区分开的户籍制度的形成具有特殊的历史原因，与当时中国的国情和计划经济体制的实行是分不开的。1956年秋季，过激的农业合作化运动与自然灾害结合在一起，使得不少省份粮食大量歉收，农民吃饭成了严重问题。于是，安徽、河南、河北、江苏等省的农民，复员军人，乡社干部纷纷外流，不少人试图进入城市寻找生存与发展的机会。在这种情况下，1956年12月30日，国务院发出了《关于防止农村人口盲目外流的指示》(以下简称《指示》)，除了强调对农民进行思想教育以外，该《指示》明确规定：工厂、矿山、铁路、交通、建筑等部门不得私自招用农村剩余劳动力。随后又两次发出类似的补充指示和通知，但是都不能制止不断涌入城市找工作的农民。为了控制城市人口规模，维持城市居民就业，政府开始建立分割城乡的户籍政策，采用行政指令和计划方式配置人力资源。1958年1月9日，国家公布了全国人大常委会第91次会议通过的《中华人民共和国户口登记条例》(以下简称《条例》)，《条例》第一次将中华人民共和国成立以来日渐形成的城乡有别的户口登记政策与限制迁移政策以法律的形式固定下来。这种户口登记政策对户口迁移进行了严格限制，同时现行的户口管理还将劳动用工、住房、医疗、就业、选举等公民权益与户口性质相挂钩。这些政策实际上是阻止农民向城市流动的规定，也是将中国的居民分为城市居民和农村居民两大身份系列的规定。至此，我国公民被分为两大具有明显身份差异的

社会群体，即农民和工人。

户籍制度的形成具有特殊的历史原因，但改革开放之后，特别是近10多年来，户籍制度及其造成的社会危害越来越成为学界分析的对象，户籍改革的呼声也越来越高。但是户籍制度可谓是“形成容易，消除难”，时至今日，以确立城市人与农村人、本地人与外地人区别为主要功能的户籍制度，似乎仍然难以看到消除的尽头。从改革开放开始至今，户籍政策对人口流动管控开始松动，但户籍身份仍然在延续。随着改革开放和城市发展的需要，户籍政策自1982年以来作了调整，在“允许农民自理口粮到集镇落户”的试点基础上，断断续续进行过多次户籍改革的探索。1984年，国务院公布了《关于农民进入集镇落户问题的通知》，农民可以办理自理口粮到集镇落户的手续。20世纪90年代前期，政府放宽了农转非的条件，允许在城镇有稳定住房和职业，且要求在城镇定居的人口，以蓝印户口的形式在城镇入户，享受与城镇常住户口同等待遇。自此以后，尽管对农民进入小城镇以及部分大中城市的限制在不断放松，但在户籍制度强大的历史惯性作用下，对其身份管理却并没有丝毫松动。直到90年代后期，户籍改革的基本导向仍然是：放开小城镇户籍，对大中城市特别是北京等特大城市采取严格控制政策。21世纪之初，一些省市如浙江省、宁波市、石家庄市等陆续出台取消农转非指标控制、放宽户口限制的规定，使进城就业的农民工定居城市在制度上成为可能。但是，户籍作为一种身份及待遇的确定依据并没有消除。基于人们长期形成的对“农民工”的固有观念和城市利益格局的维护，城市政府对农民工的管理，仍以户籍制度为基础，把原来在空间上分开的城乡分割式的二元社会管理，改变为城市内部的二元社会管理。城市政府对农民工和市民，规定了不同的权利、义务，提供不同的公共服务。有学者把这种变化称为“城乡分治，一国两策”变为“城内分治，一城两策”。[①] 也就是说，现在的户籍政策较以往有了较大的松动，农民有了职业选择及流动的自由，但是国家

① 马云：《消除农民工歧视重在提高其城市适应能力》，《农村经济》2006年第9期。

的许多制度安排仍然立足于城乡二元社会结构，以户籍为基本依据，因此虽然他们在工厂就业，但仍然难以改变其农民的身份。同样，即使他们在城市的工厂上班、在城市居住，那些附着在他们身上以城市户籍为依据的待遇仍没有消除。

长期以来，工人与城市人口、农民与农村人口大致形成了一种对应关系。但是改革开放允许流动就业特别是进城务工之后，这种对应关系开始改变。可以看出，户籍制度建立的初衷是担心人口流动造成无序和混乱，便于对人口进行控制和管理。但目前户籍制度在限制流动方面的功能基本消失，相反，流动就业成为国家层面和地方政府鼓励的一种行为。现在再来分析户籍制度在目前的功能，可以说主要是为了维护城镇身份人员及经济发达地区本地户籍身份人员的利益，即便农村人口或外地人口为城镇或进入地区的经济发展做出了不可忽视的贡献。从一定意义上来说，现有户籍制度及其附着利益的存在，是部分地方政府以代言本地户籍人口利益为借口，造就自身政绩的结果。

维持既有户籍制度的存在的后果就是，农村剩余劳动力进入工厂务工已经成为一种普遍的现象，但是，这些在工厂就业的农村劳动力户籍并没有改变，因此就成为“农民工”——这一个特殊的带有户籍与职业特征的称谓。在这种状况下，农民工的身份就表现出了“不确定性、模糊性、过渡性和二元性”[①]。刘林平等人认为，从经济和社会转型的角度来看，中国二元结构的经济、社会形态，典型地表现在农民工身上，他们具有双重身份：既是农民，又是工人；既是乡下人，又在城里工作；既是外地人，又在当地打工。他们既是跨二元结构的，又受制于二元结构。中国市场经济的发展为他们提供了生存空间，但是作为计划经济的重要管理方式的户口又是他们难以逾越的障碍；农村是他们的出身之所在和最可能的归宿，但是他们只有到城里才能挣到钱；农业是他们的安身立命之处，但是工业化的潮流又裹挟着他们，把他

① 刘林平、万向东、王翊：《二元性、半合法性、松散性和农民工问题》，《中山大学学报（社会科学版）》，2005年第2期。

们带入机器流水作业的车间。“农民工”这个看起来矛盾的词，却正因为它的矛盾性真实地反映了这个庞大群体的真实身份和社会处境。也就是说，尽管农民工长期从事的是城市产业工人的职业，但不能取得城市的户籍，也就不能取得作为“产业工人”所应该获得的相应待遇，例如维护劳动力再生产的教育与培训、保证劳动力基本生活和生存的社会保障等。我国以户籍为基础的二元结构，将城乡居民分隔为在权利、义务上不对等的两个社会集团，使“农民工”作为劳动力生产要素的含义被淡化，而更多的带有了一种身份、权利和待遇的色彩。在这种情况下，户籍政策虽然消除了就业与流动的影响，但其作为一种身份及附加的待遇相反得到了强化，这就造成“农民工”身份的长期存在，即使长期在工厂就业，他们仍然难以实现彻底成为产业工人的转变。

二、“以经济为中心”促使了资本倾向性的产生

从 1978 年开始，我国的国家意志基本上是“以经济建设为中心”。在这种意志的指导下，以 GDP 增长为中心的发展，构成了政府工作的中心。在这种政策之下，一些地方政府出于与其任期制相应的、短期的、现实的“政绩追求”，产生了持续的、强烈的快速引进资本，发展经济的冲动。在这种“以经济建设为中心”的政策推动下，政府很容易主动地与企业结为利益共同体，因为企业可以为社会带来 GDP，从而为政府制造政绩；政府可以为企业提供优惠与保护，从而为企业带来实际利益。再加上无论在什么制度下，资本往往都能够强大到与政治实现某种程度的联合，在特定范围实现对劳动的最大剥削。例如，在我国拥有较强经济实力的企业对地方的财政状况有较大影响，不仅在经济上得到政府的扶持，同时在政治上能够以政协委员、人大代表身份参政议政，从而在政府的决策中掌握更多的话语权。

同时，企业为了最大限度地降低资本的运营成本和赢利空间，往往无视

农民工的生产生活条件，相反总是以优化投资环境、调动资本所有者的积极性、解决更多就业等理由，在实际行动上以“超国民待遇”向资本献媚，以“非国民待遇”刻薄劳动。这就是现在很多的各级政府在处理劳资冲突特别是工厂企业与农民工的关系时，明显地偏袒资本，站在资本所有者一方的原因，很显然，他们这样做是为本级政府创造更多的税收。

有研究将政府对资本的这种倾向性概括为政府的“二元结构偏差”(国家发改委研究所非公经济课题组，2004)。所谓的二元结构偏差，就是指政府(或政府官员)似乎总是从自身的利益出发选择位置，单纯追求经济增长目标的动机、行为，压低或压倒了协调劳资关系的公共管理目标和作为，而向自身利益和雇主集团利益倾斜。这种利益向资本所有者的倾斜，满足了资方主导劳动市场的需求，实现了利润最大化目标，又促进了“GDP”、就业、进出口、税收等宏观经济指标的增长，满足了政府的政绩考核和政治利益。正是这种互相依赖的利益机制的驱动，在一定程度上使政府偏离了自己的职责和目标，在劳资关系方面不作为或作为不力，牺牲了劳动者的利益，明显地站在资本所有者的一方。

改革开放后在中国成长起来的私有企业，从其诞生之日起就表现出典型的资本原始积累的特征。在这些企业的工厂中，资本对劳动特别是农民工利益、权利的剥夺几乎也到了无以复加的地步，其行径体现在多个方面，比如压低农民工工资、加大劳动强度、延长工作时间、规避社会保险、逃避培训责任等。可以说，这些行径差不多就是马克思在100多年前就曾经揭露过的资本获取绝对剩余价值和相对剩余价值的基本手段。即以工作时间而论，120年前，美国芝加哥工人为争取8小时工作制进行的斗争，作为“五一”国际劳动节的发源地，其所争取的权利，已为全世界大多数国家所确认，虽然1995年我国正式实施的《劳动法》也已确认40小时工作制，然而，在我国的大量工厂中，不顾工人死活，随意加班加点，已经到了非常严重的地步，8小时工作制对于很多的农民工而言已经成为一种奢侈的权利。

有一种观点认为，政府站到资本所有者的一方也是迫不得已，这种观点认为，我国需要依靠产业资本的扩张带动新增就业，否则必然出现城市和农村就业严重不足的问题，甚至可能出现社会动乱（温铁军，2003）。因此政府不得不继续以优惠政策推动资本扩张，而中国目前劳动力总量约达八亿以上，基本可以认为劳动力是绝对过剩的、无限供给的。因为市场经济条件下劳动力绝对过剩，必然使得过剩要素的价格下降，劳动者工资低，甚至低到维持劳动力简单再生产的水平之下；以及劳工待遇低，无社会保障等问题，就比其他市场经济国家更突出。在资本与政府的共同作用下，目前，我国已成为“廉价劳动力”的代名词。一方面“廉价劳动力”的实质，是以牺牲农民工的合法权益、背离劳动力的价值为代价的，从另一方面又使农民工作为劳动力进行再生产时难以得到有效的维护和提高。据 2005 年 10 月 19 日《新民周刊》报道，中国不少劳动者的收入根本没有体现其劳动价值，印度制造业工人平均工资是中国制造业工人平均工资的 1.5 倍，津巴布韦是我国的 2.2 倍，韩国是我国的 12 倍，日本是我国的 29 倍，美国是我国的 47 倍。但是，我国超低的劳动力价格，并不说明我国的劳动力成本比国外低多少，如果考虑生产率的因素，美国的劳动力成本仅仅相当于中国的 1.3 倍，日本相当于中国的 1.2 倍，我国的劳动力成本甚至比韩国还高 20%。这意味着我国用相当于美、日将近 1/25 的微薄工资换来的仅仅是非常微弱的劳动成本优势。

这种状况的出现，既是资本本性的体现，也是现实中的资本与政治的联合、政府无法处于真正中立者的角色位置而更多地向资本方倾斜的结果。政府在实际利益分配上向资本方倾斜，同时进一步削弱了作为劳方的工人特别是农民工的力量。在目前转型时期的中国，政府职能的混乱及相关的法律法规的不完善，加上政府因为担心对社会稳定的威胁而对国内工人（在目前主要是农民工）反抗形式加以限制，使得农民工在被剥削的条件下连反抗的能力都没有。正是在这种情况下，在大量使用农民工的企业中，工厂的地位就会显得更加“强势”：在权力领域，资本所有者会用生产资料的所有权实施组织权力；在管理领域，资本所有者实施严苛的“皮鞭纪律”和“饥饿纪律”，对雇员进行控制；在生产领域，资本所有者迫使劳动者努力生产，又尽力压低其待遇（石秀印，2006）。另外，资本所有者在现实生活中拥有特殊的社会地位、话语权、社会影响力、社会关系、物质财富支配权。这些资本的种种强势，最终都强化了工厂对农民工的“规训”力量，使大量的农民工能够按照资本的需要逐步转变为“驯服”的工人。

三、政治考量的劳工政策相对弱化了工会组织

我们知道，工会在西方资本主义发达国家的作用非常明显，虽然不同的时期工会的力量可能也出现一些变化，但总体来看，资本主义社会工会的出现改变了单个劳工在劳资关系中处于明显不利地位的局面，而且在不断的斗争中，工会逐步取得了使劳方在与资方交涉与谈判中处于相对平衡的地位，为争取劳工的利益发挥了强大的作用。一般认为，1949 年至 1958 年，由李立三、赖若愚先后担任全国总工会主席，实行“产业与地方相结合，以产业工会作为主体”的工会体制，曾是一段比较独立的时期。当时是依托社会保障的中央调剂金的经济支持，再加上中华人民共和国成立初期干部稀缺，大量启用产业工会的工作人员，当时的中国工会实力强大，却也引发了国家关于“工人阶级第二党”的担忧。① 1958 年，中国对工会领导体制进行了调整，叫作“产业与地方相结合，以地方工会为主”。中国劳动关系学院劳动关系系主任乔健说：“自此中国工会的气质从根本上被转变，由一个相对来说仍然笃信市场经济条件下工会运作规律的工会运动，转变成党政主导的工会工作模式，与任何一个国家的工会工作模式都有不同。”② 2003 年修改的《工会法》对工会的基本职能进行了新的定位，即“维护职工合法权益是工会的

① 徐佳：《〈工会法〉将修，学者倡合法罢工权》，《凤凰周刊》2010 年第 28 期。

② 转引自徐佳：《〈工会法〉将修，学者倡合法罢工权》，《凤凰周刊》2010 年第 28 期。这是中国劳动关系学院劳动关系系主任乔健对 1958 年中国大陆对工会领导体制进行调整，形成“产业与地方相结合，以地方工会为主”之后的评价。

基本职能”，在总体上强化了工会为职工维权的目标。但我国长期以来形成的对工会的政策，却决定了工会双重的依附性的特征，即对政府的依附性和对资本所有者、管理者的依附性。这种双重依附性的特征，在很多的调查中都有明显的体现，而且这种双重的依附性，使工会的作用发挥受到很大的限制。从目前我国工会的组织形式以及运作机制来看，我国工会组织具有“国家垄断以及自上而下的组建、负责人的党政任命、主要经费的企业拨付”[①]的特点，这些特点直接使工会不得不依附于政府与企业。

对政府的依附性。工会虽然不是行政机关，但是目前工会的领导部门（包括从上至下的各级工会组织），无论是从工会负责人的任命，还是其日常的基本运作来看，工会与政府的行政部门并没有太大的差别。《中华人民共和国工会法》（以下简称《工会法》）第48条规定：“县级以上各级工会的离休、退休人员的待遇，与国家机关工作人员同等对待。”这说明工会人员与政府机关人员实质上是一样的。在这种状况下，一些企业发生侵犯职工权益的事件时，基层工会由于自身的权力所限，无法对企业或有关人员进行处罚，更多的是向有关部门反映情况。同时，政府对工会的影响也无处不在，这与我国工会依附政府这个深层次制度安排密切相关。在我国现行的工会体系下，工会被安置于统一安排的行政体制之下，因而往往受制于少数地方政府出于经济发展、税收就业等各种各样基于“大局”的考量，有些工会即便意欲有所作为，手脚亦难以伸展。有学者甚至认为，中国的工会是一种劳工组织的同时，又是一种国家设置。[②]

对资本的依附性。工会对资本的依附性，主要表现为对资本所有者和管理者的依附。从企业的工会职能来看，在一些企业，特别是非公有制企业，把工会当成企业的一个“门面”，有的甚至把工会当成企业的一个职能部门，工会的一切工作和活动都必须围绕企业的主要业务来进行，工会失去了

① 韩恒：《关注工会系统的自主利益——对基层企业工会的调查与思考》，来源于《二十一世纪》网络版（http://www.cuhk.edu.hk/ics/21c）第40期，2005年7月31日。

② Feng chen: Between the State and Labour: the Conflict of Chinese Trade Unions' Double Identity in Market Reform，载 The China Quarterly, Volume 176, December 2003.

应有的独立性。从基层工会的干部身份来看，他们既是所在企业的职工，需从企业获取工资和福利，又必须履行工会干部职责、维护职工的合法权益，致使他们处于两难境地。广州市总工会的一项调查显示，基层工会中的领导职务，绝大部分都是由企业的劳动人事部门兼职。[①] 从基层工会的经费[②]来源来看，工会基层人员的工资和相关活动的开展，基本上是完全来源于老板的恩惠。这种依附于企业的工会根本无法有效纠正企业的侵权行为。在工会和工会主席在人事体制、经费来源方面几乎全部依附于企业的情况下，要求他们站在劳工的立场上，以平等的姿态面对资方，就工资、福利和劳动条件等问题与之展开谈判，基本是不可能的。许晓军在其著作《中国工会的社会责任》(2006)中指出，目前企业工会存在依附于企业的资产所有者和管理者的体制性弊端，使企业内维权机制的建立无从谈起。

工会组织的这种双重依附性的特征，在进行的多项调查中都有明显的体现，而且这种双重的依附性，使工会的作用发挥受到很大的限制。双重的依附性使我国工会的主要职责远没有充分的发挥。资本所有者利用主导权干预了工会的组建和运行，造成企业工会的目标和行为扭曲，而政府的目标和行为偏差又会导致工会的目标淡化和行为弱化。一些地方政府重经济指标的增长，轻视维护工人权益，从而也导致了工会力量的削弱。力量被弱化的工会组织，在维护越来越多的农民工权益方面更显得捉襟见肘。这种状况的直接结果就是工会难以成为农民工能够依靠和归属的组织。

一直到目前阶段，国家层面对工会的政策仍然是以“无害于政治、社会稳定”为前提，一些地方政府更是以无碍于本地的“经济发展”为重要条件来决定对本地工会组织的支持程度。因此，按照《凤凰周刊》的报道，正是由于担心威胁到所谓的“前提”“条件”，“‘将工资集体协商上升至产业工会层

① 根据800份问卷所得的调查结果，在广州市40个局、集团和总公司的部分基层工会中，兼职主席比例达65.9%，相当一部分是由劳动人事部门负责人兼任；而在外资企业和民营企业中，兼职主席比例高达98.7%。参阅中和：《为何出现工人诉工会主席之怪现象》，《羊城晚报》2006年11月18日。

② 工会经费是指国家为保障工会组织实现其方针、任务而规定的，从企业成本费用和行政事业经费中拨给工会的活动经费。会费是指工会会员依照《中国工会章程》的规定，向所在工会组织缴纳的基本活动经费，会费来源于个人工资收入，承担者是工会会员。

级'，'试点推进工会主席直选，下派工会干部到企业，工资由上级工会支付'等新举措思路披露后，迅速拉起了社会对中国工会新的历史性期望"。而在这同时，《工会法》正迎来第三次大修。

除了工会组织没有将广大的农民工纳入其中或者说有效地纳入其中外，一些工厂也在有意无意地通过一系列的安排(包括全景敞视主义的实施)来弱化工人之间的联系。比如，"无论是在生产车间安排还是宿舍分配上，富士康都采取了一种随机分配的方式，从而弱化了工人之间的社会关系网络"。[①] 在这种情况下，农民工成为产业工人而又没有一个真正为自己说话的组织，单个的农民工与强势的资方形成了极不平衡的劳资关系，农民工无法就工资、工时、劳动过程等切身利益问题与资方进行谈判和协商，在与资方进行各方面包括工厂规章制度、教育培训、劳动保护、工作时间、节假日休息等方面的磋商，调解或谈判时，注定将处于弱势的地位。也就是说，缺少了自己的代言人之后，农民工在工厂注定要处于一种"规训"的被动状态。从这个意义上来说，工厂对农民工向工人转变的"规训"，主要局限于劳动技术的层面，也就是说，工厂政体的规训，更多的是局限于获得"驯服的肉体"，作为产业工人应该获得的政治权益、经济权益，却被政府以及工厂有意无意地排除在外。

四、维稳考量的土地政策进一步强化了恋土性

中国农村的土地制度与农业生产力和社会政治经济形势变化有着密不可分的关系。秦汉以后中国逐渐形成了以封建地主所有制为基础的农村土地制度，这一制度一直延续到 20 世纪初期的清末民初之际。在北洋军阀统治时期，军阀、官僚和地主疯狂地掠夺农村土地，加快了农村土地产权的集

① 《富士康调研总报告系列二：富士康生产体制》，《中国网》，2010 年 10 月 10 日。

中速度。除了少数自耕农，土地制度基本上是以租佃方式，转让给佃农和部分自耕农耕种。1928年，中国共产党颁布了《井冈山土地法》，规定“没收一切土地归苏维埃政府所有，以乡为单位分配给农民共同耕种，禁止买卖”。1929年4月制定的《兴国县土地法》中把“没收一切土地”改为“没收一切公共土地及地主阶级土地”，并成为抗日战争之前，中国共产党解决土地问题的主要思路。

中华人民共和国成立后的这种变革大体上可以分为四个阶段：耕者有其田；农业合作化；集体所有，集体经营；集体所有，联产承包经营。[①] 1950年6月30日，颁布实施《中华人民共和国土地改革法》（以下简称《土地改革法》），农民不仅获得了土地，而且对拥有的土地“有权自由经营、买卖和出租”（《土地改革法》第30条）。1950年颁布的《土地改革法》真正赋予农民对于土地流转的权利，但这个时期比较短。1955年夏，中华人民共和国通过农业生产资料的社会主义改造和人民公社运动，逐步使个体农民私有的土地改造为人民公社所有以生产队为基础的集体所有制。“有权自由经营、买卖和出租”的流转方式已经不可能实施，农村土地也就没有实现流转的可能。改革开放以后，我国逐步确立“土地集体所有、家庭承包经营、长期稳定承包权、鼓励合法流转”的新型农村土地制度。1995年农业部颁布《关于稳定和完善土地承包关系的意见》，肯定了农民对土地承包经营权的流转权利，尤其在流转方式上肯定了入股的流转方式。1998年修订的中华人民共和国《土地管理法》（以下简称《土地管理法》）第一次对农村土地承包经营权的权利主体进行了明确清晰的界定：土地承包经营权的权利主体通常情况下应属于农村集体土地所属的农村集体经济组织成员，非本村集体经济组织成员要获得土地承包经营权须通过特别程序。《土地管理法》还将土地承包经营权的期限延长至三十年。从农村土地的征收看，开始尊重农村集体经济组织和农民基于土地而生的权利。我国的农村土地制度经过二十年的探索

① 参阅王小能、许德风：《农村土地所有权法律制度研究》，载《制定科学的民法典——中德民法典立法研讨会文集2002》，法律出版社，2003年3月版。

已经从最初的家庭联产承包制度发展成较为成熟的家庭经营承包制度。因此，1999 年修订宪法时，将这一制度用宪法的形式固定下来。《宪法修正案》第 15 条规定："农村集体经济组织实行家庭承包经营为基础、统分结合的双层经营体制……"这意味着农村土地承包经营法律制度在宪法层面得到了确认。2002 年的《中华人民共和国农村土地承包法》对我国农村土地承包制度在法律上第一次进行了专门化、系统化的整理、规范。本法明确了农村土地的发包方与承包方以及他们各自的权利和义务，并对承包期限、承包土地的流转进行了规定。

2000 年以来，农村土地制度改革主要是继续完善并用立法规范承包土地制度，同时探索和推进土地征用制度及农村建设用地制度的改革。至今形成的新型土地制度，赋予农民长期而有保障的土地使用权。这一制度的政策内容包括坚持农村土地集体所有长期不变，集体土地家庭承包经营长期不变，允许农户在承包期内依法、自愿、有偿转让土地经营权，允许集体经济组织拍卖荒山、荒地、荒坡、荒滩的经营权，在具备条件的地方可以通过有偿转让集中土地的经营权来实行适度的规模经营。这些精神和政策以法律形式载入了《中华人民共和国农村土地承包法》。

根据国务院 2006 年颁布的《关于解决农民工问题的若干意见》的规定，不得以农民工进城务工为由收回承包地，纠正违法收回农民工承包地的行为。农民外出务工期间，所承包的土地无力耕种的，可委托代耕或通过转包、出租、转让等形式流转土地经营权，但不能撂荒。农民工土地承包经营权流转，要坚持依法、自愿、有偿的原则，任何组织和个人不得强制或限制，也不得截留、扣缴或以其他方式侵占土地流转收益。2006 年颁布的《中华人民共和国物权法》正式明确地将土地承包经营权确立为用益物权，对土地承包经营权的登记、变更、生效等事项作了规定；对土地承包经营权的期限作了规定，并对期限届满继续承包的权利进行了规定；规定土地承包经营权依法可以转让、入股、抵押和以其他方式流转；并明确规定了征收征用时，土地承包经营权利人的获得补偿权。尤其明确规定土地承包经营权可以依法抵押为开拓农民生产经营的融资渠道创造了条件，应该说是在土地承包经营权立法上的突破。

现在的许多农民工已不是原来意义上的农民，进城务工的农民同产业工人一样，是以工资收入为主要生活来源的城市劳动者，他们与土地已经几乎没有劳动和收入上的联系，但他们与土地的法律关系仍然存在。应该说，集体所有权制度是新中国成立之后，经过一系列的社会变革形成的。《中华人民共和国民法通则》第 74 条规定了劳动群众集体所有权。但有学者指出，集体所有权是土地农民个人私有和国有之间折中后的产物。正因为处于折中的状态，土地的政策始终在"个人"与"集体"之间摇摆，在城市化加速时期，以征用的形式，国家的层面也进入了对土地利益的争夺之中。但是一系列微观的土地政策，并没有对农民工与土地的关系产生根本的影响。

有学者指出，目前的土地政策在一定程度上也体现了国家治理中高度重视土地问题的传统思想，把土地问题作为民心趋从的重要筹码，在土地制度变革中政治稳定权衡多于经济效益权衡。[①] 历史上把土地权利部分地归还给农民，用"吃定心丸"的办法可以较好地稳定农民、稳定社会的做法一般都能产生好的效果。目前政府对土地的政策，不仅不收农业税还对土地的种植给予一定补贴，这更是一种激励农民对土地的热情的做法。补贴政策出台之后，原本抛荒或准备放弃的土地，又促使很多农民(工)不愿意放弃自己的土地。由此可以推断，在相当长的历史时期，政府"意民之情，其所欲者田宅也"的社会心理不会发生根本的改变，他们需要通过有效的土地政策、法律和制度来维持长时期的社会稳定，土地制度的变革可能引起的剧烈的社会连锁反应是当政者最为担心的，当然这种担心在一定程度上也就是为农民(工)利益的考虑。在这种情况下，农民不仅表现出强烈的"恋土"情结，而且对土地占有关系公平有强烈的要求。不仅如此，现在的农村、农民政策如免费义务教育、新型农村合作医疗、试点养老等也对农民工产生了相当的

① 王景新：《中国农村土地制度的世纪变革》，中国经济出版社，2001 年版。

吸引力。从总体上来看，目前农村的土地政策（不包括征地补偿、拆迁政策）是倾向于不让农民（工）失去对土地拥有的承包权。因此出现了现在所谓的“土地福利化”现象：在尽可能的条件下耕种土地，或者雇人耕种、出租等都可以获得一定的收益；在目前对农业实行补贴或者地方政府奉行“以工补农”的政策时，如果风调雨顺，可能并不需要多大投入就可以获得一定收入；在有些地方，拥有土地（或农村户口）往往也成为集体资产分红的重要依据。土地的福利化使许多农户不愿放弃自己的承包地，而且承包一块土地就可以有一份福利，这是许多农民不愿意放弃土地承包权的重要原因。在一些经济发达地区的农村，如苏南地区，土地福利化倾向就更为明显，这在客观上成为农民（工）放弃土地成为市民或工人的障碍因素。

从目前农民工已经基本融入社会化的工业生产之中，但又无法割舍土地利益的状况来看，现有的农民工与土地的法律关系，一方面在努力维护土地作为维持农民工生活的一种保障而不断加强，另一方面却已经不太适应社会发展和农民工突破身份的要求。农民工无法割断与土地的联系，他们对土地仍然存在一定的依附，从这个意义上来看，农民工仍然不是纯粹的产业工人。当然，土地依然是绝大部分农民工及其家庭的“命根子”，这是不以农民工个人意愿为转移的。农民工收入从来就是农村家庭经济的重要组成部分，是土地收入的补充和延伸。此外，进城务工的农民工多为个体迁移形式，与所供给的企业或雇主之间没有长期的固定契约关系，这些都使得农民工在心理上以一个城市过客的方式而存在，从而强化了农民工对故土的依恋之情。由上可见，农民工在本质上还是拥有承包地的农民。在现行的土地承包制度下，如果土地的使用权无法为其所充分享有，农民工进入城市就会失去经济基础，因此，前行困难的农民工不得不把自己承包的地看作“进退自如”的保障。大量的资料显示，虽然农民工已经远离土地，但仍然保留土地是绝大部分农民工的选择。这是虽然已经进入工业化社会的中国必须面对的一个现实问题。显然，一方面，工业化的推进，包括市场、国家、企业在内的工厂政体在尽其所能将农民工“规训”为产业工人；另一方面，工业化的水平及其不稳定性，使土地作为农民工最低生活保障的土地政策，成为政府与农民工自身一种最为现实的选择。2008年下半年开始的金融危机直接冲击大量工厂农民工的就业，部分工厂农民工不得不“重返故里”“重操旧业”的情况也充分说明了这一点。

工厂农民工虽然已经成为工人，与工业化生产紧密地联系在一起，但现行的土地政策促使着农民工仍然与土地保持有千丝万缕联系。从某种意义上来说，这是工厂农民工没有彻底成为产业工人最为重要的体现。不可否认的是，工业化的推进已经大大降低了土地的效益，也为农民工减少对土地的依赖性创造了条件。也就是说，工业化的过程应该是农民转化为纯粹的工人或市民的过程，困守土地的“恋土”是不适应工业化需要的。但在土地仍然是农民最基本的物质生产资料的情况下，农民不可避免地会把对土地的占有视为生存安全的保障。由此产生的“安土”与“守土”意识，为他们那种难以割舍的“恋土”情结提供了直接的精神依据。即便是在目前的情况下，工厂农民工对土地的依附实际上仍然是别无他法的选择。他们可以选择走出农村、进入工厂挣钱，但放弃土地就意味着他们失去了最基本的生产资料，所以他们仍然需要在农忙时节往返于农村和城市，也随时可能重新回到农村从事他们的农业生产。无论是就近还是背井离乡进入工厂的农民工，差不多都清醒地认识到，自己只不过是繁华都市的匆匆过客，唯有乡村故土才是自己永远的根。

本章小结

早期资本主义社会，国家对工厂政体的干预是间接而无力的。进入发达资本主义时期，国家通过立法等手段干预劳动过程和组织，造就了工人对工厂的依赖性下降，从而促进工厂控制手段由强迫型向共识型转变。应该说，在资本主义国家中，国家政策的干预，一方面通过社会保障确保了劳动力的再生产从劳动过程中分离出来，工人家属的生产和生活资料不再完全依赖于工资；另一方面限制了资本的剥削方式，管理者不得不改变控制策略，通过和工人之间达成某种共识来确保生产的维持。应该说，在资本主义工业化时期的国家干预所发挥的作用与目前我国政府政策干预所产生的效果存在较大的差异。无论是中华人民共和国成立之初开始的中国工业化起步、重工业迅速发展，还是改革开放之后中国工业化的快速推进，无不体现了国家政策在中国工业化进程中的重要作用。工业化需要大量的产业工人，这是毫无疑问的。改革开放之始的家庭联产承包政策，首先为农民提高土地生产率、从土地解放出来、进入工厂创造了条件。随之而来的是户籍政策的松动，允许农民有条件地进行流动（也就是允许了农民工的形成和存在），这就为工业发展获得工业劳动力创造了条件。也就是说，国家层面的土地政策和户籍政策，首先是在为农民工转化为产业工人创造条件的。但是很显然，在工业化推进的过程中，特别是在我国工业化进入中期阶段，需要大量产业工人的时期，现行的户籍政策和土地政策已经在很大程度上形成了工厂农民工彻底转化为产业工人的障碍。

从改革开放至今，政府对资本的偏向性体现了这个时期我国以经济建设为中心的政策。正因为经济建设、经济发展成为各级政府的中心工作，成为考核干部的重要指标，各级政府特别是一把手领导为了自身的政绩，往往采取几乎是牺牲一切其他（包括工人的利益、环境的破坏等）来换取或留住资本。在这种情况下，资本在中国很多地方对待农民工几乎达到了为所欲为的程度，“包身工”“黑煤窑”等“血汗工厂”大量存在。当然，“血汗工厂”的存在是一种极端的案例，但在一种程度上是政府偏向、纵容资本的体现。大量的资本所有者也正是利用了政府的这种心态，工厂在执行国家政策时，采取了尽量规避和最低限度执行的对策。可以说，这些对策的结果是：农民工从工厂得到的仅仅能够维持其作为劳动力生产和再生产的最低限度。政府对资本的偏向还体现在对待工会的态度上。从中华人民共和国成立之后到目前为止的《工会法》，形成了工会对政府和资本的双重依附性。应该说，工会以其完备的组织体系在维护工人权益中发挥了重要作用，但由于其双重依附性严重限制了其应有作用的发挥，而农民工的流动性、分散性，使工会在将他们纳入其组织之中、维护他们权益方面遇到了更大的障碍。这种情况的出现，也进一步印证了李静君(1999)的观点：对于流动的农民工来说，其“工厂政体”主要表现为“专制主义工厂系统建立在两个地方性制度条件之上：地方官员与雇主的共谋，以及工会的无力乃至缺失”。再加上工厂有意无意限制农民工之间的联系，在工会组织的支持方面消极作为，使工会在工厂中更是无法组织起来。所有这些，使工厂在对农民工进行技术、纪律方面的强化规训之时，使其作为工人应有的权益组织方面遭到弱化。

由此可以看出，工厂政体之所以能够在中国现有的环境中建构起来，是以经济建设为中心与维持社会和政治稳定的国家意志密切相关的。在这种国家意志之下，“发展”和“稳定”被放在了压倒一切的位置，从而使工厂政体在从农民工向产业工人转化过程中的规训手段合法化了。

第八章　农民或工人：工厂农民工何去何从

毫无疑问，我国当前阶段农民工向产业工人的转变具有特殊的社会背景。这种特殊性，主要体现在与工业革命时期社会背景的不同。虽然背景不同，但我国目前农民工向产业工人的转化和工业革命时期农民向工人转化也具有共同点，那就是都符合工业化对劳动力大量需求这一客观规律。布洛维“工厂政体”的提出，兼顾了宏观社会背景与微观的工厂环境，与马克思将工人置于劳动过程进行分析的方法一样，都是以“生产为中心”。但是，无论是从环境还是从制度来看，工厂政体更具有“规训”机制的特征和功能。前面的章节应用这种机制，从劳动方式、劳动技术、劳动纪律、生活方式等方面对身处其中的农民工的转化进行了分析，并对工厂、国家意志所体现出的规训因素进行了分析，得出了一些结论，也还存在一些需要进一步讨论的地方。

一、工厂政体的规训过程：客观的驯化

工业化、市场经济是推动农民工向产业工人转变的原动力，同时也将农民工置于工厂政体之中，构成了规训机制的重要组成部分。工厂政体作为一个由宏观社会体制与微观工厂制度组成的结合体，是推动农业劳动向工厂劳动转变的主导者。但是，工厂政体并非是一种推动力量。从促使劳动方式转变的主要因素来看，我们不能忽视市场经济的因素。在我国，工业化的推进已经有相当长的历史时期，中华人民共和国成立之后很长的一段时间，我国工业更是得到了快速发展。但是当时并没有形成大量农村劳动力劳动方式的转变。改革开放之后，在所谓的"社会主义市场经济体制"建立、完善乃至最终确立的过程中，劳动力作为市场中一种最重要的资源，通过流动得到有效配置成为一种必然要求。在我国，工业化得到真正的全面发展几乎是与市场经济的建立同步的，现代工业从其出现开始，就以其"与机器结合、分工协作、有组织的劳动"形成了大规模、高效率的特征，工人在其中的劳动也能获得远高于农业劳动所得的收益。在这种情况下，市场的理性选择、比较利益的驱动，促使大量隐性失业的农村劳动力放弃农业劳动方式，转向工业劳动方式。从一般意义上来看，农业劳动方式向工业劳动方式的转变，是传统的农业社会向现代的工业社会转变的一种体现。但从中国的特殊发展历程以及农民的理性选择来看，它是市场经济与工业化推进的一种必然，工业化和市场经济最终成为劳动方式转变的主要推动力。同时我们也可以看出，我国近几十年来一直"人多地少"，历史与现实再加上农业生产率的提高，为农村沉淀了大量"隐性失业"的农村劳动力。一旦条件成熟，工业的高效益和市场资源配置就构成了一种较强的驱动力，使这些农村劳动力进入工厂成为一种无奈的选择，成为工业化的"天然"劳动力。从这个意义上来说，工业化和市场经济也是"规训"农民工、获得工业劳动力机制的一部分。

劳动技术的规训使农民工掌握了一定的工业生产技术，但农民工特别是新生代农民工在选择并取得工业生产技术的同时，他们的农业劳动技能也基本随之丧失。在这种情况下，依靠工业生产技术维持生存、生活乃至发展，就可能成为他们的终身选择，这就为农民工向产业工人的转变奠定了重要的基础。工厂需要的是掌握一定的工业生产技术的劳动力，就目前的整体情况来看，掌握一定的工业技术或技能已经在工厂（企业）的推动下形成了一种社会压力，这种压力也正在成为农民特别是从农村走出去务工的农民、从学校（小学或初中）直接走出来的新生代农民工主动学习的动力。在这种情况下，社会层面的技术规训逐步形成。但真正意义上的技术规训仍然是在工厂内完成的。大量以工厂农民工为主要员工的工厂，正通过“刺激”“激励”以及“奖惩”手段来形成工厂农民工掌握、提高乃至创新技术的压力，同时通过工厂内部的培训、师徒传带或借助社会的机构培训等途径来完成技术的规训。因此可以说，绝大部分的工厂农民工，正是在这种工厂政体的氛围和环境中进行着技术的规训，从而逐步地完成从农业技术向工业技术的转变。一般来说，技术就是一种谋生的手段，农民工特别是新生代农民工对工业生产技术的选择往往也意味着农业生产技能在他们身上的消失。也就是说，在一般情况下，他们是不可能再回到农业生产中去的。这从目前绝大部分新生代农民工强烈留居城市的愿望可以看出这一点。这也就意味着，成为产业工人并依靠工资性收入维持其生活就是他们将来唯一的出路。

在工厂农民工身上体现出的弱组织性和强纪律性，在一定程度上是工厂忽视农民工权利和利益，单纯强调生产效率的体现，导致的结果就是农民工虽然能够严格地遵守工厂的纪律，但对所在的工厂缺乏认同感和归属感，也就是缺乏自身为“工人”的认同。目前绝大部分工厂采取的是尽量以最简单的形式将农民工组织起来，同时用最严格的纪律对农民工进行控制。简单的组织形式导致了工厂的弱组织性，是工厂在农民工权利、利益、生活等人文关怀方面缺失的体现，结果就是农民工难以在工厂中形成有“组织”的感觉。工厂为了最大限度地提高生产效率和创造利润，大多制订了严格的纪律。因为“工厂纪律一方面依然是强制工人遵守规章和尊重上级、防止盗窃和其他损失的方法，另一方面也越益于提高各种能力、速度、产量，从而增加利润”。[①] 工厂往往更加注重纪律的规训，一般采用严厉的处罚、一定的奖励、多种形式的监视来达到纪律规训的目的。一般来说，在现代社会的工厂里，至少是十多人、数十人、数百人、甚至是数千人在一起工作，有多种分工与合作，这就必须要有所有人遵守的劳动时间、操作规程等各种制度，服从统一的指挥，而不能像家庭组织的农业生产和手工业作坊式的劳动。从农村环境中走进工厂的农民工，依靠严厉的处罚、严格的规章制度和农民的淳朴品质形成了强纪律性，这种强纪律性非常有利于工厂组织起来进行高效率的生产，而且随着生产越现代化，规模越来越大，工人之间的联系、协作的范围越广泛，强纪律性的作用将更加明显。但是这与目前在工厂农民工身上体现出的弱组织性与强纪律性是不对应的。从长远来考虑，没有强组织性支撑的强纪律性是被动的、脆弱的，工厂始终需要付出较大的管理成本。而工厂农民工的弱组织性，显然不利于他们从心理上融入工厂以及工业生产之中，这是目前绝大部分农民工仍然自认为是“农民”的重要原因，也成为农民工向产业工人转化的重要阻力。

从工厂农民工的日常生活来看，他们已经实现了生活和生产在时间和空间上的分割，其消费也主要是围绕劳动力的生产进行，但从其每一年的生活来看，宏观政策及微观条件的限制，他们作为劳动力进行生产和再生产受到了很大的影响。从工厂农民工的生活状况来看，他们上班下班、工作生活、休息休闲等已经完全脱离了在农村从事农业生产时的生活方式，已经具有作为一名工人具有的生活状况。更重要的是，在工厂农民工的消费中，维持劳动力生产和再生产的消费倾向已经显现。但是，现在工厂农民工普遍存在的住宿舍、蜗居、工作流动、老家与工作往返等非正常生活状况也构成其生活方式的一部分。毫无疑问，如果这种非正常生活状态不能得到根本

① ［法］米歇尔·福柯著，刘北成、杨远婴译：《规训与惩罚》，生活·读书·新知三联书店，2003年第2版，第236页。

性的改变，将在很大程度上影响作为工业生产所必需的劳动力的生产和再生产。[①] 从目前的情况来看，国家的政策是造成农民工这种非正常生活状态的主要因素，这里的政策主要是指户籍政策以及以户籍为依据制定的一系列其他政策。

工厂从其形成之始，就以其结构形成了全景敞视主义的布局，而工业化大生产对分工协作的要求更是将全景敞视主义嵌入了整个工厂的生产过程之中。目前的工厂通过组织管理形式的变革和电子技术的应用，使全景敞视主义得到了进一步的体现，从而也使规训农民工的效果得到了进一步的加强。按照福柯的说法，全景敞视主义实现了最好的规训效果。无论是几百年前的工厂，还是现在广泛存在的工厂，都具有全景敞视的结构和布局，这既是组织工业化大生产的需要，也在客观上有利于实现直接的监视，从而达到规训工人的效果。分工也是工业化大生产的要求，工厂越来越细化的分工正好体现了全景敞视主义的分割隔离。现在的工厂，特别是现代化的大工厂，越来越注重通过更加科学的组织方式实现层级化的监视，或者通过电子摄像头实现全方位的监视以达到更好的监视效果并节省人力。正是全景敞视主义在工厂中无所不有的存在，促进了工厂对身在其中的农民工在劳动技术、劳动纪律的方面达到最严格、最有效的规训效果。

出于利益和政治的考量，政府在户籍、土地方面的政策表现出对待农民工的不彻底性，在经济政策和劳工政策方面表现出对资本的倾向性，这种不彻底性和倾向性在客观上协助了符合工厂意愿的“规训”。政府的户籍政策在特殊的历史背景之下产生，改革开放之后的户籍的松动为劳动力的流动创造了条件，同时为工业化、市场化提供了大量的廉价劳动力。但到目前为止，户籍对人口的管理仍然处于一种较为严格的控制之中，并且在利益、权利的分配中进一步强化着农民与市民、农民工与工人的身份。虽然工厂农民工已经全职在工厂上班，但是他们与土地千丝万缕的联系以及对土地的

① 比如工厂农民工的生活生存条件较差，一些基本的权益不能得到维护，子女的教育受到影响等情况，势必影响劳动力的生产和再生产。

生存依靠与心理依赖并没有消失，这与土地的长期承包政策密切相关。

二、工厂政体的规训效果：驯服的劳动力

布洛维关于工厂政体的研究维度，即劳动过程、劳动力再生产模式、市场竞争以及国家干预为本书的分析提供了一个基本的框架。布洛维的“工厂政体”的理论框架的解释力和生命力，主要是透过“工厂政体”理论，不仅为我们分析生产过程及其生产关系提供了一种好的分析工具，而且能够从微观的工厂情况扩展到工厂外部由市场和国家造就的各种制度安排联系起来。在对工厂农民工规训的劳动方式、劳动技术、劳动纪律以及生活方式进行分析后可以发现：一方面工厂在直接地进行规训并发挥强有力的作用，另一方面市场及政府的影响也无处不在。也就是说，在中国，作为构成工厂政体核心的工厂、政府以及对其产生重要影响的市场是密不可分的。而且，工厂与政府在一定程度上构成了一种紧密的利益共同体的关系。这种利益共同体的形成并不难理解，因为中国的市场化、工业化一直是在政府的推动过程中起步、发展、成熟的，也就是说，是国家一手主导了中国市场化、工业化的进程。国家对工业化进程的主导，在工厂政体方面有三个方面的体现。一是体现在对劳动力（目前阶段主要是工厂农民工）国家意志的灌输方面，通过国家意志形成对国家行为的共识。这里的国家意志，具体体现为强调通过市场化、工业化达到提高生活水平最终共同富裕的理念，从而确立国家行为的合法性。二是体现在对资本、对劳动的一系列管理制度方面，通过这些管理制度实行对工厂生产和行为的控制，从而使工厂行为能够按照国家或政府主导的工业化进程及其方向发展。三是体现在一系列的技术治理手段方面，也就是通过国家方方面面的法律制度及从上至下基本形成全覆盖的政府监管体系，从而形成对相应对象的控制。

因此可以说，正是由于中国市场化过程中工厂的主体作用与工业化过

程中政府的主导作用，使工厂与政府形成了一种利益共同体的关系，从而使以工厂和国家为主的工厂政体，在对工厂农民工进行规训的过程中，形成了一种利益的默契和行动的支持。也正是这种利益的默契，工厂能够利用其全景敞视主义的结构、资本的优势及近乎苛刻的控制手段施行针对农民工最严格的规训。规训结果虽然使大量的农民工具有了产业工人的部分特征，但最为显著的结果是产生了大量"驯服的劳动力"，而并非彻底意义上的产业工人。但是我们也不能忽视在这种规训过程中工厂农民工的抗争行为。虽然工厂农民工在生产中的抗争行为总体上是一种个体行为，而且多是一种逃避的、消极的行为。但可以预见的是，一旦其认识到工厂与政府的利益关联性时，其抗争行为就会从工厂转向政府，这几年中出现的工人在工厂倒闭、破产后集体冲击政府就是最好的体现。

我国改革开放 40 年来，"以经济建设为中心"一直是国家意志的一个重要方面，经济的发展成为市场经济、工厂发展乃至政府的核心，而经济发展最需要的就是劳动力。市场经济的建立需要实现劳动力资源的优化配置，工业的发展需要大量的劳动力，政府为了缓解人多地少的矛盾或创造政绩也需要大量的农民工作为劳动人力，而庞大隐性失业的农民恰好满足了三者的劳动力需求。在这种情况下，市场、工厂、政府最需要关注的就是作为"劳动力"的农民工，而绝不是作为"产业工人"的农民工。掌握工业技术、严格遵守工厂纪律是工厂为了最大限度地提高生产效率对农民工的要求，也是工厂对农民工进行规训的主要方面。从这里也可以看出，工厂所需要的就是"掌握技术、遵守纪律"的"驯服的劳动力"。由此也可以解释为什么在长时间里农民工的基本权益得不到保障，农民工也缺乏对工厂的认同感和归属感。从政府政策中规训因素可以看出，基于维持稳定的考虑，政府并不期望大量的农民工彻底地失去土地而成为无产者①；基于维持地方利益的考虑，城市政府也不愿将已经进

① 虽然农民工常年在外打工，但正因为他们仍然拥有土地的承包权，如果无法就业，他们仍然能够回到农村务农。2008 年的金融危机出现之后，大量的农民工返乡（部分重新务工），在一定程度上化解了危机引起的大量农民工失业问题。政府目前仍然希望维持原有的土地政策，在很大程度上就是希望在农民工失业时土地仍然能够容纳他们。

入城市或工厂的农民工纳入所在地的利益分配；基于优先发展经济的考虑，政府也不希望农民工组织起来，形成对工厂或政府的对抗。在这种情况下，“听话的、无对抗力的、稳定的但又能成为劳动力的”农民工群体（也就是驯服的劳动力）成为他们的期望以及规训的潜在目的。

也就是说，市场需要的是能够适应市场需要的劳动力，它会根据市场需要实现农村劳动力和工业劳动力的优化配置；政府希望能够维持劳动力的流动，以便能够根据矛盾或危机的情况向农村或城市转移劳动力；工厂或工业更是希望农民工能够有技术并“听话”，从而达到最高效率进行使用的目的。这一些客观存在的现实情况，造就了整个社会转型期间“驯服的劳动力”的产生。潘毅（2005）曾经指出，“生产机器的微体权力对平凡的身体没有兴趣；它只对特殊的身体，即女性的身体才感兴趣。因为女性的身体通常被想象为更加驯服、忍耐并且更加适应工厂机器”。其实，大量的、廉价的农民工成为“驯服的劳动力”对于这个时期的整个工厂政体来说，也是最为合适和需要的。但是，对于农民工来说，他们绝不只是“驯服的劳动力”，相反，他们是“机灵而反叛的身体”①，他们会“时而公开，时而隐蔽地对抗着霸权，有些时候她们甚至可以成功地将规训权力颠覆或瓦解”。工厂农民工身上体现出的产业工人的特征及简单的抗争意识和抗争行为，将为产业工人或工人阶级的再形成奠定一定的基础并可能形成正在积蓄的力量。

三、工厂政体规训的反面：农民工的能动性

本书采用福柯的规训权力理论，着重分析了工厂、市场以及政府对农民工在选择工业生产方式、掌握工业生产技术、遵守劳动纪律以及生活方式等方面强力进行“规训”的过程。因为“规训”的施行，更多的是强调一种单方

① 潘毅：《阶级的失语与发声——中国打工妹研究的一种理论视角》，《开放时代》，2005。

面的行动，而一定程度地忽略被"规训者"能动性。因此，基于本书的分析，在农民工向产业工人转化的研究方面，还可以从农民工的主动性方面，特别是以下几个方面进一步研究和讨论。

1. 工厂农民工在劳动方式、劳动技术、劳动纪律以及生活方式的转变方面，其主动性的表现。虽然中国的工业化、市场化主要是由政府主导和推动的，工厂以其资本的优势加上政府的倾向性政策而在规训的过程中也成为强势的一方，但是农民工在转变劳动方式、获取工业技术、形成组织纪律性、转变生活方式方面的主动性是不容忽视的。历史唯物主义认为："人民，只有人民，才是创造世界历史的真正动力。"从农民工出现、成长乃至现在已经成为我国工业（主要是制造业）中的劳动力主体的过程来看，应该说以其主动、积极地克服各种制度的、政策的障碍，顽强地进入城市、进入工厂，并已保持了一种基本稳定的状态。在这种进入并实现自身转化的过程中，无论是理性地放弃农业劳动方式，还是主动去掌握工业生产技术并努力地适应工厂的劳动纪律，都应该是他们主动性的体现。本书分析略有涉及，但并未深入、细致地分析他们主动性得到动力、表现以及产生的效果，这方面还有待进一步研究，以发掘他们在农民工向产业工人转化过程中的主动性。

2. 工厂农民工面对工厂带有强制性实施的各个方面的规训，其抗争以维护自身权利、利益方面的情况。可以说，"规训"更多的是强调强势的一方依靠权力对弱势的一方实施强制性规范的过程，往往是一种单方面的行动。在我国工业化推进的过程中，工厂正是依靠其资本的强势以及政府的"撑腰"，几乎毫无顾忌地应用一套严厉的制度对农民工进行规训。比如富士康中出现的员工跳楼事件，正是工厂通过强制方式实现其规训制度后的结果。在这个过程中，农民工针对的抗争行为一直没有消减而且又越来越集体化，这也说明农民工并不会完全被动地遵从工厂的规训制度。这就需要进一步研究如何因势利导，发挥农民工参与工厂管理的主动性和积极性，尽最大可能规避规训中的强制性行为和严厉的处罚措施，促进良性和谐劳资关系的建立。

3. 农民工从形成开始，他们就一直面对市场的压力及政府政策的限制，那么，他们是如何应对市场并克服政策的限制的呢？他们对政府的倾向性政策的态度正在发生什么样的转变呢？长期以来，农民和农民工一直被视为市场经济中的弱势群体，但是，从最初农村出现的个体户到后来出现的有影响力的乡镇企业，都显示出了农民应对市场的主观能动性和潜力。作为农民工，他们作为劳动力的就业同样面对市场的选择。长期以来，虽然政府在维护农民工基本权益方面做了大量的工作，但政府的很多倾向性政策总体上是不利于农民工向产业工人的转化的。农民工在这方面对政府的不满毫无疑问也是存在的，而且从多起劳资纠纷演变为冲击政府机关的事件中可以看出，农民工对政府相应的政策的不满正在积聚。那么，农民工对政府政策的认知及其态度究竟如何，他们的不满情绪是否会演变为集体性或组织性对抗等，这些问题都需要从工厂农民工的角度去加以研究。现在，规模庞大的农民已经在工厂之中，虽然身份难以得到承认，但是他们从职业上已经成为产业工人的事实是任何人都不能回避的，他们是否会从“自在”走向“自为”，是否会组织起来，无论是从理论上还是从实践中都是值得去研究的问题。

参考文献

著作部分

[澳] 马尔科姆·沃特斯. 杨善华，等译. 现代社会学理论[M]. 北京：华夏出版社，2000.

[德] 马克斯·韦伯. 林荣远，译. 经济与社会[M]. 北京：商务印书馆，1997.

[法] 雷蒙·阿隆. 周以光，译. 阶级斗争：工业社会新讲，南京：译林出版社，2003.

[法] 米歇尔·福柯. 刘北成，等译. 规训与惩罚[M]. 北京：生活·读书·新知三联书店，2003.

[法] 米歇尔·福柯. 权力的眼睛[M]. 上海：上海人民出版社，1997.

[法] 皮埃尔·布尔迪约，帕斯隆. 邢克超，译. 再生产[M]. 北京：商务印书馆，2004.

[美] 塔尔科特·帕森斯. 张明德，等译. 社会行动的结构[M]. 南京：译林出版社，2003.

[美] 埃里克·奥林·赖特. 陈心想，译. 后工业社会中的阶级[M]. 沈阳：辽宁教育出版社，2004.

[美] 戴维·格伦斯基. 社会分层（第二版）[M]. 北京：华夏出版社，2005.

[美] 丹尼斯·吉尔伯特，[美] 约瑟夫·卡尔. 彭华民，等译. 美国阶级结构[M]. 北京：中国社会科学出版社，1992.

[美] 道格拉斯·C. 诺思. 杭行，译. 制度、制度变迁与经济绩效[M]. 上海：生活·读书·新知三联书店，1994.

[美] 费景汉，古斯塔夫·拉尼斯. 王月，甘杏娣，吴立范，译. 劳力剩余经济的发展[M]. 北京：华夏出版社，1989.

[美] 杰弗里·亚历山大. 贾春增，等译. 社会学二十讲：二战以来的理论发展[M]. 北京：华夏出版社，2000.

[美] 林南. 张磊，译. 社会资本：关于社会结构与行动的理论[M]. 上海：上海人民出版社，2006.

[美] 乔纳森·H. 特纳. 邱泽奇，等译. 社会学理论的结构[M]. 北京：华夏出版社，2006.

[美] 詹姆斯·C. 斯科特. 郑广怀，张敏，何江穗，译. 弱者的武器[M]. 北京：译林出版社，2007.

[美] 詹姆斯·C. 斯科特. 程立显，刘建，译. 农民的道义经济学：东南亚的反叛与生存[M]. 南京：译林出版社，2001.

[意] 安东尼奥·葛兰西. 曹雷雨，等译. 狱中札记[M]. 北京：中国社会科学出版社，2000.

[英] E. P. 汤普森. 钱乘旦，译. 英国工人阶级的形成[M]. 南京：译林出版社，2001.

[英] 安东尼·吉登斯. 李康，李猛，译. 社会的构成[M]. 北京：生活·读书·新知三联书店，1998.

[英] 安东尼·吉登斯. 赵旭东，等译. 社会学[M]. 北京：北京大学出版

社，2003.

[英] 布赖恩·特纳. 李康，译. Blackwell社会理论指南（第2版）[M]. 上海：上海人民出版社，2003.

[英] 戴维·李，布赖恩·特纳. 姜辉，译. 关于阶级的冲突[M]. 重庆：重庆出版社，2005.

[英] 杰西·洛佩兹，约翰·斯科特. 允春喜，译. 社会结构[M]. 长春：吉林人民出版社，2007.

曹阳. 中国农业劳动力转移：基于体制变迁的分析[M]. 武汉：华中师范大学出版社，1997.

（法）阿尔都塞. 陈越，译. 哲学与政治：阿尔都塞读本[M]. 长春：吉林人民出版社，2003.

仇立平. 社会研究方法[M]. 重庆：重庆大学出版社，2008.

崔传义. 中国农民流动观察[M]. 太原：山西经济出版社，2004.

邓鸿勋，陆百甫. 走出二元结构：农民就业创业研究[M]. 中国发展出版社，2004.

邓鸿勋，陆百甫. 走出二元结构——农民工、城镇化和新农村建设[M]. 北京：中国发展出版社，2004.

杜鹰，白南生，等. 走出乡村：中国农村劳动力流动实证研究[M]. 北京：经济科学出版社，1997.

冯同庆. 中国工人的命运：改革以来工人的社会行动[M]. 北京：社会科学文献出版社，2002.

高宣扬. 布迪厄的社会理论[M]. 上海：同济大学出版社，2004.

高宣扬. 当代法国思想五十年[M]. 北京：中国人民大学出版社，2005.

辜胜阻，简新华. 当代中国人口流动与城镇化[M]. 武汉：武汉大学出版社，1994.

辜胜阻，刘传江. 人口流动与农村城镇化战略管理[M]. 武汉：华中理工大学出版，2000.

国务院研究室课题组. 中国农民工调研报告[M]. 北京：中国言实出版社,2006.

韩长赋. 中国农民工的发展与终结[M]. 北京：中国人民大学出版社. 2007.

何东昌. 中华人民共和国重要教育文献[M]. 海口：海南出版社,1998.

胡丽娜. 白沟农民工夜校——一项"社会学强干预"的尝试[D]. 北京：清华大学,2009.

华正新. "结构力量"与私营企业技术工人的日常抗争[D]. 上海：华东师范大学,2009.

黄平. 寻求生存：当代中国农村外出人口的社会学研究[M]. 昆明：云南人民出版社,1997.

金秀坤,方振邦,译. 韩国劳资关系[M]. 北京：经济科学出版社,2005.

具海根. 韩国工人：阶级形成的文化与政治[M]. 北京：社会科学文献出版社,2004.

[英] 卡尔. 波兰尼 · 冯钢,刘阳,译. 大转型：我们时代的政治与经济起源[M]. 杭州：浙江人民出版社,2007.

柯兰君,李汉林. 都市里的村民：中国大城市的流动人口[M]. 北京：中央编译出版社,2001.

李春玲. 断裂与碎片：当代中国社会阶层分化实证分析[M]. 北京：社会科学文献出版社,2005.

李路路. 再生产的延续：制度转型与城市社会分层结构[M]. 北京：中国人民大学出版社,2003.

李强. 农民工与中国社会分层[M]. 北京：社会科学文献出版社,2004.

刘传江,徐建玲,等. 中国农民工市民化进程研究[M]. 北京：人民出版社,2008.

刘怀廉. 中国农民工问题[M]. 北京：人民出版社,2005.

刘应杰. 中国城乡关系与中国农民工人[M]. 北京：中国社会科学出版

社，2000.

比沙. 聚焦中国民工[M]. 北京：中国经济出版社，2005.

陆学艺，景天魁. 转型中的中国社会[M]. 哈尔滨：黑龙江人民出版社，1994.

陆学艺. 当代中国社会阶层研究报告[M]. 北京：社会科学文献出版社，2002.

陆学艺. 当代中国社会流动[M]. 北京：社会科学文献出版社，2004.

潘毅. 中国制造：全球化工厂下的女工[M]. 杜兰：杜克大学出版社，2005.

马克思，恩格斯. 马克思恩格斯全集. 一第四十七卷[M]. 北京：人民出版社，1979.

马克思. 资本论[M]. 北京：人民出版社，1975.

[美] 裴宜理. 上海罢工：中国工人政治研究[M]. 南京：江苏人民出版社，2001.

苏国勋，刘小枫. 社会理论的政治分化[M]. 上海：上海三联书店，2005.

孙立平. 断裂——20 世纪 90 年代以来的中国社会[M]. 北京：社会科学文献出版社，2003.

魏津生，等. 中国流动人口研究[M]. 北京：人民出版社，2002.

吴明伟，吴晓，等. 我国城市化背景下的流动人口聚居形态研究：以江苏省为例[M]. 南京：东南大学出版社，2005.

谢建社. 新产业工人阶层：社会转型中的“农民工”[M]. 北京：社会科学文献出版社，2005.

谢立中. 西方社会学名著提要[C]. 南昌：江西人民出版社，1998.

徐小洪. 冲突与协调：当代中国私营企业劳资关系研究[M]，北京：劳动社会保障出版社，2004.

杨善华. 当代西方社会学理论[M]. 北京：北京大学出版社，1999.

杨云善，时明德. 中国农民工问题分析[M]. 郑州：河南人民出版社,2007.

应星. 大河移民上访的故事：从"讨个说法"到"摆平顺理"[M]. 北京：三联书店,2001.

张跃进,等. 中国农民工问题解读[M]. 北京：光明日报出版社,2007.

赵炜. 工厂制度重建中的工人[M]. 北京：社会科学文献出版社,2010.

郑功成,黄黎若莲,等. 中国农民工问题与社会保护[M]. 北京：人民出版社,2007.

郑杭生,等. 当代中国社会结构和社会关系研究[M]. 北京：首都师范大学出版,1997.

周大鸣,等. "自由的都市边缘人"——中国东南沿海散工研究[M]. 广州：中山大学出版社,2007.

朱力,陈如. 城市新移民：南京市流动人口研究报告[M]. 南京：南京大学出版社,2003.

朱力. 中国民工潮[M]. 福州：福建人民出版社,2002.

朱秀英,赵金鹏,张洪慧. 中国工人阶级现状与发展趋势[M],济南：山东人民出版社,2007.

邹新树. 中国城市农民工问题[M]. 北京：群言出版社,2007.

论文部分

安徽省社科联课题组. 城市农民工是中国工人阶级的一部分[J],学术界,2003(2).

白南生,何宇鹏. 回乡,还是外出？——安徽四川二省农村外出劳动力回流研究[J]. 社会学研究,2002(3).

陈阿江. 农村劳动力外出就业与形成中的农村劳动力市场[J]. 社会学研究,1997(1).

陈映芳. "农民工". 制度安排与身份认同[J]. 社会学研究,2005(3).

程新征. 农民工——中国现代化的推动者[J]. 当代世界与社会主义[J],

程新征. 农民工——中国现代化的推动者[J]. 当代世界与社会主义[J], 2004(3).

仇立平,顾辉. 社会结构与阶级的生产——结构紧张与分层研究的阶级转向[J]. 社会,2007(2).

仇立平. 回到马克思：对中国社会分层研究的反思[J]. 社会,2006(4).

戴中亮. 农村土地使用权流转原因的新制度经济学分析[J]. 农村经济,2004(1).

辜胜阻. 解决我国农村剩余劳动力问题的思路与对策[J]. 中国社会科学,1994(5).

韩长赋. 中国农民工发展趋势与展望[J]. 经济研究,2006(12).

何明洁. 劳动与姐妹分化：中国女性农民工个案研究[J]. 社会学研究,2009(2).

何雪松. 空间、权力与知识：福柯的地理学转向[J]. 学海,2005(6).

胡恒洋,张俊峰. 农村劳动力转移对农业生产的影响及政策建议[J]. 中国经贸导刊,2008(13).

胡平. 简析城市农民工市民化的障碍及实现途径[J]. 农村经济,2005(5).

胡雪萍. 劳动力迁移理论与我国农业剩余劳动力转移[J]. 宏观经济研究,2004(5).

基姆·穆迪. 产业工人阶级并未衰落[J]. 国外理论动态,2004(5).

蒋国保. 影响农民工市民化的主要障碍分析[J]. 特区经济,2005(12).

靳薇. 流动农民：生活在城市的边缘[J]. 民主与科学,2001(2).

李金. 马克思的阶级理论与韦伯的社会分层理论[J]. 社会学研究,1993(2).

李强. 当前我国城市化和流动人口的几个理论问题[J]. 江苏行政学院学报,2002(1).

李冰,刘桂云. 马克思主义阶级阶层理论及其当代意义[J]. 河北省社会主义学院学报，2005(2).

李春玲.社会阶层的身份认同[J].江苏社会科学，2004(6).

李洁.重返生产的核心[J].社会学研究，2005(5).

李路路.论社会分层[J].社会学研究，1999(1).

李培林，李炜.农民工在中国转型中的经济地位和社会态度[J].中国党政干部论坛，2007(8).

李培林.流动民工社会网络和社会地位[J].社会学研究，1996(4).

李仙娥，王春艳.国内外关于农村剩余劳动力转移基本理论问题研究综述[J].经济纵横，2004(4).

李毅，赵兴罗.我国农村土地流转困难的原因及对策[J].中州学刊，2009(5).

梁萌.在生产体制中发现工人阶级的未来[J].社会学研究，2007(1).

刘保国.马克思的阶级理论研究[J].科学社会主义，2004(5).

刘建洲.传统产业工人阶级的“消解”与“再形成”——一个历史社会学的考察[J].人文杂志，2009(6).

刘林平，万向东，王翊.二元性、半合法性、松散性和农民工问题[J].中山大学学报(社会科学版)，2005(2).

刘欣.阶级惯习与品味：布迪厄的阶级理论[J].社会学研究，2003(6).

刘欣.转型期中国大陆城市居民的阶层意识[J].社会学研究，2001(3).

陆学艺.当代中国社会阶层的分化与流动[J].江苏社会科学，2003(4).

吕鹏.生产底层与底层的再生产——从保罗·威利斯的《学做工》谈起[J].社会学研究，2006(2).

罗兆慈.有关中国工业化与农民工关系研究的文献述评[J].南方经济，2008(7).

骆友生，刘剑文.农村劳动力跨区域转移：现状、成因与对策[J].中国农村经济，1994(8).

苗瑞卿，戎建，郑淑华.农村劳动力转移的速度与数量影响因素分析[J].

中国农村观察，2004(2).

潘毅.阶级的失语与发声——中国打工妹研究的一种理论视角[J].开放时代，2005(2).

裴宜理，阎小骏，译.底层社会与抗争性政治[J].东南学术 2008(3).

任焰，潘毅.工人主体性的实践：重述近代中国工人阶级的形成[J].开放时代，2006(3).

任焰，潘毅.跨国劳动过程的空间政治：全球化时代的宿舍劳动体制[J].社会学研究，2006(4).

任焰，潘毅.宿舍劳动体制：劳动控制与抗争的另类空间[J].开放时代，2006(3).

沈原.社会转型与工人阶级再形成[J].社会学研究，2006(2).

时宪民.中国沿海经济中心城市劳动力流动与体制选择：深圳特区流动劳动力管理研究[J].社会学研究，1999(3).

束鹏.冲突、排斥和边缘化——当前农民工再社会化困境原因探究[J].求实，2005(2).

宋林飞.农村劳动力的剩余及其出路[J].中国社会科学，1982(5).

宋林飞."农民工"是新兴工人群体[J].江西社会科学，2005(3).

宋林飞."民工潮"的形成、趋势与对策[J].中国社会科学，1995(4).

孙立平，李强，沈原.中国社会转型的近中期趋势与潜在危机[J].战略与管理，1998(5).

孙立平，王汉生，王思斌，等.改革以来中国社会结构的变迁[J].中国社会科学，1994(2).

孙立平.实践社会学与市场转型过程分析[J].中国社会科学，2002(5).

唐灿，冯小双."河南村"流动农民的分化[J].社会学研究，2000(4).

佟新.社会变迁与工人社会身份的重构[J].社会学研究，2002(6).

童兴根.共识型工人的生产[J].社会学研究，2005(1).

汪来杰.建立农民工社会保障制度的障碍及对策[J].经济师，2005(2).

王星. 师徒关系合同化与劳动政治：东北某国有制造企业的个案研究[J]. 社会,2009(4).

王杰. 我国农村剩余劳动力转移的特点及对策[J]. 人口与经济,2001(10).

王春光. 农民工：一个正在崛起的新工人阶层[J]. 学习与探索,2005(1).

王春光. 新生代农村流动人口的社会认同与城乡融合的关系. 社会学研究,2001(3).

王汉生,刘世定,孙立平,项飚."浙江村"：中国农民进入城市的一种独特方式[J]. 社会学研究,1997(1).

文军. 当代中国农村人口非农化的根本动因[J]. 开放时代,2002(10).

文军. 从生存理性到社会理性选择：当代中国农民外出就业动因的社会学分析[J]. 社会学研究,2001(6).

吴英. 对马克思分工——阶级理论的再解读[J]. 史学月刊,2004(5).

吴清军. 西方工人阶级形成理论述评[J]. 社会学研究,2006(2).

吴维平,王汉生. 寄居大都市：京沪两地流动人口住房现状分析[J]. 社会学研究,2002(3).

吴忠民. 从阶级分析到当代社会分层研究[J]. 学术界,2004(1).

严霄云,魏钦恭. 从"自在"到"自为"：农民工到新产业工人的维权历程[A];秩序与进步：社会建设、社会政策与和谐社会研究——浙江省社会学学会成立二十周年纪念暨2007学术年会论文集[C],2007.

姚志宇,赵烽. 福柯全景敞视主义与课堂中的微观监视刍议[J]. 吉林省教育学院学报,2008(10).

游正林. 管理控制与工人抗争[J]. 社会学研究,2006(4).

杨善云. 马恩关于农民向工人阶级转化思想及启示[J]. 社会主义研究,2004(6).

张富良. 农民工：中国的新产业工人[J]. 重庆社会科学,2003(2).

张广利，汪冬冬. 福柯微观权力的时空特点及其控制与应用[J]. 学术交流，2008(2).

张智勇. 户籍制度、歧视与社会分层——论农民工目前不是中国新的产业工人[J]. 生产力研究，2004(4).

赵立新，赵慧. 论农业剩余劳动力的浅层次转移[J]. 人口学刊，2000(3).

“中国农村劳动力流动”课题组. 农村劳动力外出就业决策的多因素分析模型[J]. 社会学研究，1997(1).

仲大军. 廉价劳动力与中国工业化的问题[J]. 开放导报，2004.

周鸿. 布迪厄的阶层场域论与阶层的形成[J]. 学术论坛，2005(1).

周兢. 农民工的权益缺失及其保障问题探析[J]. 社会主义研究，2005(1).

朱力. 农民工阶层的特征与社会地位[J]. 南京大学学报(哲学・人文科学・社会科学)，2003(6).

后　记

继多年前本人完成的专著《共享与和谐：进城务工人员共享城市发展成果研究》、合著《中国乡村巨变》之后，本人的这部拙作仍然是关于“农民(工)”的，这与本人的“农民、农村”情结分不开。本人出生于三峡大山之中的农村，在华中农业大学大学完成社会学本科和硕士研究生学习，完成的学士、硕士论文均是关于“农民工”的。这也让我始终怀念华中农业大学的李守望(已过世)、王绪朗、钟涨宝、冯兰等老师。他们的教导与关心让我受益至今。也让我时常想起大学的同学们，很幸运，华中农业大学的同学李义波、谭明普也在南京工作，使得我们能够经常互动。

这本著作是本人博士论文经过一定时间的沉淀和修改的结果。主体部分仍然是博士论文的内容，有一些修改主要是结合了近些年的思考及形势发展的变化。因为是博士论文的基础，因此不免又回忆起在上海大学攻读博士的经历。由于自身的原因，我博士研究生的时间拉得比较长，有 5 年多的时间。不过，回首南京与上海之间的无数趟奔波，以及我的导师——仇立平教授的悉心指导，现在仍然感慨万千。在攻读博士的 5 年时间里，我深感时间没有虚度。从学习来说，从工作5年后重新进入学校，再到完成的博士论文，我能感觉到我的专业能力有了明显的提升。其实，这五年也成为我人生经历的重要时期，儿子出生、主持两项国家课题、买房子、评上副高等，无一不是“大事”，都在很大程度上影响并推动着自己的人生。转眼到现在，我又经历访学美国、第二个儿子出生、获得正高职称、换新的房子等。虽然岁月如水悄然流逝，但岁月有痕，给自己这段人生的经历又留下了浓墨重彩的印记。正是有了仇老师博士的身份，我能够经常与张军、皱海蓉、韦谢、李友权、金桥、肖暎、林少真、顾辉、刘保卫、严霄云、郑庆杰、孙远太、张秀梅、王琪瑛、张虎祥等同门交流，受益匪浅。

能有攻读博士研究生的经历，我要感谢我的导师，仇立平教授。仇老师工作繁忙，但始终抽出大量的时间来指导我的论文，无论是论文的总体框架（也基本上是本著作的框架），还是写作的一些具体细节，都花费了他大量心血。仇老师不仅治学严谨，而且宽容、平和，无论是在他指导我写作论文过程中，还是毕业之后数次的交流中，他的一言一行不仅在做学问方面使我受益匪浅，而且在做人方面更是为我树立了标杆。对于我论文的写作以及本著作的修改完善，我还要感谢上海大学社会学系的张文宏、张海东、董国礼、耿敬、袁浩、肖瑛等老师，他们对我的博士论文提出了非常宝贵的意见。还要感谢张军（博士论文预答辩、答辩的很多程序上的事情，都请他代劳，在此深表谢意）、顾辉、严宵云、李友权等师兄弟，以及曾同宿舍的葛道顺、陈钢、吴小永、王光海等，他们对我博士论文的写作提出了很多中肯的意见。

感谢江苏省社会科学院社会学研究所的原所长陈颐研究员、现所长张卫研究员，及我的同事蒋影明、张丽宁、吴芸、李宁宁、徐琴、张超、沈毅、鲍磊、马岚、宋伟轩、韩滢、樊佩佩、后梦婷、孙运宏、唐文浩等，他们有些已经离退休，有的已经去了其他岗位或单位，但他们一直对我的工作和生活给予了很多支持或帮助。十七年的时间，一直和这些同事相处得非常融洽，本人深感是人生之幸事！也感谢我们江苏省社会科学院原院长宋林飞教授，我攻读博士研究生也得到了他的支持，也要感谢现在的院长夏锦文教授、副院长陈爱蓓研究员、副院长章寿荣研究员以及南京市社科院院长叶南客研究员，虽然和他们交流不多，但能感觉到他们对本人的关心和信任！还要特别感谢我的爱人崔燕改女士，博士研究生期间，我们的大儿子呱呱坠地，现在已经 8 岁，其后二儿子出生，现在已经 4 岁，对于儿子们的健康成长，离不开她的操心，她的付出远大于我。

这本著作的出版，还要感谢华东理工大学出版社的帮助和支持，也要感谢编辑们为本书的付出。

在这么多人的帮助及关心下，本著作终于出版了，它不仅是我博士研究生阶段的最大成就，也是我近些年的科研成果之一，将为我未来的发展奠定坚实的基础。我定将仍然不懈努力，以不辜负这些帮助过我的人的期望。

作者 2018 年 8 月于南京